区块链金融

主　编　马　瑞

副主编　杨晴健

参　编　胡　靖　陈剑双

北京理工大学出版社
BEIJING INSTITUTE OF TECHNOLOGY PRESS

内 容 简 介

本书顺应社会发展对金融科技领域的人才需求，围绕区块链的技术原理，介绍了区块链技术及其在金融领域的应用。全书共分为三部分、八个项目。第一部分为基础和入门（项目一与项目二），着重介绍区块链的起源与应用场景、区块链的技术原理等。第二部分为区块链金融的场景应用（项目三至项目六），介绍区块链技术在数字货币、支付、证券、保险、供应链金融等领域的应用。第三部分为区块链金融监管与未来发展（项目七与项目八），根据前述典型应用场景的介绍，提出区块链金融风险与监管问题，并对未来区块链金融的发展进行展望。

本书为校企双元合作开发教材，在编写时充分考虑高职学校学生和应用型本科院校学生的学术背景和知识接受能力，以鲜活的案例作为学习与探索的基石，融通"岗课赛证"，辅以丰富的图形和表格，力求通俗直观地让学生理解区块链金融的复杂概念和原理，激发其探索知识的热情。同时，将课程思政和模拟演练融入项目，帮助学生形成正确的价值判断，提高学生分析和解决实际问题的能力。

本书可以作为高职院校和应用型本科院校区块链金融课程的教材，也可以作为数字金融从业人员，以及对区块链金融感兴趣人士的学习指导书。为方便教师授课和学生学习，本书配有微课视频和知识巩固题目参考答案，读者扫描书中二维码即可学习。

图书在版编目（CIP）数据

区块链金融 / 马瑞主编. -- 北京 : 北京理工大学
出版社, 2025. 1.
ISBN 978-7-5763-4809-5

Ⅰ. F830.49

中国国家版本馆CIP数据核字第2025Y6X921号

责任编辑：李　薇　　　　**文案编辑**：李　薇
责任校对：周瑞红　　　　**责任印制**：施胜娟

出版发行 / 北京理工大学出版社有限责任公司

社　　址 / 北京市丰台区四合庄路 6 号

邮　　编 / 100070

电　　话 / （010）68914026（教材售后服务热线）

　　　　　　（010）63726648（课件资源服务热线）

网　　址 / http://www.bitpress.com.cn

版 印 次 / 2025 年 1 月第 1 版第 1 次印刷

印　　刷 / 涿州市新华印刷有限公司

开　　本 / 787mm × 1092mm　1/16

印　　张 / 17

字　　数 / 357千字

定　　价 / 88.00元

前　言

2019 年 10 月 24 日，中共中央政治局就区块链技术发展现状和趋势进行第十八次集体学习，区块链正式上升为国家战略，成为我国核心技术自主创新的重要突破口。2020 年 4 月，区块链被纳入"新基建"范畴。2021 年 3 月，区块链被写入《中华人民共和国国民经济和社会发展第十四个五年规划和 2035 年远景目标纲要》，被列为"十四五"规划的七大数字经济重点产业之一。"十四五"规划勾勒出区块链"以技术创新为动力、平台应用提供能量、监管保驾护航"三大发展新蓝图。区块链与云计算、大数据、人工智能、物联网等作为数字技术的代表，已然成为新质生产力的内核，推动数字技术的应用，增强其发展动能，是完成全面建设社会主义现代化国家的必由之路。

随着国家区块链应用创新试点的下发，以及各地区块链应用推广工作的开展，2022 年我国区块链应用数量飞速增长，触角深入社会的各个领域，尤其在金融领域，展现出其独特的优势与价值。区块链技术本身所具备的去中心化、信息不可篡改、编程开源、点对点高效传输及隐私保护能力，与金融领域对安全性、可追溯性、交易便捷性及匿名性的迫切需求高度契合。这使区块链在金融领域的应用体现出显著的技术优势，区块链技术在金融领域呈现出更多的应用场景。近年来，区块链技术为金融领域发展带来了革命性的变化，成为金融领域发展的新动能。与此同时，各类金融企业也需要大量既懂金融业务又懂区块链技术应用的高素质复合型技术技能人才。金融类专业学习者容易因薄弱的信息技术基础对区块链金融课程产生畏难情绪，难以理解区块链技术的内在原理和技术方法。因此，开发一本深入浅出、通俗易懂的高质量区块链金融课程教材，有助于提高职业院校及应用型本科院校金融类人才培养质量，帮助他们适应金融领域不断发展的变化。

本书共分为三部分、八个项目。第一部分为基础和入门（项目一与项目二），着重介绍区块链的起源与应用场景、区块链的技术原理等，为后面深入介绍区块链在金融领域中的应用做好铺垫。第二部分为区块链金融的场景应用（项目三至项目六），介绍区块链技术在数字货币、支付、证券、保险、供应链金融等领域的应用，为学习者全方位展现区块链在金融领域的应用图景，让学习者深入理解区块链技术在金融领域的应用优势及价值。第三部分为区块链金融监管与未来发展（项目七与项目八），根据前述典型应用场景的介绍，提出区块链金融风险与监管问题，并对未来区块链金融的发展进行展望。

本书的编写特色体现在以下四个方面：

1. 弘扬社会主义核心价值观，思想教育贯穿教材内容始终

党的二十大报告指出，用社会主义核心价值观铸魂育人，完善思想政治工作体系。区块链技术作为一种具有广泛应用前景的科技创新，能够提高信息安全性、促进经济社会进步、改善公共服务和社会治理、扩大社会参与和民主化空间。学习者与从业者是否心怀国家和人民，是否具有良好的思想道德、价值取向、法律意识，将会极大影响区块链技术服务社会的能力。本书在编写时，将社会主义核心价值观贯穿内容始终，每个项目设有学习目标、思维导图、案例引入、知识链接、直通职场、素养园地、知识巩固、实训拓展和学习评价表，体现知识、能力和素养并重的理念。同时，每个模块精心选取相关案例引入，将科技创新与社会主义核心价值观融入其中，以职业道德、金融工匠精神、科技创新精神培养为重点，增强学习者四个自信和爱国情怀，培养学习者正确的世界观、道德观、价值观，提升数字素养。

2. 复杂概念显性化表达，深入浅出解析知识难点

本书以培养具备一定理论基础和实践能力的区块链金融应用人才为目标，满足当前社会发展对这一新兴领域专业人才的迫切需求。在编写过程中，我们充分考虑高职院校和应用型本科院校学生的学术背景和知识接受能力，力求书中内容既深入又易懂，使学习者能够在学习过程中轻松掌握区块链金融的核心知识。本书以项目化教学模式为特色，深入贯彻以学习者为中心的教育理念，将鲜活的案例作为学习与探索的基石，并对区块链技术的应用问题进行深刻剖析和模拟演练。为了确保内容的易读性和趣味性，我们在教材中融入了丰富的图形和表格。这些视觉元素不仅有助于学生直观地理解区块链金融的复杂概念和原理，而且能够激发他们的学习兴趣，使学习过程变得更加生动有趣。本书的可读性较强，无论是对初学者还是对已经有一定基础的学习者来说，都能够轻松上手并深入钻研。

3. "岗课赛证"全方位融通，新商科教育理念贯穿始终

本书紧密结合区块链技术在金融领域的应用问题，对接区块应用人员的岗位需求，实现了"课""岗"的有效衔接。同时，对接职业技能大赛"智慧金融"赛项和金砖国家职业技能大赛"金融科技应用"等赛项，通过以赛促教、以赛促学的方式，提升学习者的实践能力和创新精神。此外，本书还对接"1+X"区块链系统应用与设计（中级）证书，实现了"岗课赛证"的全方位融合，为学习者提供了一个从理论到实践、从课堂到岗位、从学习到竞赛的全方位训练平台，让学习者在掌握区块链金融核心知识的同时，奠定未来职业发展的坚实基础。

4. 理论与实践并驾齐驱，深刻体验区块链金融发展新趋势

本书邀请校外企业专家一起共同合作开发，展现了区块链金融领域的最新成果与变化。本书不仅融入了前沿性业务案例，展示了区块链技术在金融领域的创新应用，而且揭示了区块链技术实践中出现的新变化和新发展，使内容更加丰富、生动和实用。此外，学习者通过"实训拓展"栏目，进行实操训练，感知区块链技术在金融领域的具体应用，能加深对区块链技术原理的理解，提升解决实际问题的能力。

　　本书由高等职业院校一线教师与企业资深专家共同编写而成，由顺德职业技术学院马瑞设计编写大纲并担任主编，由顺德职业技术学院杨晴健担任副主编。各项目编写分工如下：项目一、二、三、五由杨晴健编写；项目四、六、七、八由马瑞编写；各项目"实训拓展"部分由北京知链科技有限公司（以下简称知链科技）区域总经理胡靖、营销总监陈剑双编写，使用知链科技研发的"区块链金融创新实训平台"和"金融科技基础应用实验平台"。各项目初稿完成后，由杨晴健进行统稿，由马瑞总纂定稿。在编写过程中，我们参考和借鉴了许多前人的研究成果和网络资源。由于编写时间紧，加之部分网络资源出处不清，所以在参考文献中未能全部列出，在此向各类文献的作者深表歉意和由衷感谢！

　　区块链技术作为金融业的颠覆者和变革者，引领金融领域的创新与发展，未来这一领域还有很多内容值得探讨。由于编者时间、能力、水平有限，书中难免有不尽如人意的地方，恳请读者批评指正，让我们不断完善、提高。

编　者

目　　录

第三部分　区块链金融监管与未来发展

第一部分

基础和入门

项目一　区块链金融概述

知识目标：

- 掌握区块链的内涵。
- 了解区块链的诞生和发展。
- 理解区块链金融的影响。

能力目标：

- 能分析区块链的基本原理。
- 能列举区块链金融的常见应用场景。

素养目标：

- 通过学习区块链技术的原理，深化金融科技创新思维。
- 通过学习区块链金融的常见应用场景，学会从不同角度思考金融业务的创新模式。

思维导图

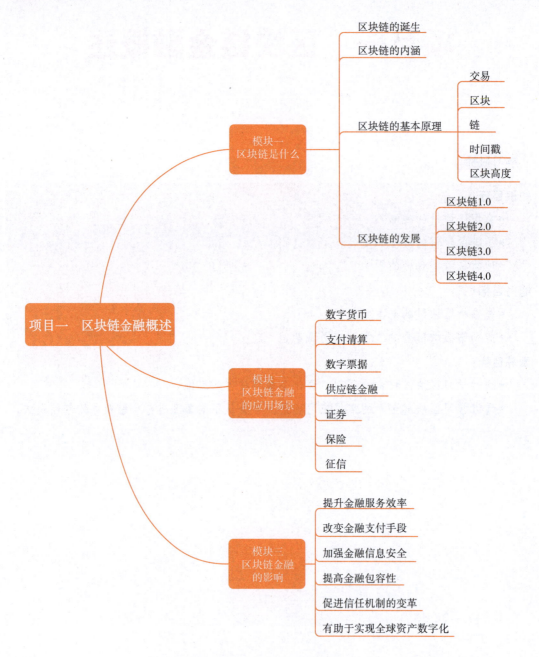

模块一 区块链是什么

案例引入

银行函证区块链服务平台

在审计实务中，注册会计师往往需要向银行发函询证银行存款、银行借款、托管证券、应付票据等，而银行应当按照财政部、中国人民银行的有关文件要求作出确证答复。传统的纸质询证往往需要会计师事务所、银行等关联方的人工介入，平均需要 5~15 天的回函时长，效率低且存在舞弊风险。

为实现发函询证的全流程自动化，2021 年 12 月，中国银行业协会"银行函证区块链服务平台"正式投入实际业务应用。该平台改变了线下分散函证的回函模式，改为线上集中办理，可实现线上完成银行函证的申请、授权、发送、回函等全流程，加快函证处理效率，降低人工介入程度，增强风险管控，降低数据错漏和舞弊风险。截至 2024 年 4 月 8 日，408 家会计师事务所已接入银行函证区块链服务平台。

思考：什么是区块链？区块链金融还有哪些应用场景？

一、区块链的诞生

区块链技术诞生于实体货币向数字货币转化的设计中。概括来看，货币形态主要经历了从实物货币、铸币到法定纸币的演变，并逐渐向电子化和数字化转变。尤其在当前移动互联网环境下，出门购物、工资收付、生活缴费等活动已无须使用纸币，只需在银行卡账户上进行加减法记账。

无论是现金、信用卡，还是电子钱包，在我国都需要中央银行、各家银行和第三方支付平台等机构进行发行、分配和管理。这种中心化的方式虽然便于管理，但随着技术的进步，伪造、信用卡盗刷、转账骗局、隐私泄露、交易成本高昂等问题屡见不鲜，而产生这些问题的一个重要原因，是这些交易的检查和执行都依赖中介机构的后台服务器系统。

思考：在现有的金融系统中，转账交易是如何进行的？

假设客户 A 向商户 B 购买一批货物，且他们都已在某银行通过提交个人信息、拍照、登记身份证号码等手续进行了账户开通。当客户 A 要向商户 B 转 500 元货款时，这个转账请求会被递交到银行的后台系统，后台系统会检查客户 A 的账户余额是否大于 500 元。如果客户 A 的账户余额大于 500 元，则在客户 A 的账户上减少 500 元，在商户 B 的账户上增加 500 元；如果客户 A 的账户余额不足 500 元，则拒绝这笔支付请求。

银行通常被视为可信的第三方机构，但如果银行内部遭遇安全危机，例如银行的核心账本数据被黑客篡改、因内部人员滥用职权伪造交易记录而将客户财产非法侵占或转移至他人账户等，都将引发严重不良后果。

于是，人们开始尝试探讨一种无须中介机构存在的新型数字货币方案，以解决现有交易中存在的弊端。2008年，中本聪在名为 P2P Foundation 的网站发表了比特币白皮书——《比特币：一种点对点的电子现金系统》。在该白皮书中，他陈述了一个基于点对点和数据加密等技术、通过分布式账本的网络共识机制、无须第三方机构介入的电子货币新设想。区块链技术作为比特币的底层技术随之诞生。2009年1月3日，中本聪为防止信息的累积，将初期产生的所有交易信息打包，形成一个正确的账本数据库区块，由此第一个序号为0的创世区块诞生。2009年1月9日出现序号为1的区块，并与序号为0的创世区块相连形成了链，这标志着比特币区块链的诞生。

知识链接

2008年，中本聪发明比特币时正值全球经济危机。他发现在经济危机中，美国政府可以无限增发货币，因为在这个体系里只有它有记账权。中本聪认为这不公平、不合理，于是他思考能不能有这样一种现金支付体系：不需要中心部门来记账，人人都有记账的权利，货币不能超发，整个账本完全公开透明、公平公正。这一设想通过区块链技术走向实践。

思考： 比特币系统中的消费交易是如何进行的呢？

假设客户 A 向商户 B 购买一批货物，那么客户 A 需要向商户 B 在比特币系统中发起转账。在这个系统中，除了客户 A 和商户 B，其他每个人有一本一模一样的账本，每个人手中的账本都记录着系统中所有人的账户信息和账户余额。当客户 A 向商户 B 转账 500 个比特币时，系统中的所有人都会对这笔交易进行验证，只有当超过 50% 的人通过验证后，这笔交易才会生效执行。

由此可以看出，应用区块链技术的比特币系统，无须传统第三方中介机构就可以完成任意两个账户之间的转账，不会产生额外的服务费用，降低了交易成本。因为它通过密码学手段验证个人身份，所以无须提供任何身份信息，这也使比特币成为迄今为止最成功的数字货币之一。

区块链技术被认为是继个人计算机、互联网、社交网络、智能手机之后，人类的第五次计算机革命。众多大型机构纷纷将区块链技术视作一项具有重大突破性的技术，将它广泛运用在金融、供应链管理、医疗、版权保护、教育、能源、公益等多个领域，以彻底改变业务乃至机构的整体运作方式，推动行业的创新与发展。

二、区块链的内涵

根据中国信息通信研究院《区块链白皮书（2018 年）》中的定义，区块链是一种由多方共同维护，使用密码学保证传输和访问安全，能够实现数据一致存储、难以篡改、防止抵赖的记账技术，也称为分布式账本技术。

从狭义上来讲，区块链是一种按照时间顺序将数据块以顺序相连的方式组合成的链式数据结构，和以密码学方式保证的不可篡改和不可伪造的分布式账本。

从广义上来讲，区块链是利用加密链式区块结构来验证与存储数据，利用分布式节点共识算法来生成和更新数据，利用自动化脚本代码（智能合约）来编程和操作数据的一种全新的去中心化基础架构与分布式计算范式。

以上的定义不好理解，我们用一个故事来对区块链的运作机制进行解释。

张三和李四交易的故事

在一个远离城市喧嚣的小村庄里，村民们过着平静而简单的生活。村庄里的每一笔交易，无论是买卖粮食、交换工具还是借还物品，都会在村长的账本里登记。村长年纪越来越大，他经常忘记账本放在何处或者发生记账错误，甚至还有村民试图去偷窃账本或者企图收买老村长以达到篡改账本的目的。

为了解决这个问题，村长召集村里聪明的人，一起讨论出一个解决方案，以张三和李四的交易为例：

1. 首先，给每一位村民分发一个账本和一个喇叭。

2. 然后，当张三准备向李四借一把斧头并承诺一周后还李四一把斧头和两捆柴火时，张三可以拿起喇叭向全村广播"我向李四借了一把斧头，一周后还他一把斧头和两捆柴火"，李四也可以拿起喇叭向全村广播"张三向我借了一把斧头，一周后还我一把斧头和两捆柴火"。

3. 最后，所有村民听到广播后，先确认李四是否真的有一把斧头、交易双方是否是张三和李四本人；在验证无误后，村民们纷纷拿出账本记上"某年某月某日张三向李四借一把斧头，一周后张三还李四一把斧头和两捆柴火"；村民记账后，也使用喇叭向张三和李四反馈"已确认并记载"。到此，张三和李四的交易记账就完成了。

一周后，张三想篡改账本占有李四的斧头，他偷偷溜进李四的家里，试图修改李四的账本。然而，他没办法修改所有村民手中的账本。他的行为立刻被其他村民发现了，村民们聚集在一起，共同揭露张三的罪行，并把他赶出村庄。

以上小故事提到的解决方案，其实就是一个区块链系统。每当有新的交易发生时，村民通过喇叭在全村公布，每个村民同步更新账本以保证所有数据的一致性，这样使每位村民的账本中都包含了其他记账人的信息。账本的账页在区块链系统中相当于区块，区块按时间依次串连，构成区块链系统。

三、区块链的基本原理

在区块链技术中，数据会被记录在一个个区块中，以区块的方式永久存储。区块按时间顺序逐个生成并连接，最终构成了区块链。区块链的基本原理主要包括以下五个基本概念。

（一）交易

交易是一次对账本的操作，可导致账本状态的一次改变，如上文故事中张三向李四借一把斧头，一周后还李四一把斧头和两捆柴火，村民在自己的账本上做了关于这件事的记录。在互联网中，所有区块链账户之间的交互都是通过交易完成的，交易会添加一条转账记录，如比特币在不同地址间转移，并将交易记录在区块中。

（二）区块

在区块链中，大量的交易信息会以电子形式永久储存起来，这些用于储存信息的载体就是区块。随着时间的推移，区块将不断生成，且生成区块的时间间隔也是固定的。在上文故事中，村民手中账本的一页在区块链系统中就相当于一个区块，每个村民的账本中记录的每个人的交易状况是一致的。在实际区块链系统中，每个区块相当于一个账本，区块与哈希（Hash）[①]值是一一对应的，哈希值可以当作区块的唯一标识。

区块链的基本数据结构一般分为区块头和区块体，如图1-1所示。其中，区块头存储着区块的头信息，包含块高度、本区块的哈希值（头哈希值）、上一个区块的哈希值（父哈希值）、Merkle根（默克尔根）、时间戳、难度、Nonce（随机数）等；区块体存储着这个区块的详细数据，这些数据包含若干行记录，可以是交易信息，也可以是其他某种信息。相较于区块头，区块体主要用于存储原始数据，占据了区块的大部分空间。

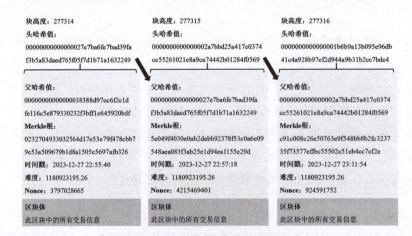

图1-1 区块链的基本数据结构

---

① 哈希是一种将任意长度的输入数据转换为固定长度输出的数学函数或算法。这个输出通常称为"哈希值"或"摘要"。

（三）链

区块按照发生的时间顺序串连成链，上面存储着大量数据。那么每个区块按照什么方式串连起来的呢？如果我们将前一个区块的头哈希值存储在后一个区块的区块头中，那么这两个区块就连接起来了。如图 1–1 所示，277314 号区块的头哈希值存储在 277315 号区块中，成为其父哈希值；而 277315 号区块的头哈希值又存储在 277316 号区块中，成为其父哈希值。因此，在每个区块中我们都可以找到前一个区块的信息，从每个区块都可以倒推回创世区块。通过这种方式，各区块形成一条完整的区块链。

（四）时间戳

在区块链系统中，每一个新区块生成时，都会被打上时间戳，用于标识区块链交易发生的时间，最终依照区块生成时间的先后顺序连成区块链。上文故事中"某年某月某日张三向李四借一把斧头"中记载的"某年某月某日"就是时间戳。时间戳的设计，使更改一条记录的困难程度按时间的指数倍增加，区块链运行时间越久，篡改难度越大。

（五）区块高度

区块高度是指某个区块在区块链中和创世区块间隔的块数，即连接在区块链上的区块数量。一条区块链上的第一个区块叫创世区块，按照惯例，该区块编号为 0。

四、区块链的发展

（一）区块链 1.0：以比特币为代表的虚拟货币时代

第一个阶段是以比特币为代表的虚拟货币时代，这个阶段也被称为"可编程货币"阶段。该阶段主要聚焦以比特币为代表的去中心化数字货币，其目标是构建一个不需要中心化权威机构来管理和维护的支付系统，实施点对点支付。区块链 1.0 的核心特性是去中心化、安全性高、交易透明且不可篡改。

区块链 1.0 解决了在没有中心化机构的情况下，如何确保交易的安全性和可信度的问题。它通过使用密码学原理、共识机制等技术手段，实现去中心化的账本记录，为数字货币的流通提供技术基础。

（二）区块链 2.0：以以太坊为代表的智能合约时代

第二个阶段是以以太坊为代表的智能合约时代，这个阶段也被称为"可编程金融"或"智能合约"阶段。区块链 2.0 与区块链 1.0 相比，最大的优点在于实现了在区块链上部署应用程序。在区块链 2.0 中，以太坊相当于一个基础链、一个底层的搭建。以太坊的计划是建成一个全球性的大规模协作网络，让任何人都能在以太坊上进行运算、开发应用层、赋予区块链很多应用场景和功能实现的基础。因此，除数字货币外，区块链 2.0 开始将技术应用于更广泛的金融领域，如股票、债券、期货等金融产品的交易和清算，以及众筹、私募股权等金融活动。

智能合约的出现是区块链 2.0 的重要标志。智能合约是一种自动执行、自动验证的合约，可以在满足一定条件时自动执行相应的操作，无须人工干预，这使金融交易更加高效、透明和可信。

区块链 2.0 也有一定的缺陷。比如，无法支持大规模的商业应用开发，交易速度慢，容易造成网络堵塞，使用户无法完成交易。

知识链接

一个故事了解以太坊与智能合约

A 想购买 B 手中一幅心仪已久的名画，B 也有出售这幅名画的意向。然而，这幅名画正在展出，展览合同还有两个月才到期，这意味着画作无法立即交付给 A。

更棘手的是，A 两个月后将前往国外参加艺术交流活动，该活动会持续很长一段时间。这样看来，即使展览合同到期，A 也无法回国办理画作的交付和所有权转让手续。

于是，两人商量在以太坊上创建一个关于画作转让的智能合约。合约规定：在两个月后的某个特定时间点，展览合同到期，A 将购买画作的款项打入 B 指定的以太坊钱包地址。一旦 B 确认收到款项，智能合约将自动触发，将画作的所有权从 B 转移到 A。

（三）区块链 3.0：“区块链 + 行业”应用的时代

第三个阶段是“区块链 + 行业”应用的时代，这个阶段也被称为“可编程社会”或“区块链治理”阶段。它是由区块链构造一个全球性的分布式记账系统，对每个互联网中代表价值的信息和字节进行产权确认、计量和存储，实现资产在区块链上的可被追踪、控制和交易。2018 年，区块链开始进入 3.0 阶段，它的应用范围超出金融领域，进一步扩展到社会治理、公共服务、供应链管理、物联网等各个行业场景，致力于为各行业提供去中心化解决方案，构建一个更加去中心化、透明、公正的社会环境。

在这个阶段，区块链技术不仅用于记录交易信息，还用于管理数字身份、验证数据真实性、实现跨组织协作等。它可以帮助解决信任问题，降低交易成本，提高社会效率。

（四）区块链 4.0：专注创新的时代

第四个阶段是专注创新的时代。速度、用户体验和可用性是区块链 4.0 的重点领域。区块链 4.0 应用可以分为两个垂直领域：Web 3.0 和元宇宙。

1. Web 3.0

Web 3.0 的核心是去中心化，因此区块链在其开发中扮演着关键角色。Web 2.0 在为社会参与提供新的选择方面是革命性的，但为了利用这些机会，消费者需将所有相关数据提供给集中系统，放弃隐私，将自己暴露在网络中。世界发展需要 Web 3.0 这个用户自主的平台，因为 Web 3.0 旨在创建一个自治、开放和智能的互联网，这个互联网将依赖去中心化协议，而区块链可以提供这些协议。随着区块链 4.0 的兴起，更多专注 Web 3.0 的区块链将出现，这些区块链将具有内聚互操作性、通过智能合约实现自动化、无缝集成和P2P（peer-to-peer，点对点）数据文件的防审查存储。

2. 元宇宙

元宇宙是一个虚拟的、以人工智能和虚拟现实技术为基础构建的数字世界，包含了多个相互连接的虚拟世界和平台。区块链是一种去中心化的分布式数字账本技术，能够实现安全、透明和防篡改的记录和交易。元宇宙和区块链两种技术结合在一起，可以创造出更加安全、透明和以用户为中心的虚拟体验。区块链可以在塑造元宇宙的发展和治理方面发挥重要作用，使虚拟世界中的信任和参与达到一个新的水平。

从一开始的比特币、以太坊到现在超越货币和金融范围的应用，区块链技术从最初的信息传递，逐渐深化至信任构建，不断衍生出更为丰富的价值体现。如今，区块链正将价值进一步拓展至其应用领域，达成更高级别的可编程性和智能化，实现信息、信任、价值与财富的紧密互联，推动社会协作网络的发展。展望未来，区块链将与人工智能、物联网、大数据等前沿技术深度融合，推动社会经济的数字化转型和智能化升级，打造一个价值互联的全新世界。

模块二　区块链金融的应用场景

案例引入

区块链征信联盟 LinkEye

LinkEye 是一套基于区块链技术的自主研发的征信共享联盟链解决方案。LinkEye立足中国、东南亚和欧洲市场，通过区块链技术和信贷经济模型的深度整合，在联盟成员间共享失信人名单，将各个征信数据孤岛串联起来，形成真实可靠、覆盖面广的全社会征信数据库，有效完善社会信用体系，最终实现信用面前人人平等。

LinkEye 运用区块链数据共享平台，通过八大核心机制确保联盟数据的真实有效与联盟运行的安全高效。

（1）黑名单机制。LinkEye 在第一阶段建立黑名单机制，在全链公开失信人信息。为考虑个人隐私问题，LinkEye 会采用脱敏数据，使用带掩码的形式在全链发布。

（2）联盟成员入驻机制。为确保平台的运行有序及数据的真实有效，LinkEye会严格审核入驻的联盟成员，首批入驻成员均为业内优质品牌。

（3）成员信用机制。为规范联盟成员行为，避免人为数据造假，每一个联盟成员的信用情况都会实时公开。每一个联盟成员在入驻之初都会获得初始信用值100。如果有不诚信行为，将会被扣5分，并向全链广播；如果信用值降为0，那么该成员会被LinkEye基金会清退。

（4）仲裁机制。如果对联盟成员上传的任意一条数据存在异议，那么可以向LinkEye基金会发起仲裁。

（5）信息共享机制。用户ID是联盟成员查询数据的唯一选择匹配项，只有当用户ID完全匹配时，用户才会查到数据并完成交易。

（6）智能定价机制。该机制使联盟成员发布的个人征信报告数据价值与市场价值持平或略低于市场价值，避免由LET（LinkEye代币）交易价格波动引起的数据交换受阻。

（7）数据安全防火墙机制。结合实际场景设立查询触发条件，针对不正常查询设立预警机制，情节严重者会被清退。

（8）开放全网查询接口。由基金会设立对外查询接口，设立平台（网址、微信、APP等），对全社会开放。任何用户都可以通过输入完整ID的方式查询LinkEye失信人数据。

思考： 除了征信领域，区块链金融还有哪些应用场景？

区块链技术在金融领域的应用众多，它可以为金融行业带来更加安全、透明和高效的解决方案。相关数据显示，全球80%的银行已启动区块链项目。区块链金融的应用场景非常广泛，主要涉及以下金融领域。

微课：
区块链金融的应用
场景

一、数字货币

区块链金融的应用最早体现在数字货币，以比特币为代表的数字货币是区块链技术最广泛也是最成功的运用。与传统纸币相比，数字货币利用区块链多中心、不可篡改、高度共识和匿名安全的特性，构建数据结构与交易信息加密传输的底层技术，能有效降低货币发行和流通成本，提高金融交易的效率和安全性，提升经济交易活动的便利性和透明度。因此，在互联网时代，货币从实物形态到纸币再到数字货币是大势所趋。比较著名的电子加密货币主要有比特币（Bitcoin）、以太币（Ether）、瑞波币（XRP）和Zcash。

知识链接

各大金融机构纷纷布局数字货币。中国人民银行早在2014年就成立了关于"数字货币"的专门团队。2019年，数字人民币开始在深圳、苏州、雄安新区等启动试点进行测试。银行业巨头花旗银行，也在自己开发的区块链上测试运行一种名为"花旗币"（Citicoin）的加密货币。

二、支付清算

现有的支付清算体系及过程非常复杂。以跨境支付为例，传统的跨境支付方式要经过境内银行、国际汇款公司、境外银行等机构，过程中每一个机构都有自己的账务系统且需要支付佣金，部分业务还需要客户前往物理网点柜台办理，这导致支付清算的花费时间长、使用成本高。随着跨境电商、出国旅游、留学教育等行业的发展，跨境资金流动规模不断扩大，传统的跨境支付模式不再适应国际贸易的发展。将区块链技术应用于跨境支付场景，把传统金融机构添加到区块链网络中，交易者可以把现实世界中的法定货币转换成区块链上的资产，并使用这些存储在区块链上的资产来完成支付或转账行为。

在基于区块链技术的跨境汇款平台中，支付由交易双方直接完成，不涉及中间机构，实现点对点交易。节点交易被系统确认后自动写入分布式账本，并同时更新其他节点对应的分布式账本，银行电子汇兑产生的数据由区块链中所有节点来共同维护，即使网络中部分节点瘫痪也不影响整个系统的运行。这样一来，各家银行之间电子汇兑验证信息的一致性得到了保障，汇款有迹可循，交易更加安全。此外，结合智能合约，银行可以程序化地执行支付清算和合规检查，不需要人工对账，将支付清算变得更加标准化、自动化，大幅缩短了结算所用周期，提高了支付清算效率，降低了支付成本。

知识链接

世界上已有基于区块链技术的跨境汇款平台。例如，2018 年，全球首个基于区块链的电子钱包跨境汇款服务在香港上线，港版支付宝用户可以通过区块链技术向菲律宾钱包 Gcash 进行跨境汇款。除此之外，Visa、Ripple、Circle、Terra、OKlink、招商银行直联支付区块链平台等，能够让收款人在最短时间内收到资金。

三、数字票据

数字票据是在保留现有票据属性的基础上，利用区块链技术优势，开发出的一种全新的票据形式，使电子票据成为一种更安全、更智能、更便捷的票据形态。

我国传统的票据业务主要面临以下问题：第一，票据在传递中一直需要第三方票据中介来确保交易双方的安全可靠；第二，过多人为介入带来违规操作，相关数据显示，国内现行的汇票业务仍有约 70% 为纸质交易，操作环节需要人工执行；第三，高度依赖中心化系统（电子商业汇票系统 ECDS）来办理票据承兑、交易、托收等环节，一旦中心服务器出现问题，将出现严重后果；第四，一票多卖、打款和背书不同步、票据造假的现象时有发生，存在管控漏洞，违规交易的风险高；第五，审计困难、成本高，滋生了大量违规操作或客户欺诈行为，陆续有多家商业银行的汇票业务事件集中爆发。2015 年中国农业银行北京分行特大票据案暴发，其中 5 笔虚构贸易背景票据业务成功骗审过关，5 包假票据进入中国农业银行金库，40 多亿元资金经中国农业银行调拨流入股市。

因此，对于票据市场，区块链的应用将是未来的核心。一方面，通过区块链多中心化的共识机制，可以实现票据价值传递的去中介化，不需要特定的实物票据，也不需要中心系统进行控制和验证，有利于提高市场运作效率，降低违规操作风险。区块链的分布式共享总账也可以通过时间戳完整反映票据从产生到消亡的过程，具有可溯源、信息透明的特性，实现全流程可审计，监管的调阅成本大大降低。另一方面，运用智能合约可编程的特点，当票据到达设定的到期日时，合约将被自动激活以检查票据的承兑条件是否满足，例如检查是否所有的背书都已完成，是否有任何违约行为等。如果条件满足，合约将执行承兑操作，减少人为因素，降低违约风险。

知识链接

目前，我国已对区块链票据交易平台进行尝试和实践。2018 年 1 月 25 日，数字票据交易平台实验性生产系统成功上线试运行，顺利完成数字票据签发、承兑、贴现和转贴现业务上链运行。这是我国金融业将区块链技术运用到票据业务真实生产环境的首次实践。

四、供应链金融

一条供应链一般包括核心企业、供应商、经销商、物流运输企业、零售终端等众多参与方，这些参与方往往涉及不同的行业、企业和地域。当前，供应链金融存在如下痛点：第一，票据交易大多需要第三方认证以确保有价凭证传递安全可靠，数据的安全性、真实性、可靠性难以保证；第二，供应链系统为中心化架构，存在安全隐患；第三，因数据交互涉及核心企业 ERP、银行供应链前置系统、供应商 ERP、供应链服务平台等多方系统对接，业务效率低；第四，目前多为纸质作业程序，需要花费大量时间进行人工交易，也带来违规时间及操作风险；第五，核心企业的信用难以传递至多级供应商，供应链金融很难惠及产业链上游的中小企业，金融机构难以评估其信用资质，使此类企业遭受"融资难、融资贵"的困扰。

利用区块链分布式账本技术、加密账本结构技术、智能合约技术，供应链上的众多参与方可以建立一种联盟链网络，以改善如上痛点。一方面，供应链的参与方可以作为区块链的成员加入联盟链中，商业银行、核心企业及上下游两端的中小企业等参与方都可以在同一个区块链系统中共享所有信息，各方数据及时更新，金融机构可以降低信息不对称风险。例如，核心企业发放应收账款凭证给其供应商，票据数字化上链后可在供应商之间流转，每一级供应商可凭数字票据证明实现对应额度的融资；物流公司也可以消除纸质文件，降低了提单操作风险，使货物核验工作更加可靠；买卖方企业也因此降低了交易对手风险，从而能够更好地掌握货物情况，通过追踪货物实现互信。另一方面，利用智能合约按照预设规则自动支付，减少了人工参与，提高了交易支付效率和准确性。

知识链接

在外国，Wave 已与巴克莱银行达成合作协议，将通过区块链技术推动贸易金融与供应链业务的数字化应用，将信用证与提货单及国际贸易流程的文件放到公链上，通过公链进行认证与不可篡改的验证。在我国，中国农业银行将用区块链、大数据等金融科技前沿技术与电商供应链融资业务相结合，推出"e 链贷"产品，这款互联网电商供应链融资产品将电子商务、供应链融资、在线支付、企业 ERP、农户信用档案等行内和行外系统通过区块链连接成相互信任、信用可控的供应链生态联盟，为小微企业、"三农"客户长期以来面临的因担保物不足、信用数据获取成本高等而导致的融资难、融资贵问题提供了全新的解决方案。

五、证券

传统的证券发行、交易、清算等，往往涉及繁复冗长的流程，导致发行成本增加。从证券发行的过程来看，证券发行涉及众多中介机构，如发行主体、证券公司、会计师事务所、律师事务所等，流程复杂且纸质文档繁多，导致发行效率低下。从证券交易、清算的环节来看，传统证券交易需要经过多个中间环节，如支付机构、清算机构等，其中往往需要人工进行审核操作，导致交易清算处理时间长，增加了成本和不确定性。此外，传统的中心化交易系统连接了众多券商、互联网提供商等的多个计算机系统，容易造成用户账户及密码泄露，也容易使系统遭受恶意攻击。

区块链具有去中心化、开放性、匿名性和不可篡改等特征，可以使证券发行、交易、清算等环节省去中介机构，缩短交易期限，削减证券发行、追踪和交易、清算成本，使金融市场参与者有更加公平透明的信息来源，从而提高市场的公信力。

知识链接

目前，多国的证券交易所已经开始发展区块链技术的应用，以缩短交易时间、加快清算速度。2015 年年末，纳斯达克市场首次使用区块链技术交易平台完成和记录私人证券交易，并且发布了区块链交易模型 Linq，用于一级市场的股权交易管理。澳大利亚证券交易所也利用区块链技术与用户相连接，实现了资金及时到账。上海证券交易所通过区块链技术构建了一套多层次的信用评估体系，将政府和社会公共数据与市场数据相融合，实现了对企业信用风险更全面的评估。中国证券业协会推出基于区块链的证券行业联盟链"中证链"，并发布首个应用"投行业务电子底稿监管系统"。此外，德国、英国、日本、韩国等国的证券交易所都已经开始发展区块链技术。

六、保险

目前，区块链技术在保险行业的应用越来越广泛。在传统的保险业务中，客户投保时，保险公司需要收集、整理和分析大量数据以评估风险，这些数据包括个人健康记录、家庭记录、车辆抵押记录等，保险公司需要和多个机构沟通，但仍难以保证数据的完整性和准确性，容易导致风险评估不准确。数据孤岛问题也使保险公司很难根据个体差异提供个性化的保费方案，导致保费过高或保障不足。此外，保险索赔和理赔的过程经常被视为一个痛苦和漫长的经历，传统流程要求客户填写大量的文件然后等待保险公司人员审核，这个过程往往需要几周甚至更长的时间，导致理赔周期长、效率低，也容易出现人工操作失误、损害客户利益的局面。

将区块链技术应用于保险行业将大大推动保险行业的数字化转型。区块链技术可以建立安全、可靠的数据共享平台，使保险公司实时获取和更新风险数据。通过数据分析和模型预测，保险公司可以准确评估客户风险，制定有效的风险管理策略和定价方案。区块链技术的去中心化特性可以降低数据泄露和篡改的风险，增强数据的安全性。此外，保险索赔过程中所有的信息都被存储在区块链上，通过智能合约技术可以自动触发理赔流程，当满足理赔条件时，自动执行理赔操作，提高理赔效率。

知识链接

目前，许多机构和保险公司正在积极探索区块链技术在保险业务中的应用。上海保险交易所于2017年推出区块链保险服务平台，该平台通过共识服务、身份认证服务、智能合约服务及平台服务等多种服务架构，实现数据一致性、身份数据认证以及智能合约的安装、应用和升级等功能，为保险业务提供了强大的技术支撑。众安保险利用区块链技术构建一个去中心化的保险服务平台，实现保险产品的快速发行、交易和理赔，它们将区块链技术应用于再保险市场，低成本实现再保险数据的共享和交换，解决再保险行业交易双方由于信息不对称引发的道德风险及交易信息化水平低引发的操作风险等问题。

七、征信

随着消费金融的日益发展，公众对征信的需求日渐强烈。目前征信领域存在多个痛点，这些痛点降低了征信服务的效率和准确性，影响了信贷市场的健康发展。例如，征信机构与用户信息不对称，存在信息孤岛；数据分散且数据正规采集渠道有限，若想获取信息，需要和公安、保险、银行、电商等部门和平台对接，这种信息不流通的状态使征信机构无法获取全面的个人或企业信用信息，从而难以进行准确的信用评估；征信机构需要处理大量的个人和企业敏感信息，数据隐私保护问题突出等。

在征信领域，区块链去中心化、去信任、时间戳、非对称加密等底层技术可以用于数据共享这一环节。通过在区块链的基础上建立一条联盟链，搭建数据共享交易平台，将参与方（如用户、征信机构、政府部门、医院、互联网金融企业、保险、银行等）作为联盟链成员。各参与方把原始数据保存到自己的数据库，把少量索引数据提交到区块链网络进行保存，有查询请求的可通过区块链在征得用户授权的情况下转到原始数据提供方查询。这样各个参与方可以实现征信数据共享，既降低征信成本，又不泄露自身核心业务数据。

知识链接

　　2018 年，苏宁金融上线区块链黑名单共享平台系统，将金融机构的黑名单数据加密存储在区块链上，金融机构可以部署节点接入联盟链，进行黑名单数据上传和查询。所有上链数据中的身份证号码、姓名等隐私信息都经过脱敏处理后加密存储，不必担心隐私泄露。该区块链平台实现了黑名单共享，降低了金融机构运营成本。

 ### 一证在手

区块链应用操作员证书

　　2020 年 7 月 6 日，人力资源社会保障部联合国家市场监管总局、国家统计局发布 9 个新职业，区块链应用操作员是其中之一。从业人员主要运用区块链技术及工具从事政务、金融、医疗、教育、养老等场景系统应用操作，比如金融领域的快速资金结算，医疗领域的健康信息共享，数字政务领域的政务数据跨部门、跨区域共同维护和使用等。

　　根据国家职业技能标准，区块链应用操作员共设四个等级，分别为四级（中级工）、三级（高级工）、二级（技师）、一级（高级技师），技能要求和相关知识逐级递升。考试分为理论知识和技能考核，包括区块链应用设计、应用操作、测试、运维等内容，两者成绩都达到 60 分为合格。

模块三　区块链金融的影响

 ### 案例引入

深圳推出区块链电子发票

　　2018 年，深圳市税务局牵头加强对区块链技术在发票领域应用的研究，从纳税人用票痛点、堵点出发开展调研，提炼区块链电子发票需求，由腾讯区块链提供底层技术支持、高灯科技等提供行业解决方案，并于同年 8 月 10 日，在深圳国贸旋转餐厅开出全国首张区块链电子发票。发票具体操作可以分为四个步骤：

（1）税务机关将开票规则部署上链，包括开票限制性条件等，税务机关在链上实时核准和管控开票。

（2）开票企业申领发票，将订单信息和链上身份标识上链。

（3）纳税人认领发票，并在链上更新纳税人身份标识。

（4）收票企业验收发票，锁定链上发票状态，审核入账，更新链上发票状态，最后支付报销款。

对于税务监管方、管理方的税务局而言，区块链电子发票通过"资金链、发票流"的二流合一，实现了"交易数据即发票"，有效解决了开具发票填写不实、不开、少开等问题，保障了税款的及时、足额入库。此外，区块链管理平台还能实时监控发票开具、流转、报销等流程的状态，对发票实现全方位管理。

对于商户而言，通过区块链电子发票，能提高店面的运转效率，节省管理成本。此外，企业开票、用票也更加便捷和规范，可以在线申领和开具，还可以对接企业的财务软件，实现即时入账和报销。

对于消费者而言，在日常消费的时候，消费者只要通过手机微信功能结账，就能自助申请开票，一键报销，发票信息还能实时同步到企业和税务局，免去了来回奔波和忙碌。

思考： 从以上案例中你能发现区块链金融带来的哪些影响？

金融服务是区块链技术最早的应用领域之一，也是区块链技术应用数量最多、普及程度最高的领域之一，各大金融机构及互联网公司纷纷布局金融区块链技术应用，在供应链金融、跨境支付、结算清算、征信、保险、数字票据、身份识别等方面取得了实质性的应用成果，在一定程度上改善了此前金融服务中存在的流程长、成本高、数据泄露等问题，为金融服务领域带来显著影响。

一、提升金融服务效率

区块链技术通过去中心化和智能合约等功能，使金融服务更加高效。在传统的金融体系中，结算和清算过程通常需要经过多个中介机构，导致交易时间长、成本高。而区块链技术可以实现点对点的交易，无须第三方中介机构参与，大大弱化了银行等传统金融机构的作用，在满足特定条件时自动执行合约条款，减少人工参与和执行的交易流程，缩短交易时间，降低交易成本，推动了自动化在金融行业的实现。目前，区块链技术在提升交易效率方面已有一些典型案例，例如基于区块链技术的直联跨境支付平台、基于区块链技术的去中心化的证券交易清算平台、通过区块链技术改造的供应链金融生态系统等，集中体现了区块链技术在提升金融交易效率方面的巨大潜力和实际应用价值。

二、改变金融支付手段

在过去，人们习惯使用现金或银行卡进行支付；在互联网时代，人们常常使用微信或支付宝等电子钱包，实现轻松消费；在未来，区块链与交易支付结合后，将改变过去金融交易的支付手段。第一，将区块链应用于移动钱包，无须进行复杂的身份认证和绑定，也无须网络，只需要保存好自己的密钥即可实现交易支付，大大提升了用户体验；第二，通过区块链网络，跨境支付与结算无须经过多个中间机构，不同国家和地区的交易双方可以直接进行资金转移和结算，降低了交易成本；第三，区块链技术通过加密算法和分布式账本，确保了交易的透明度和安全性，且每一笔交易都被记录在区块链上，交易双方不再需要辨别假币，也能防止银行卡盗刷等风险事件，提高了交易支付的安全性。

三、加强金融信息安全

金融业信息化程度不断提高，信息安全保障工作的难度不断加大，传统的中心化交易方式容易受到黑客攻击，数据泄露事件经常出现。例如，2022 年 Wiseasy 支付系统遭黑客攻击，当时其基于安卓的支付系统在亚太地区被广泛使用，全球有 14 万个支付终端受到影响。2024 年 3 月，美国运通公司第三方商户的支付硬件遭黑客攻击，导致客户的信用卡信息（包括账号、姓名和卡片有效期数据）可能被暴露。区块链技术采用分布式存储和加密算法，确保了交易数据的安全性和完整性，有效防止了数据被篡改或泄露，所有数据都可以溯源，加强了金融信息安全。

四、提高金融包容性

区块链技术通过其独特的特性，如去中心化、透明性、安全性和不可篡改性，显著提高了金融的包容性。第一，区块链技术降低了金融服务门槛，使人们不再因地域、经济水平的限制而无法获取所需的金融服务。例如，在一些发展中国家，移动支付公司通过区块链技术使人们能够使用手机进行支付和转账，无须开设银行账户。第二，区块链技术在支付清算领域的应用，使交易变得更快、更便宜、更安全，让更多的人和企业能够参与到全球经济活动中。第三，区块链技术改善了信贷市场的效率和透明度，减少欺诈和错误，降低信贷风险，从而使更多符合条件的人和企业能够获得贷款，推动了普惠信贷。

五、促进信任机制的变革

思考：传统的社会信任是如何建立的？

在传统的社会交互中，信任往往建立在血缘、人际关系、口碑或契约之上。例如企业之间建立信任的办法是从小额试错开始，慢慢接触，发现交易方具备诚信的品质，再加强合作。最后，有了足够的数据和行为支撑，双方才能建立一定程度的信任。

区块链技术的出现使信任可以建立在代码和算法之上，交易双方无须建立信任关系即可达成交易，消除了传统信任机制的瓶颈，打破了原有的商业模式和中心化的交易方式，不需要可信第三方的协助，降低了人为干预和欺诈的风险，使人们更相信其中立和公平性，提供了"无须信任"、低摩擦的商业环境。在区块链系统中，应用智能合约、加密技术、共识机制等底层技术，不同的参与者可以自动执行预设规则，确保权益的公正保护，记录一旦生成就永久记录，无法篡改，保证区块链的所有节点都可以在信任的环境下交换数据，不管双方以前是否有过交易往来，展示链上固定资产证明、财税数据、工商证明、专利等都天然可信，使交易变得更加公平、高效和值得信任。因此，区块链金融重构了人与人之间的信任网络，促进了信任机制的变革，大大降低了信任成本。

六、有助于实现全球资产数字化

世界经济论坛达沃斯的一项调查显示，到2027年，全球GDP的10%将存储在区块链上。通过区块链技术，各种形式的资产可以被转化为数字代币，将实体资产上链，进而在区块链网络上进行流通和交易，实现产业数字化。这种数字化资产，一方面可以迅速、低成本地在全球范围内实现权益证明和权益转移，从而打破了传统金融体系的地域限制和时间约束。例如，二手房产交易，通过区块链可以轻松查到房产经过几手交易、是否有被抵押。双方交易时只需要使用钱包软件支付数字货币，卖家运用密钥将所有权变更为买家，全网达成共识并确认后，所有权即转移到买家名下。另一方面，将资产信息存储在区块链上，可以提高股票、债券、房地产等各类资产的透明度和效率，帮助实现资产的安全性、流动性和分散化，从而降低风险并增加投资收益。例如，ECoinmerce是一种去中心化的数字资产交易市场，借助智能合约，任何用户都可在ECoinmerce上创建、购买、出售和转租其数字资产。

 直通职场

区块链产品经理的岗位职责和任职要求

我国某企业对区块链产品经理的岗位职责和任职要求如下：

一、岗位职责

1. 负责区块链社交类平台的产品设计和规划，挖掘客户需求。

2. 深入了解区块链技术在金融领域的运用，分析竞品动态。

3. 负责对产品需求、产品功能、交互设计等环节进行把关。

4. 负责产品的迭代更新工作，对产品运营数据进行监控、统计和分析。

二、任职要求

1. 计算机科学与工程、通信工程、信息安全、金融学、经济学等相关专业，拥有社交、交易类相关业务产品经验者优先。

2. 熟悉区块链钱包等行业产品架构，熟悉区块链领域的产品类型及经营模式。

3. 具备优秀的逻辑思维能力和创新能力，擅长创新业务的流程梳理、需求分析和终端产品化。

素养园地

数字经济浪潮下的人才需求

近年来，数字经济逐渐成为我国经济社会发展的重要引擎，为经济增长注入了强劲的新动力，因此发展数字经济是把握新一轮科技革命和产业变革新机遇的战略选择，也是大势所趋。当前，大力发展数字经济已上升为国家战略，并写入"十四五"规划中。

区块链作为数字经济的底层支撑技术，在引领我国数字经济发展中发挥了重要作用。《中华人民共和国国民经济和社会发展第十四个五年规划和 2035 年远景目标纲要》将区块链列为七大数字经济重点产业之一，并指出要推动智能合约、共识算法、加密算法、分布式系统等区块链技术创新。2021 年，工业和信息化部、中央网络安全和信息化委员会办公室联合发布了《关于加快推动区块链技术应用和产业发展的指导意见》，明确了区块链未来的发展目标：到 2025 年，区块链产业综合实力达到世界先进水平，产业初具规模，区块链应用渗透到经济社会多个领域；到 2030 年，区块链产业综合实力持续提升，产业规模进一步壮大。区块链与互联网、大数据、人工智能等新一代信息技术深度融合，在各领域实现普遍应用。2022 年《中央网信办等十六部门联合公布国家区块链创新应用试点名单》进一步提出，积极引导区块链应用向价值化、规模化、产业化方向发展。《中国区块链创新应用发展报告（2023）》的数据显示，2013 年至 2023 年 9 月，我国区块链专利申请量、授权量分别为 8.4 万件和 2.4 万件，持续位居全球首位。

数字经济和区块链技术的发展需要人才的支持。根据中国移动通信联合会发布的《中国区块链产业人才需求与教育发展报告（2023 年）》，区块链相关企业数量增加使各行各业对区块链人才的需求也呈爆发式增长。当前全国区块链相关人才年需求量为 48 万人，按照区块链产业发展趋势，预计未来 5 年需求总量将达到 280 万人。此外，南都大数据研究院统计数据显示，区块链行业对实用技术类人才需求较高，占比达 48.8%；其次是行业应用类人才，占比 38.5%；核心研发类人才需求占比 12.7%。

作为学生，我们应该积极投入到我国发展的浪潮中，关注技术变革和社会发展，掌握跨学科知识和创新思维，为国家未来和人民生活得更加幸福而贡献青春力量。

知识巩固

一、单项选择题

1. 以下哪个属性不在区块中保存？（　　）

A. 父哈希值

B. 随机数

C. 父区块头

D. 默克尔根

2. 现有节点 A 和节点 B 在区块链网络中，区块链网络中有 100 个节点，当 A 和 B 发生交易时，以下说法正确的是（　　）。

项目一交互式
测验及参考答案

A. 交易数据将被区块链的中心节点保存

B. 交易数据仅被节点 A 和节点 B 保存

C. 交易数据被所有节点保存

D. 交易数据被除了节点 A 和节点 B 以外的所有节点保存

3. 区块链 2.0 时代的显著标志是（　　）。

A. 智能合约　　　　　　　　　　B. 比特币

C. 以太坊　　　　　　　　　　　D. Hyperledger

4. 区块链中的各区块是通过以下何种方式连接起来的？（　　）

A. 通过对接中心节点实现区块连接

B. 通过区块体中的交易信息实现区块连接

C. 通过区块头中的父哈希值实现区块连接

D. 通过节点中的区块编码实现区块连接

5. 区块链 2.0：以（　　）区块链为代表，区块链网络上除了分布式账本以外，增加了可以执行智能合约的程序代码，承载的应用场景从加密货币延伸到加密资产。

A. 比特币　　　　　　　　　　　B. 以太坊

C. Fabric 联盟链　　　　　　　　D. EOS

二、多项选择题

1. （　　）属于区块链在金融领域的应用。

A. 数字货币　　　　　　　　　　B. 跨境支付与结算

C. 证券发行与交易　　　　　　　D. 票据与供应链金融业务

2. 以下（　　）属于区块链金融的影响。

A. 改变金融支付手段

B. 提高金融包容性

C. 促进信任机制的变革

D. 完全消除信息泄露事件

3. 以下信息储存在区块头的有（　　）。

A. 父哈希值　　　　　　　　　　B. 时间戳

C. 头哈希值　　　　　　　　　　D. 交易信息

4. 关于区块链的发展，以下说法正确的有（　　）。

A. 区块链 1.0 被称为"可编程货币"阶段

B. 区块链 2.0 被称为"可编程社会"阶段

C. 区块链 2.0 实现了在区块链上部署应用程序

D. 区块链 3.0 是以太坊为代表的智能合约时代

5. 关于区块链技术的适用场景，以下说法正确的有（　　）。

A. 区块链技术适合应用任何场景

B. 多方参与，缺乏统一背书主体的场景

C. 强调公开透明的场景

D. 信任密集，而非计算存储密集的场景

三、判断题

1. 区块链技术是指一种全民参与的记账方式。　　　　　　　　　（　　）

2. 比特币的底层技术是区块链技术。　　　　　　　　　　　　　（　　）

3. 区块依靠区块头信息将各自连接起来形成区块链。　　　　　　（　　）

4. 区块链应用于支付清算可以提升支付清算效率。　　　　　　　（　　）

5. 区块链技术只能用于加密货币的交易。　　　　　　　　　　　（　　）

四、简答题

1. 简述区块链的基本原理。

2. 简述区块链的发展阶段。

 实训拓展

实训名称	区块链认知模拟训练
实训目的	（1）掌握区块链的核心内涵和基本原理。 （2）掌握区块与区块链的基本组成，加深对区块链结构的理解，形成对区块链的全面认识
实训准备	（1）登录知链科技"区块链金融创新实训平台"。 （2）明确模拟训练的模块。 （3）自学平台中的"学习指导"与"学习资源"
实训内容	**1. 区块结构模拟训练** 通过区块任务模型初始状态（如图1-2所示）进入"区块结构模拟训练"。  图1-2　区块任务模型初始状态

操作步骤：

（1）在交易数据（Data）文本框中输入一笔交易，如"甲向乙转账100元"，观察整个模型的变化。

（2）单击底部【MINE】按钮，观察整个模型的变化。

步骤（1）后，出现区块任务模型变化情况1（如图1-3所示），我们发现Hash值与区块颜色发生变化。

图1-3　区块任务模型变化情况1

步骤（2）后，出现区块任务模型变化情况2（如图1-4所示），我们发现Hash值与随机数（Nonce）发生变化，且区块恢复原来的颜色。需要注意的是，Hash值的前四位都为零。

实训内容

图1-4　区块任务模型变化情况2

2.区块链结构模拟训练

通过区块链模型（如图1-5所示）进入"区块链结构模拟训练"。

续表

实训内容	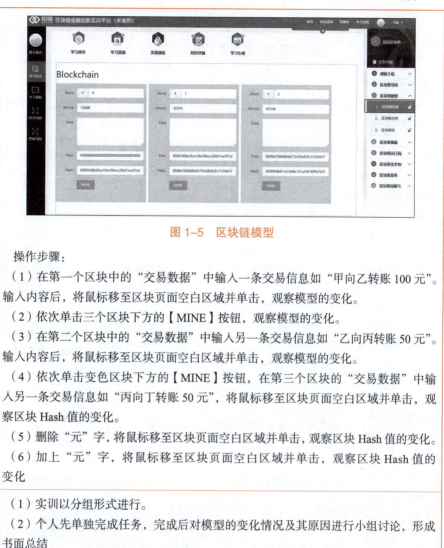 图 1-5　区块链模型 操作步骤： （1）在第一个区块中的"交易数据"中输入一条交易信息如"甲向乙转账 100 元"。输入内容后，将鼠标移至区块页面空白区域并单击，观察模型的变化。 （2）依次单击三个区块下方的【MINE】按钮，观察模型的变化。 （3）在第二个区块中的"交易数据"中输入另一条交易信息如"乙向丙转账 50 元"。输入内容后，将鼠标移至区块页面空白区域并单击，观察模型的变化。 （4）依次单击变色区块下方的【MINE】按钮，在第三个区块的"交易数据"中输入另一条交易信息如"丙向丁转账 50 元"，将鼠标移至区块页面空白区域并单击，观察区块 Hash 值的变化。 （5）删除"元"字，将鼠标移至区块页面空白区域并单击，观察区块 Hash 值的变化。 （6）加上"元"字，将鼠标移至区块页面空白区域并单击，观察区块 Hash 值的变化
注意事项	（1）实训以分组形式进行。 （2）个人先单独完成任务，完成后对模型的变化情况及其原因进行小组讨论，形成书面总结
训练成果展示	每个小组派出代表进行展示汇报，分析在训练过程中模型的变化情况及其原因

学习评价表

知识巩固与技能提高（40 分）	得分：

计分标准：

得分 = 2 分 × 单选题正确个数 + 3 分 × 多选题正确个数 + 1 分 × 判断题正确个数 + 5 分 × 简答题正确个数

学生自评（20 分）	得分：

计分标准： 初始分 = 2 分 × A 的个数 + 1 分 × B 的个数 + 0 分 × C 的个数

得分 = 初始分 ÷ 18 × 20

专业能力	评价指标	自测结果	要求 （A. 掌握；B. 基本掌握；C. 未掌握）
区块链 是什么？	1. 区块链的诞生 2. 区块链的内涵 3. 区块链的基本原理 4. 区块链的发展	A ☐ B ☐ C ☐ A ☐ B ☐ C ☐ A ☐ B ☐ C ☐ A ☐ B ☐ C ☐	能够了解区块链系统的诞生和发展，掌握区块链的内涵和基本原理
认知区块链金融的应用场景	区块链金融常见的应用场景	A ☐ B ☐ C ☐	能列举区块链金融常见的应用场景
理解区块链金融的影响	区块链金融带来的影响	A ☐ B ☐ C ☐	能够理解区块链金融带来的影响
职业素养 思想意识	1. 形成金融科技创新思维 2. 形成批判性精神 3. 树立职业理想	A ☐ B ☐ C ☐ A ☐ B ☐ C ☐ A ☐ B ☐ C ☐	职业素养、思想意识得以提升，德才兼备

小组评价（20 分）	得分：

计分标准： 得分 = 10 分 × A 的个数 + 5 分 × B 的个数 + 3 分 × C 的个数

团队合作	A ☐ B ☐ C ☐	沟通能力	A ☐ B ☐ C ☐

教师评价（20 分）	得分：
教师评语	
总成绩	教师签字

项目二　区块链技术原理

✐ **学习目标**

知识目标：

- 掌握区块链系统的基本架构、分类与特点。
- 理解区块链的核心技术，能够说明分布式账本、加密算法等技术的实现方式。
- 了解区块链技术的应用现状与发展趋势。

能力目标：

- 能分析区块链系统基本架构的六个层次及其功能。
- 能比较不同类型的区块链，能结合实际应用场景说明不同类型的区块链的特点。

素养目标：

- 通过学习区块链的特点，培养去中心化思维，树立运用区块链技术服务人民、造福社会的理念。
- 通过了解区块链技术的应用现状与发展趋势，激发学生民族自豪感和使命感。

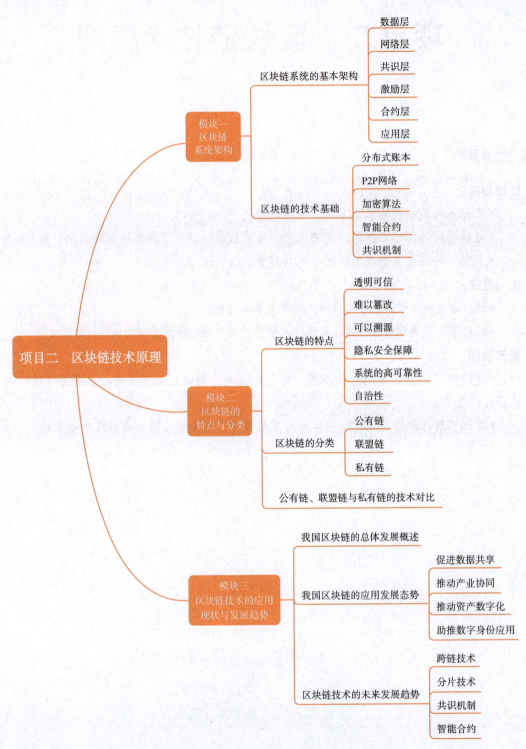

项目二　区块链技术原理

模块一 区块链系统架构
- 区块链系统的基本架构
  - 数据层
  - 网络层
  - 共识层
  - 激励层
  - 合约层
  - 应用层
- 区块链的技术基础
  - 分布式账本
  - P2P网络
  - 加密算法
  - 智能合约
  - 共识机制

模块二 区块链的特点与分类
- 区块链的特点
  - 透明可信
  - 难以篡改
  - 可以溯源
  - 隐私安全保障
  - 系统的高可靠性
  - 自治性
- 区块链的分类
  - 公有链
  - 联盟链
  - 私有链
- 公有链、联盟链与私有链的技术对比

模块三 区块链技术的应用现状与发展趋势
- 我国区块链的总体发展概述
- 我国区块链的应用发展态势
  - 促进数据共享
  - 推动产业协同
  - 推动资产数字化
  - 助推数字身份应用
- 区块链技术的未来发展趋势
  - 跨链技术
  - 分片技术
  - 共识机制
  - 智能合约

模块一　区块链系统架构

案例引入

> ### 区块链实现地铁票跨城通行
>
> 随着长三角一体化战略的深入推进，各地居民跨区域的短途旅游、跨城出行、商务出行等需求日益增长，因此区域交通一体化成为实现长三角经济一体化的重要方面。然而，推动区域交通一体化面临诸多挑战，如技术开发周期长、旧有设备更换成本高、交通数据孤岛、支付结算不统一等。
>
> 蚂蚁区块链通过区块链即服务（BaaS）平台有效解决了区域交通一体化问题。该平台研发了基于金融级联盟区块链技术的跨城市高信任度交易结算模式，各城轨企业不需要统一建设中心系统，依托区块链分布式账本，每一个节点记录的都是完整账目，节省了原先需要每个城轨企业互相通知的接口开发成本。此外，各城市接入互联互通区块链平台后，利用参与方共识机制，实时传输异地乘车用户开通数据、乘车交易数据等，实现互联互通城市数据秒级共享。
>
> **思考**：从以上案例中可以看出，哪些区块链技术有效解决了城市间轨道交通的互联互通问题？

一、区块链系统的基本架构

区块链系统的基本架构由自下而上的六层构成，分别为数据层、网络层、共识层、激励层、合约层和应用层，如图 2-1 所示。

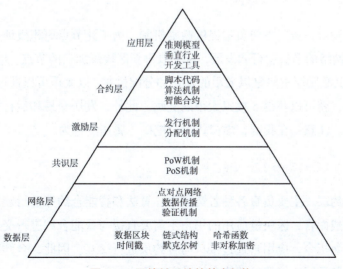

图 2-1　区块链系统的基本架构

（一）数据层（Data Layer）

第一层是数据层，该层是整个区块链技术中最底层的数据结构，主要负责数据存储和保障数据安全。数据层的主要功能有两个：一是存储相关数据，数据存储是基于默克尔树（Merkle Trees）（后文中会详细讲解），通过区块的方式和链式结构来实现数据库的永久化；二是账户和交易的实现与安全，通过数字签名、哈希函数、非对称加密等多种密码学算法和技术来保障交易的安全。

（二）网络层（Network Layer）

第二层是网络层，该层主要负责节点之间的信息交流。网络层是区块链稳定运行的基础，也是区块链去中心化特性的来源，包括点对点（P2P）网络机制、数据传播和验证机制。在节点创建出新的区块时，通过网络层会通知其他节点，每个节点都是对等的，所有的节点都需要对这个区块进行验证，只有半数以上的节点验证通过，该区块才会被添加到链上，这就使区块链具备了去中心化的特点。

（三）共识层（Consensus Layer）

第三层是共识层，该层主要负责节点之间共识的达成。网络层保证了区块链系统中的数据传递，而各节点如何分别在本地将区块和交易组织成一致的区块链、如何保证网络中只存在唯一的分布式账本而不会分叉，这便是共识层需要解决的问题。

这一层封装了网络节点的各类共识机制算法。共识机制算法是区块链的核心技术，这决定了到底是谁来进行记账，而记账决定方式会影响整个系统的安全性和可靠性。常用的共识机制有工作量证明（PoW）机制、权益证明（PoS）机制等。

（四）激励层（Actuator Layer）

第四层是激励层，该层主要负责提供激励机制。为了让节点更积极地参与区块链的工作，确保区块链网络的平稳运行和发展，对于取得新区块添加权的节点，给予一定的奖励。以以太坊为例，其激励层主要是以太币的发行和分配机制，以太币可以通过"挖矿"获得，每挖到一个区块，就可以获得 5 枚以太币的奖励。此外，发送交易和运行智能合约也要向矿工支付以太币。注意，在我国，虚拟货币"挖矿"属违法行为。

（五）合约层（Contract Layer）

第五层是合约层，主要负责各种各类脚本、算法和智能合约等的封装，是区块链灵活编程的基础。一般而言，区块链应用的用户不需要直接与智能合约进行交互，而是通过应用向智能合约下达指令，应用再通过接口与合约层进行交互。因此，合约层非常重要，它为顶层应用提供其运行所依赖的智能合约逻辑和算法。

（六）应用层（Application Layer）

第六层是应用层，该层位于区块链体系结构的最上层，主要负责区块链的各种应用和场景的封装，是建立在底层技术之上的区块链不同应用场景和案例的实现，类似于计算机软件系统中的应用程序、互联网浏览器上的门户网站、搜索引擎、电子商城或手机端上的 APP。基于区块链的各种应用都处于这一层，比如数字货币、区块链浏览器等。

知识链接

区块链浏览器

区块链浏览器是一种区块链搜索工具。区块链浏览器的运营方本身已经下载好完整的账本数据，用户在区块链浏览器中输入相关字段，就可以查到区块或交易的详细信息。典型的区块链公链系统，比如比特币和以太坊等，都有许多区块链浏览器，这些浏览器通常是由开源软件团队自己开发的。

图 2-2 所示为比特币浏览器 https://blockchair.com/zh/bitcoin，被框住的部分为搜索栏。

图 2-2　比特币浏览器

在搜索栏输入一笔交易的 ID：160c42ce6cfe0f1bd3fbdb220b7655b0e848061f759c6dc38eb06f6d206f3c51，然后按"Enter"键，会看到如图 2-3 所示的交易信息。

图 2-3　交易信息

由图 2-3 可知，输入"交易哈希"后，这笔交易的发生时间、发送者、接收者和金额等信息一览无余。总的来说，无论是直接下载区块链账本，还是借助区块链浏览器这样的工具，都可以读取到区块链上的信息，这让区块链具备了公开透明的特性。

激励层、合约层和应用层不是每个区块链应用的必要因素，一些区块链应用并不完整地包含此三层结构。

二、区块链的技术基础

（一）分布式账本

分布式账本（Distributed Ledger）的数据库分布于对等网络的节点（设备）上，网络中每个节点都复制及存储与账本完全相同的副本并独立更新，网络中产生的新数据都将以交易的性质存储在账本中。图 2-4 所示为分布式账本的基本实现形式，区块链网络中有 A~E 这 5 个节点，5 个节点都将共同维护一个分布式账本。

微课：
分布式账本

分布式账本与传统的"中心账本"的区别，主要是数据存储形式的不同。传统的中心账本只有一个总账本，所有的交易都记录在这个总账本中；而分布式账本不存在总账本，每个节点手中都有一个账本，且能同步记录所有的交易信息。当有一条新的记录时，区块链会将这条记录转变为一个交易，再把多个交易打包为一个区块，最后将区块加入账本，形成账本中的新区块，这也是"区块链"形成的基本形式。在区块链中，分布式账本不仅可以让数据具有多个备份，有效防止数据丢失，而且赋予了区块链去中心化的特点，可以有效防止数据都集中在中心节点。

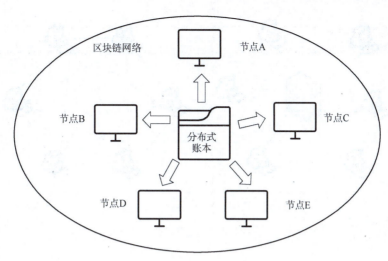

图 2-4　分布式账本的基本实现形式

（二）P2P 网络

在基于中心化的客户端／服务器（Client/Server，C/S）或浏览器／服务器（Browser/Server，B/S）模式中，任意两个网络节点进行信息传输时都需要经过中间服务器才能够实现，中心化网络如图 2-5 所示。虽然这样的中心化模式便于管理和升级，有利于保持数据的一致性，但也容易出现中心化风险，一旦中心服务器或其配套通信设备发生故障，就会导致服务的瘫痪。同时，随着网络节点数量的增加，中心服务器负载压力增大，这也成为网络性能提升的制约因素。

微课：
P2P 网络

P2P（Peer-to-Peer）网络，即对等网络，是一种完全分布式的网络架构。在 P2P 网络环境中，彼此连接的多台计算机都处于对等的地位，各台计算机有相同的功能，无主从之分，每台计算机既可充当服务器，为其他计算机提供服务，也享用其他计算机提供的服务，计算机之间通过直接交换来实现计算机资源和服务的共享。P2P 网络如图 2-6 所示。在这种网络方式下，单一或者少量的节点及其配套通信设备的故障不会影响整个网络服务的提供，随着网络节点的增加，系统整体的资源和服务能力同步扩充，可扩展性很强。

知识链接

P2P 网络在现实生活中有诸多应用，迅雷下载便是其中之一。传统的下载方式都是由中心服务器单线进行文件传输的，P2P 网络中所有节点都是服务器，均可以向下载入传输文件信息，实现多线传输。因此，用户在使用迅雷下载时会发现，下载的文件越热门，下载的速度就越快。

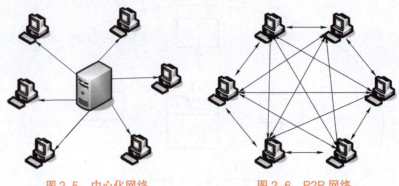

图 2-5　中心化网络　　　　图 2-6　P2P 网络

（三）加密算法

1. 哈希算法

哈希（Hash）算法是密码学的一个重要分支，它可以作为一个很小的计算机程序来看待，无论输入数据的大小及类型如何，它都能将输入数据转换成固定长度的输出，该输出就是哈希值。这种转换是一种压缩映射，哈希算法将可变长度的数据块 M 作为输入，产生固定长度的哈希值。哈希算法在现代密码学中有十分重要的作用，经常被用来实现数据完整性和实体认证，同时该算法是构成多种密码系统和协议的安全保障。

微课：
加密算法

　知识链接

哈希函数把消息或数据压缩成摘要，使数据量变小，将数据的格式固定下来。例如输入 "This is a Hash example!"，产生哈希值 "f7f2cf0bcbfbc11a8ab6b6883b03c721407da5c9745d46a5fc53830d4749504a"。

一个优秀的哈希算法要具备正向快速、输入敏感、单向性、强抗碰撞性等特征。

（1）**正向快速**。对于给定数据，可以在极短时间内快速得到哈希值，以此保证加密或者验证的速度。例如，当前常用的 SHA256 算法在普通计算机上一秒钟能做 2 000 万次哈希运算。

（2）**输入敏感**。输入的信息即使发生极其微小的变化，重新生成的哈希值与原哈希值也大不相同。同时，通过比较新旧散列值之间的差异来预测数据内容的变化是完全不可能的，该特性使哈希值被广泛应用于错误校验。

（3）**单向性**。知道输入值后，使用哈希函数进行计算就很容易知道哈希值是什么，但是知道哈希值，却没有办法计算原始输入值。该特性是哈希算法安全性的基础。

（4）**强抗碰撞性**。碰撞是指两条不同的消息在同一哈希函数的作用下具有相同的哈希值。强抗碰撞性，即不同的输入很难产生相同的哈希输出，对于任意两个不同的数据块，其哈希值相同的可能性极小。当然，由于哈希算法的输出数是有限的，输入是无限的，所以没有一个哈希算法是不会碰撞的。但只要算法保证碰撞概率足够小，通过暴力枚举获得哈希值对应输入的概率就较小，为此付出的代价也相应较高。因此，只要能保证破解的代价足够大，那破解就没有意义。

目前哈希算法最常用的结构为 MD 结构。经典的基于 MD 结构的哈希函数算法有 MD（Message Digest）系列、SHA（Secure Hash Algorithm）系列和 SM3 算法等。

2. 默克尔树

在区块链技术中，通常会以默克尔树（Merkle Trees）或者基于默克尔树的数据结构记录交易数据。

默克尔树又叫哈希树，最早由拉尔夫·默克尔（Ralph Merkle）提出并以自己的名字命名，它广泛应用于 P2P 网络传输中。默克尔树可以是二叉树，也可以是多叉树，其之所以又被称为哈希树，是因为树中的每个节点存储的均为哈希值。图 2-7 所示是一个典型的默克尔树结构，叶子节点（无子节点的节点）中存储的是对交易信息的哈希值，逐层往上每一个节点均是对其子节点的值进一步哈希运算所得，由此，最终的根节点的哈希值本质上是根据所有交易信息层层哈希运算所得。

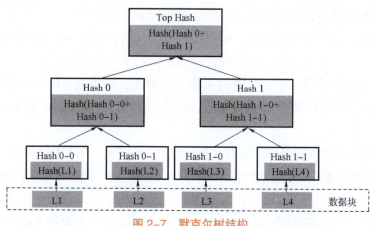

图 2-7　默克尔树结构

默克尔树让用户可以将从区块头得到的 Merkle 树根和别的用户所提供的中间哈希值列表相结合，去验证区块中是否包含某个交易。提供中间哈希值的用户不需要信任，因为伪造块头的代价很大，如果伪造了中间哈希值，将导致身份验证失败。

在区块链中使用默克尔树有很多优点：首先是极大地提高了区块链的运行效率和可扩展性，使首个区块只需包含根哈希值而不必封装所有底层数据，这使哈希运算可以高效地运行在智能手机甚至物联网设备上；其次是默克尔树可以支持"简化支付验证"（Simplified Payment Verification，SPV）协议，即节点无须下载完整交易区块，也可以完成对交易数据的确认。

3. 非对称加密

加密技术一般分为两大类：对称加密和非对称加密。在了解非对称加密之前，我们先来了解对称加密。

所谓对称加密，就是数据上传者和数据访问者掌握同一种密钥，在数据被上传并加密后，如果想访问数据，就要用同一种密钥进行解密从而访问加密数据。可以理解为一把钥匙开一把锁。这种加密方法具有加解密效率高、速度快、占用空间小和加密强度高等优点。由于在对称加密方法下双方使用相同的密钥进行加密和解密，因此加密的安全性不仅取决于加密算法本身，密钥管理的安全性也尤为重要。美国政府采用的 DES 加密标准就是一种典型的"对称式"加密方法，会话密钥（Session Key）长度为 56 bit。

在对称加密方法中，如果加密文件通过网络传输，很难不把密钥告诉对方，但如果密钥被别人用非常规手段截取了，对方就可以轻松读取数据，信息也会被泄露。在用户私人信息经常被泄密的时代，对称加密方式的缺点越来越突出，于是就有了非对称加密。

非对称加密可以解决对称密码体制中密钥提前分配的问题，其核心逻辑就是加密和解密采用不同的密钥，在现实中这两种密钥分别为公钥和私钥。公钥是人人都可备份的，而私钥是非公开的，通常由个人持有，其他人无法访问。公钥与私钥配对，必须成对使用，否则无法打开加密文件。如果使用公钥加密数据，则解密只能使用相应的私钥。如果数据是用私钥加密的，则解密只能使用相应的公钥。非对称加密的工作流程如下：

①交易双方 A 和 B 都要产生一对用于加密和解密的公钥和私钥。

② A 和 B 相互交换并备份公钥，私钥均掌握在自己手中。

③当 A 要给 B 发送交易信息时，A 先用 B 的公钥对信息加密，再用自己的私钥加密信息。

④当 B 收到这个交易信息后，先用 A 的公钥解密，再用自己的私钥解密 A 的消息。在这个过程中，其他收到这个信息的人无法解密，因为只有 B 才同时拥有 A 的公钥和 B 的私钥。

从非对称加密的工作流程可以看出，公钥是可以公开的，不怕别人知道，接收者只需要使用自己的私钥，就可以对信息解密。非对称加密可以很好地解决密钥传输的安全问题。

4. 数字签名

日常生活中，大家都知道手写签名。手写签名之所以在日常被用来证明协议签署的有效性，是因为每个人的笔迹都是独一无二的，所以我们可以通过以本人特定手写方式书写的签名判断出此人同意该协议的内容条款。

数字签名（Digital Signature），又称公钥数字签名、电子签章，它并不是通过图像扫描、电子版录入等方式获得的电子版实物签名，而是通过公钥加密领域的技术来实现的，可用于鉴别的数字信息。当要证明某段数据由某个用户发出时，需要附带一个可信的数字签名。目前，欧盟、美国、中国等 20 多个国家和地区承认数字签名的法律效力。2000 年，《中华人民共和国合同法》（已在《中华人民共和国民法典》出台后废止）首次确认了电子合同和数字签名的法律效力。2005 年 4 月 1 日，《中华人民共和国电子签名法》正式实施。

一套数字签名通常定义两种互补的运算，一个用于签名，另一个用于验证，用户先用私钥对数据进行计算获得签名，其他用户则可以通过公开的公钥从签名回复数据，进行比对验证。图 2-8 所示为签名及验签流程，具体运作机制如下：

①**创建数字签名**。假设 A 想要向 B 发送一条内容为"Good Morning"的信息，那么，A 会创建这条信息对应的哈希值，并使用 A 的私钥对其进行加密，这条信息所对应的哈希值的加密文档即 A 所发消息的数字签名。信息和数字签名都被放在一个文件中，构成了 A 向 B 发送的全部信息。

②**验签**。在这个包含 A 的"Good Morning"信息以及对应数字签名的文件发送到 B 手中后，B 可以使用 A 的公钥来验证该信息是否真的来自 A、内容是否有被篡改。接下来，B 使用 A 的公钥解密数字签名，即这条信息所对应的哈希值加密而成的那个文档，得到一个哈希值；而后 B 再自己计算出看到的信息对应的哈希值。两个哈希值进行比较，如果一致，说明其看到的信息就是 A 要发送的信息"Good Morning"；如果不一致，说明发送给 B 的信息被中途篡改了。

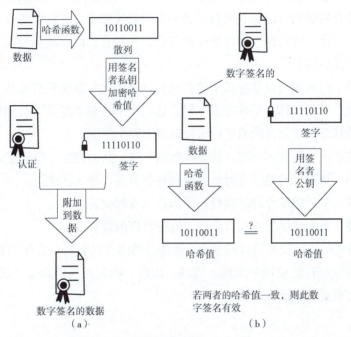

图 2-8 签名及验签流程

（a）签名；（b）验签

（四）智能合约

微课：
智能合约

智能合约（Smart Contract）的概念最早由尼克·萨博于 1994 年提出。智能合约是一种旨在以信息化方式传播、验证或执行合同的计算机协议，是一种在满足一定条件后就执行的计算机程序。因此，智能合约条款是使用计算机语言而不是日常的合同语言或法律记录的，类似于写在区块链中的 if-then 语句。合约一旦写入，合同的条款不能更改，当事先编程的条件被触发时，程序就会自动被触发，从而智能化履行相应的合同条款。智能合约允许在没有第三方的情况下进行可信交易，这些交易可追踪且不可逆转，大大降低了执行和合规合同的成本。智能合约的运行如图 2-9 所示。

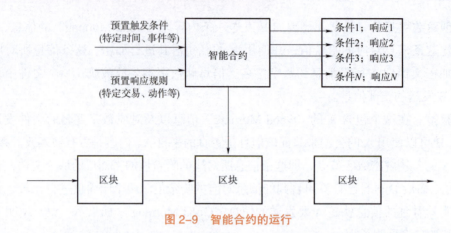

图 2-9　智能合约的运行

智能合约的思想在提出初期并未引起广泛关注，因为缺乏一个好的平台来运行智能合约，以确保智能合约被执行，并且执行逻辑不会中途被修改。在区块链技术出现后，由于区块链具有去中心化、可追溯、不可篡改的特性，各种合约的自动执行成为可能，智能合约才真正实现广泛应用。

智能合约的运行流程与日常生活中的自动售货机售卖货物的流程基本一致，客户在使用自动售货机时，需要选择商品并完成支付，这两个条件都满足后，自动售货机就自动出货，再回归初始状态。智能合约的运行流程有以下四个步骤：

①制定合约。区块链的多个用户就条款达成一致，共同制定一份智能合约代码。

②存储合约。智能合约通过点对点传输到每个节点，存入区块链。

③事件触发。事件触发合约的执行，比如有人发起交易。

④价值转移。根据预设条件执行合约，进行价值的转移。

近年来，随着区块链技术的日益普及，智能合约由于具有去中心化、去信任、可编程、不可篡改等特性，被广泛应用于金融、管理、医疗、物联网与供应链、法律、公益慈善、数字票据、电力市场、公证等领域。

 知识链接

智能合约具有自动准确执行条款、人为干预风险低、去中心化权威和运行成本较低的优点，但同时面临一些潜在风险。2016 年 4 月，历史上最大的众筹项目之一 The DAO 正式上线。经过一个多月的众筹，筹集到价值 1.5 亿美元的以太币来建设这个项目。但仅过了一个多月，以太坊（The DAO 的基础平台）的创始人之一维塔利克·布特林（Vitalik Buterin）在其"Slock.It"社区里发表声明，称 The DAO 存在巨大漏洞，许多以太币已经被盗且未来还有更多以太币被盗，而这种攻击的发生是因为 The DAO 的智能合约从一开始就存在设计缺陷。由于基于区块的智能合约具有非人工干预性质，此缺陷无法在线修复，这使黑客可以从项目中不断窃取以太币。

 **案例延伸**

智能合约的运用实例

如今，智能合约已在各种区块链网络中实施，其自动执行和去中心化的特性，能够大幅优化许多需中心主体参与的传统场景中的用户体验。以保险领域为例，传统的保险理赔申请，需要申请人办理烦琐的申请手续，且需要多家中心化主体参与进来，花费大量的人力物力和时间成本来审核材料。智能合约则可以打通各机构之间的壁垒，实现信息共享，设置好理赔条款的代码并部署上链，当触发条件时自动执行，大大降低申请人和机构成本。

弗里德伯格（David Friedberg）于2007年创建了意外天气保险公司（Climate Corporation），为投保人提供自助天气保险服务。投保人可以登录公司网站，选择在一定时间内需要承保的天气情况，如温度范围、雨雪情况、风暴等级等。一旦投保人完成下单，公司会在200 ms内完成天气预报分析流程，借助算法并结合30年来国家气象局数据为客户提供保险产品，出示保费价格表。一旦投保人遭受投保天气造成的损失，无须经过烦琐的理赔流程，系统会依据气象站的实时观测数据自动判断损失情况并进行赔付。

法国保险巨头安盛保险（AXA）在2017年推出自动航班延误保险平台Fizzy，宣称可以实现100%的自动化和安全性保障。该平台利用以太坊公有区块链技术，确保从保险购买到赔付的每一个环节都被精确、不可篡改地记录在案。平台实时接入全球空中交通数据库，获取最新的航班动态。一旦航班延误超过两小时，赔付机制将智能触发，赔付金即刻自动转入投保人的"信用卡"账户中，整个过程独立于安盛保险，为用户提供了前所未有的便捷与信任。

（五）共识机制

区块链的信任问题通过分布式账本来解决，加密技术是区块链数据不可篡改这一特征的技术基础，共识机制则是可以使区块链达成一致性的重要方法。在传统的中心化账本中存在权威中心，各参与者以中心数据为准，对其数据进行复制即可。但是在区块链去中心化的分布式账本中，并没有权威中心存在，每个参与者都可以进行数据的输入。

微课：
共识机制

分布式账本虽然避免了中心化账本产生的许多问题，但也会存在其他问题，例如，参与成员来自世界各地不同地区，彼此互不相识，参与成员可能会上传虚假数据企图从中获利。因此，为了保证参与者添加的账本数据是正确可信的，需要有一个机制对这些参与者进行检测，如果这个人通过了检测，基本可以认为这个人是可信任的。共识机制就应运而生了。

区块链可以支持不同的共识机制，但不同的共识机制需要满足两个性质：一是一致性，所有诚实节点保存的区块链的前缀部分完全相同；二是有效性，由诚实节点发布的信息最终将被所有其他诚实节点记录到自己的区块链中。目前，区块链的共识机制主要有以下四类：工作量证明（Proof of Work，PoW）机制、权益证明（Proof of Stake，PoS）机制、股份授权证明（Delegated Proof of Stake，DPoS）机制、拜占庭容错类（Byzantine Fault Tolerance，BFT）机制。

1. 工作量证明机制

工作量证明机制是分配一段时间内交易信息的打包记账权，从而达成系统共识的机制。工作量证明机制的提出是为了防止垃圾邮件，这种证明机制已应用于比特币系统中，其核心就是通过节点的算力选取打包节点。节点通过计算随机哈希散列的数值争夺上传数据的权利。比特币系统中，这种共识机制能够保证所有节点对一个待确认的交易达成一致。只有完成工作量证明的节点才能够产生这一阶段的待定区块，其他网络节点在此之上将继续完成工作量的证明，以产生新的区块。

以比特币区块链为例，验证节点通过对随机数进行运算，争夺比特币的记账权，进行运算的过程中需要消耗算力等资源，因此验证节点也被称为"矿工"。尝试不同随机数，找寻合适随机数的过程称为"挖矿"。如果说，两个节点在同一时间找到区块，那么网络将根据后续节点和区块的生成情况决定以哪个区块为最终的区块。工作量主要体现在：要找到合理的随机数需要进行大量的尝试性计算，找到合理的随机数是一个概率事件，在找到合理的随机数之前进行了大量的工作。

该算法的优点是易实现，节点间无须交换额外的信息即可达成共识，缺点是效率低，达成共识的周期较长，浪费能源。

2. 权益证明机制

权益证明机制，又称股权证明机制，本质上是采用权益证明来代替工作量证明机制的算力证明，记账权由最高权益的节点，而不是最高算力的节点获得。具体而言，权益证明机制同样是一种挖矿游戏，它以特定数量的币与其最后一次交易的时间长度的乘积为"币龄"，每次交易都将消耗一定币龄，消耗币龄越多，挖矿难度越低，累计消耗币龄最多的区块将被加入主链，获得记账权。

权益证明机制虽然在一定程度上解决了工作量证明机制浪费资源的问题，同时缩短了区块产生的时间，提高了系统效率，但是这种共识机制本质上仍需要网络中的节点进行挖矿，并没有从根本上解决工作量证明机制的问题。

3. 股份授权证明机制

股份授权证明机制是一种新的保障网络安全的共识机制，其与董事会投票机制相似，机制内部存在一个投票系统，股东们投票决定公司决策。在股份授权证明机制下，每个持币节点都可以进行投票选举，选出一定数量的节点作为代表，由这些代表代替全部节点进行验证和记账等操作，维持区块链的运行。一旦产生交易，这些代表就会获得一定的报酬。同时，如果代表节点的工作存在危害区块链的行为，所有节点就可以通过投票撤销其代表资格，然后重新投票，选取新的代表。

股份授权证明机制解决了工作量证明机制和权益证明机制的问题，减少了参与记录数据节点的数量，节省了时间，提高了效率，可以达到秒级的共识验证。但整个共识机制仍依赖代币，但很多商业应用并不需要代币。

4. 拜占庭容错类机制

前几种证明机制都将其余节点视为对手，每个节点都需要进行计算或提供凭证以获取利益。但拜占庭容错类机制希望所有节点共同合作，以协商的方式产生被所有节点都认可的区块。

目前提出的拜占庭容错类机制有很多种，其中最广为人知也得到普遍应用的是实用拜占庭容错机制（PBFT）。这一机制的主要目的是解决如何在有错误节点的网络中使所有正确节点对某个输入值达成一致的问题。实用拜占庭容错机制的每一轮包括三个阶段：预准备阶段、准备阶段和确认阶段。在预准备阶段，由主节点发布包含待验证记录的预准备消息。接收到预准备消息后，每一个节点进入准备阶段。在准备阶段，主节点向所有节点发送包含待验证记录的准备消息，每一个节点验证其正确性，将正确记录保存下来并发送给其他节点。直到某一个节点接收到 $2f$ 个不同节点发送的与预准备阶段接收的记录一致的正确记录，则该节点向其他节点广播确认消息，系统进入确认阶段。在确认阶段，直到每个诚实节点接收到 $2f+1$ 个确认消息，协议终止，各节点对该记录达成一致。

在拜占庭容错类机制中，可以实现区块链的一致性，同时避免多余的计算量，节省资源，极大地缩短了达成共识的时间（可以达到秒级共识），并且系统可以脱离代币运转，基本可以达到商业应用的要求。但是拜占庭容错类机制在安全性上主要还是依赖失效节点数量的限制，当系统中存在或超过 1/3 的节点联合起来发布恶意信息时，系统的安全性和一致性将遭到破坏。

模块二　区块链的特点与分类

案例引入

区块链电子处方

在医疗改革的大背景下，国务院和卫生主管部门明确提出，医疗机构应该按照药品通用名开具并主动向患者提供处方，患者可凭处方到零售药店购药，同时探索医院门诊多渠道购药模式。

在此政策指导下，阿里巴巴集团利用区块链技术构建处方流转联盟链，医疗机构、药房、配送机构、支付机构、监管机构等作为参与方上链。患者在医院就诊后，医生开出具有药品通用名的处方并将处方上链。处方通过预设规则，可拆单到不同的第三方药房。药房实时确认药品库存并更新处方状态，根据患者的选择挑选对应的配送和支付方式，完成患者购药环节。在此过程中，相关参与方的状态更新实时上链。区块链技术保证处方开具方、药品售卖方、配送方身份合规，处方流转过程中内容无篡改，患者隐私信息得到保护，并且一旦发生纠纷，监管部门可全程溯源。

思考：从以上案例中可以看出，区块链技术有哪些特点？

一、区块链的特点

从技术角度看，区块链是一种存储结构，其中的数据被存储在不同的"区块"中，这些"区块"按照时间顺序串连成"链条"，故而被称为"区块链"。区块链通过密码学等技术，实现了数据透明可信、难以篡改、可以溯源、隐私安全保障、系统的高可靠性、自治性等。

微课：
区块链的特点

（一）透明可信

区块链去中心化的特性实现了信息的透明可信。在中心化结构中，系统中的所有节点都与总服务器相连，节点之间的通信必须由总服务器传达。显然，在中心化的系统中存在信息不对称的问题，总服务器位于中心地位，通常可以接收更多信息并成为一个不透明的黑盒，因此需要依靠中心化系统以外的机制来保证其可信性。

所谓去中心化，是互联网发展过程中形成的一种社会关系形态和内容产生形态，跟"中心化"相对立，即不设置总服务器，让各节点之间直接相连。这意味着数据的存储、更新、维护等操作过程不再依靠中心化的总服务器，而是基于"分布式账本"。在区块链系统中，网络中所有节点处于对等地位，所有交易对所有节点均透明可见，且每个节点通过共识机制来让自己的账本跟其他节点的账本保持一致，所以整个系统的信息都是透明可信的。去中心化的优势如表 2-1 所示。

表 2-1　去中心化的优势

优势	说明
容错力	中心化的中心一旦出现问题，其他节点就会全线崩溃；但去中心化的系统依赖其他节点，其他节点一起出现问题的可能性极小
抗攻击力	去中心化的系统，促使被攻击成本更高，原因在于系统中缺少敏感的中心点；中心化的中心点更容易遭受低成本的攻击，致使攻击中心完全崩溃
防勾结串通	去中心化系统中的参与者以牺牲其他参与者为代价牟取自己利益的可能性极小

（二）难以篡改

区块链上的内容需要通过密码学原理进行复杂运算才能记录上链，而且在区块链上，后一个区块会包含前一个区块的内容。此外，区块链系统信息篡改的难度大、成本高，如果想要修改链条中的信息，就必须取得半数以上节点的同意，这需要攻击者投入大量资金控制全系统超过 50% 的算力。且攻击行为一旦发生，编辑区块链系统上内容的过程会被以类似"日志"的形式完整记录下来，且这个"日志"是不能被修改的，当人们发现这套区块链系统已经被控制以后便不再信任和使用这套系统，这套系统也就失去了价值。

区块链的这一优势使其在现实中应用于多个领域，比如教育领域中的学历认证、公益领域中的钱款监督、版权保护等。

（三）可以溯源

普通数据库之所以没有可追溯性，是因为普通数据库是集中式的，通常在中央服务器上运行；中央服务器的所有者可以更改和操纵数据，无法保证数据的真实性。而区块链是由多个储存了交易信息的区块按创建的时间顺序组成的链条，这一块链式结构使区块链上的信息环环相扣，任意一条交易数据都可以追查与其相关的全部历史交易。区块链这一特性的应用在现实中非常广泛，包括供应链管理、公共事业、医疗、教育领域中的学历认证、审计等领域。表 2-2 以生产企业供应链管理为例，说明区块链做到可追溯的方法。

表 2-2　区块链做到可追溯的方法（以生产企业供应链管理为例）

方法	说明
信息上链	生产企业的产品原料信息、生产加工工艺信息、仓储出入库信息、分销信息、物流信息等，都会以哈希值的形式上链
存储	在区块链上，查询及存储的并不是产品源数据，而是通过加密形式产生的一串字符，这样能够更好地对企业隐私进行保护
验证	通过查询检验，人们可以查阅上链信息的各项具体情况，比如时间、查询次数、有无变更记录等
分享	区块链溯源系统是一套完整的商品真伪、窜货信息查询数据平台，通过多种方式进行展示，企业能更好地管理分销、控制窜货现象以及终端客户营销活动

（四）隐私安全保障

区块链具有去中心化的特性，而且区块链系统中任意的节点都包含完整的区块校验逻辑，不需要依赖其他节点完成区块链中交易的确认过程，因此节点间无须相互信任，也无须互相公开身份，这为区块链系统保护隐私提供了基础。

在区块链系统中，用户采用公私钥机制中的私钥作为唯一身份标识，每个用户拥有一个唯一的私钥并对应一个公钥，来参与区块链上的各类交易。区块链系统不会关注哪个用户持有该私钥，也不会关注私钥和公钥的对应关系，因此区块链系统只记录某个私钥持有者在区块链上进行了哪些交易，而无法知道参与交易的双方到底是谁，进而保护了用户隐私和安全。

（五）系统的高可靠性

区块链系统的高可靠性主要体现在所有节点共同参与维护整个系统，任何人都能参与区块链的节点，每个节点在参与记录的同时，还能对其他节点记录结果的正确性进行验证，即使其中某个节点出现了故障，也不会影响整个系统的正常运转，除非能同时控制全网超过50%的算力，否则单个节点对数据库的修改不仅是无效的，也无法对其他节点上的数据内容造成影响。因此，参与系统的节点越多，计算能力越强，系统中数据的安全性也就越高。这就是为什么我们可以自由加入或退出比特币系统，而不影响该系统的正常工作。

（六）自治性

区块链技术尝试通过构建可靠的自治网络系统，从根本上解决价值交换和转移中存在的欺诈和寻租现象。在具体应用中，区块链采用基于协商一致的规范和协议，各个节点都依照这个规范来操作，这使所有的工作都由机器完成，人为干预将不起作用。

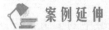 案例延伸

区块链技术在教育领域中的应用

人的一生都离不开教育，随着互联网的普及和快速发展，数字化教育成为一种趋势，它打破了传统课堂教育时间和空间的限制。在数字化教育背景下，主要存在以下问题。

（1）文凭作假与学术欺诈。传统的学历认证方式需要烦琐的证明材料和流程，容易受到伪造和篡改的威胁。这些问题严重影响了学历认证的公正性和可信度。

（2）简历等个人信息的不对称。企业为了验证求职者简历上信息的真实性需要付出极高成本，尤其是未进行数字化录入的诸如工作经历、实习经历等内容。

（3）学生参加在线教育的效果无法保证。一方面，学生完成在线课程、参加虚拟教学等活动时的记录容易被篡改；另一方面，在线教育的教学机构、教师师资和教学评价都可能会被造假。

针对以上问题，区块链可以利用其透明可信、数据难以篡改、可以溯源等特点进行改善。

（1）对学生个人建立全维度的教育和职业信息体系。将学生的学历学位、学习成绩、奖项荣誉、实习工作经历、职业等级证书、学生完成在线课程和参加虚拟教学的学时等信息通过区块链来进行储存和验证。在学生求职过程中，建立企业、学校的互联互通，让企业将学生或员工的实习经历、工作经历上链，使企业招聘时能够直接从区块链平台上获得相关的真实数据，减少背景调查成本，增加可信度。

（2）对教学机构和教师个人建立链上评价体系。学生或家长可以在接受教育机构课程或教师教育后进行真实评价并上链。这些评价杜绝了虚假教学机构和虚假师资的存在，有利于保障学生权益。

目前，澳大利亚、阿联酋等许多国家的学历认证项目采用了区块链技术。在中国，也有不少高校和机构开始尝试利用区块链技术进行学历认证，这提高了学历认证的可信度和效率。

二、区块链的分类

按照网络范围进行分类，可以将区块链分成公有链、联盟链和私有链。其中，公有链又称开放区块链或非许可链，联盟链和私有链统称为许可链。

（一）公有链（Public Blockchain）

公有链中所谓的"公有"，是指没有中心化的管理组织，全世界任何人都可以在该类区块链系统中读取和维护数据，发送交易并获得有效确认。公有链系统是完全去中心化的，不受任何单个中心机构控制，它使用共识机制的算法确保所有节点都能够达成一致，是所有人都可以参与的区块链，数据也是完全公开透明的。公有链一般会通过项目代币机制来鼓励参与者竞争记账，以确保数据的安全性。公有链的特点主要有以下三点。

（1）**所有数据默认公开**。与之有关的参与者都会隐藏自己的真实身份，通过公共性来提高安全感，都能看到所有的账户余额和交易活动。

（2）**保护用户免受开发者的影响**。在公有链中，程序开发者无权干涉用户，对使用其程序的用户，区块链可以进行保护。

（3）**访问门槛低**。只要拥有足够的技术能力，就能访问。

公有链运用范围广泛，往往适用于需要公众参与且最大限度保证数据公开透明的系统，例如比特币、以太坊。

但是公有链也存在问题。

（1）**效率问题**。在公有链中，每个区块需要等待若干个基于它的后续区块生成，才能够以可接受的概率被视为该区块达到安全水平，这对于大多数企业来说花费时间太长，无法满足其应用需求。现有的各类共识机制，例如比特币的 PoW 机制、以太坊的 PoS 机制，都存在产生区块效率较低的问题。

（2）**隐私问题**。公有链上传输和储存的数据都是公开可见的，对于某些涉及大量商业机密和利益的业务而言，容易通过分析这些公开的交易记录来获取相关信息。例如，在金融贷款业务中，客户都有实名制要求，如果采用公有链，则会使每个人的交易信息对所有人可见，造成隐私暴露。

（3）**激励问题**。公有链一般会设计激励机制来促使参与节点提供资源，自发维护网络，保证系统健康运行。但现有的大多数激励机制，需要发行电子虚拟货币，但这些电子虚拟货币不一定符合各国的监管政策。

（4）**安全问题**。安全问题主要包括来自外部实体的攻击，例如分布式拒绝服务攻击（Distributed Denial of Service，DDoS），来自内部参与者的攻击，例如冒名攻击（Sybil Attack）、共谋攻击（Collusion Attack）等，以及组件的失效、算力攻击等。

知识链接

典型的公有链平台主要有以太坊、商用分布式设计区块链操作系统和Solana公链。

（1）以太坊（Ethereum）是一个开源的有智能合约功能的公共区块链平台，通过其专用加密货币以太币（Ether，简称"ETH"）提供去中心化的以太虚拟机（Ethereum Virtual Machine）来处理点对点合约。以太坊的概念首次在2013—2014年间由程序员维塔利克·布特林（Vitalik Buterin）受比特币启发后提出，大意为"下一代加密货币与去中心化应用平台"，在2014年通过ICO众筹得以发展。至2018年2月，以太币已成为市值第二高的加密货币，仅次于比特币。

（2）商用分布式设计区块链操作系统（Enterprise Operation System，简称"EOS"）是一种去中心化的、基于区块链技术的智能合约平台，它采用DPoS算法，致力于为分布式应用提供高性能、高可扩展性和易用性的区块链服务。EOS使用基于WebAssembly的智能合约语言，可以实现高效、可编程且高度安全的智能合约。

（3）Solana公链是一个高性能的区块链平台，在区块链领域拥有一定的声誉和影响力。Solana的开发旨在构建一个快速、安全和真正分布式的区块链平台，以提供高效和可扩展的区块链服务。

（二）联盟链（Consortium Blockchain）

联盟链又称共同体区块链或局域链，是指由多个机构组成利益相关的联盟，共同参与维护区块链运转。联盟链一般需要严格的身份认证和权限管理才能加入与退出网络，通常在多个相互已知身份的组织之间构建，适合处理组织间需要达成共识的业务，比如多个企业之间的物流供应链管理、多个金融机构之间的支付结算、政府各部门之间的数据互通等。目前在金融行业、供应链管理、电子存证溯源、数字版权、公益、数字身份、教育、医疗、能源、文化娱乐等众多产业和领域中，都可应用联盟链。

联盟链和公有链相比，主要有以下优点。

（1）**效率较公有链高**。在公有链中，一个新区块能否上链，完全由区块链中所有的节点决定，每笔交易的实现都要经过各节点的确认，处理速度慢。而联盟链的成员之间互相知道彼此在真实世界的身份，支持完整的服务管理机制，成员服务模块提供成员管理的框架，定义了参与者的身份及验证管理规则。在一定时期内，联盟链成员个数确定且节点数量远远小于公有链，对于要共同实现的业务在线下已经达成一致理解，因此联盟链共识算法较比特币PoW的共识算法约束少，共识算法运行效率更高，如PBFT（Practical Byzantine Fault Tolerance，实用拜占庭容错算法）、Raft等，可以实现毫秒级确认，吞吐率有极大提升，可达几百到几万吞吐量（TPS）。新的区块能否上链，只要其中几个权重较高的节点确定即可，这大大减少了交易处理时间，故联盟链的运行效率变高。

（2）**安全隐私保护更好。**联盟链和公有链相比，安全隐私保护更好。数据仅在联盟成员内开放，非联盟成员无法访问联盟内的数据。即使在同一个联盟内，不同业务之间的数据也可以进行一定的隔离，联盟链中的各节点都有属于自己的私钥，各节点产生的数据信息只有该节点知道，如果节点与节点之间需要进行信息交换和数据交流，则需知道对方的节点私钥。此外，不同的厂商也会做大量的隐私保护增强，例如华为公有云的区块链服务（Blockchain Service，简称"BCS"）提供了同态加密，对交易金额信息进行保护。

（3）**不需要代币奖励。**在激励方面，因为联盟链中的成员为了共同的业务收益而共同配合，各自贡献算力、存储、网络的动力，所以一般不需要额外的代币奖励来对成员进行激励。

但是联盟链也存在以下劣势。

（1）**大型企业的应用场景灵活性较差。**若启动一个新的联盟需要经过所有成员的协议批准，但大型企业流程多，约束条件繁杂，想要在多个大型企业之间建立这种通用网络，花费的时间多，速度慢。

（2）**联盟链是半中心化结构，一定程度上易遭受恶意攻击。**在有限的节点内，可以假定多个参与者会出现合谋。

（3）**缺少行业统一标准。**目前整个联盟链仍没有统一框架。

 知识链接

基于联盟链的应用，主要有超级账本项目、区块链联盟 R3、俄罗斯区块链联盟、中国分布式总账基础协议联盟等。

（1）超级账本项目，是 Linux 基金会于 2015 年发起的推进区块链数字技术和交易验证的开源项目，加入成员包括荷兰银行（ABN-AMRO BANK）、埃森哲（Accenture）等十几家不同利益体，目标是让成员共同合作，共建开放平台，满足多个行业的用户需求，简化业务流程。

（2）区块链联盟 R3，于 2015 年由区块链创业公司 R3CEV 发起，旨在构建银行同业的联盟链，目前有 40 多家银行或 IT 巨头参与，包括花旗银行、德意志银行、IBM、微软等。

（3）俄罗斯区块链联盟，于 2016 年 7 月 1 日成立，其成员包括支付公司 QIWI、B&N 银行、汉特－曼西斯克银行、盛宝银行、莫斯科商业世界银行和埃森哲咨询公司。其主要目标是发展区块链概念验证，进行合作研究和政策宣传，创建区块链技术的共同标准，同时积极与国内监管部门和政府合作。

（4）中国分布式总账基础协议联盟，是我国第一个由大型金融机构、金融基础设施及技术服务公司共同发起设立的分布式账本联盟，于 2016 年 4 月 19 日由中证机构间报价系统股份有限公司、中钞信用卡产业发展有限公司北京智能卡技术研究院、浙江股权交易中心、万向区块链实验室等 11 家机构共同发起，旨在为金融领域应用分布式账本技术提供符合中国国情、适应中国法律与监管需要的基础平台。

（三）私有链（Private Blockchain）

私有链中所谓的"私有"，是与"公有"相对的概念，它是指某个区块链的权限不对外公开，仅供个人或组织内部使用。私有链通常具备完善的权限管理机制，要求使用者提供身份认证，这说明私有链还存在一定的中心化控制，仅使用了区块链技术作为底层记账技术，记账权归私人或私人机构所有，数据访问和使用都有严格的权限管理。

私有链通常有完善的权限管理系统，要求用户提交身份认证。在私有链环境中，参与者的数量和节点状态通常是确定且可控的，其节点数量比公有链少得多。私有链主要应用于企业内部审计管理、供应链管理、票据管理或者政府部门内部管理等。私有链主要有以下特点。

（1）交易效率高。私有链规模较小，节点数目远小于公有链，节点之间信任度较高，不需要对每个节点进行验证，其确认和写入效率超过了其他任何类型的区块链。

（2）隐私保护好。私有链主要供组织内部使用，因此可以利用企业已有的信息安全防护机制，保护数据隐私。此外，链上访问权限被严格限制，任何人获取区块链上的个人数据需要经过严格授权。

（3）无须代币激励。在私有链系统中，节点之间不需要完全的协议，也不需要通过额外的代币进行奖励。

三、公有链、联盟链与私有链的技术对比

公有链、联盟链和私有链的技术对比如表 2-3 所示。

表 2-3　公有链、联盟链和私有链的技术对比

对比项目	公有链	联盟链	私有链
参与者	任何人自由进出	被授权的联盟成员	被授权的个体或公司内部
记账人	所有参与者	由联盟成员确定	自定义
激励机制	需要	可选	不需要
中心化程度	去中心化	部分中心化	存在一定的中心化控制
突出特点	信用的自建立	效率和成本优化	透明和可追溯
承载能力	3~200 000 笔／秒	1 000~10 000 笔／秒	1 000~100 000 笔／秒（视配置决定）
决策速度	慢	中	快
交易数据	公开	非公开	非公开
典型场景	比特币、以太坊	支付、结算	审计、发行

模块三　区块链技术的应用现状与发展趋势

案例引入

区块链技术应用服务实体经济

我国是世界第一贸易大国，贸易是推动我国经济高质量发展的重要载体。而航运贸易联通实体经济各类主体，将区块链应用于航运贸易，可以更好地服务实体经济，促进产业协同。

在传统的航运贸易中，物流活动链条长且复杂，涉及主体多且分散，各主体间无法建立透明高效的信任机制，航运贸易链条上的信息和单据往往以纸质文件形式流转，导致业务流程协同低效，单据验证难等问题。通过区块链可建立透明高效的信任机制，解决多方信任问题，将跨境贸易的众多参与方有效协同起来，在产业链前后端、上下游等各类主体间更有效、更低成本地进行数据共享、生产协同、资源整合，使跨境数据流转更加安全、可靠、高效。

国内航运企业在航运贸易数字化领域已形成多个代表性平台。"丝路云链"项目是招商局集团有限公司基于区块链技术建设运营建成的大宗贸运一体化数字平台，它打通招商轮船大宗航运业务系统，促进船货港业务协同化应用和数据共享验证，提升海运物流效率，已服务39艘船舶，70余个航次，近300万吨铁矿石。GSBN是由中远海运发起的区块链航运数据共享平台，帮助进口集装箱单证平均办理时间由24~48小时缩短至4小时以内，累计覆盖国内外多个港口、8家航运公司，无纸放货140万标准集装箱，注册用户18 000家。TradeGo平台是由中化能源、中国石油国际事业有限公司等共同成立的大宗商品数字交单服务平台，已节约单证流转时间近90%，大幅提高贸易单证流转效率。

思考：从以上案例中可以看出区块链技术的何种应用呈发展态势？

一、我国区块链的总体发展概述

区块链作为底层支撑技术，在数字经济与实体经济融合、培育数字经济发展新动能等方面发挥重要作用。近几年来，在我国各级政府的高度重视和国家产业政策重点支持下，区块链技术的研究与应用呈现出爆发式增长趋势，并逐步进入稳定阶段，其应用领域已经覆盖金融服务、供应链管理、医疗健康、版权、社会公益、电子政务、存证溯源等多个范畴，并取得了不同程度的进展。中国电子信息产业发展研究院、赛迪（青岛）区块链研究院发布的《2023—2024中国区块链年度发展报告》显示，我国区块链发展总体呈现以下现状。

（一）政策环境持续优化

从政策数量上看，数据显示，截至 2023 年年底，各部委及各地方政府出台的区块链相关政策数量已有千余项，区块链发展政策不断完善。其中，2023 年新增 79 项，涵盖文旅、能源、航运、电视广播、数据安全和区域改革及公共治理等领域。此外，从政策方向上看，2023 年区块链专项政策主要侧重鼓励区块链技术与市场化应用相结合的市场化应用端，为实体经济发展注入新动力，如上海市出台的《推动区块链、大模型技术赋能生产性互联网服务平台发展实施方案》，旨在深化区块链技术应用场景建设，利用区块链技术赋能生产性互联网服务平台高质量发展。

（二）标准体系日趋完善

相关数据显示，截至 2023 年年底，我国共研究或制定区块链标准超 118 项。2023 年 5 月，国家标准《区块链和分布式记账技术　参考架构》（GB/T 42752—2023）正式发布，这是我国首个获批发布的区块链技术领域国家标准，有助于进一步加快我国区块链标准化进程。截至 2023 年年底，我国已有 8 项国家标准正式发布，其中 2 项为现行标准，其余 6 项即将实施。除此之外，行业标准也有序推进，2023 年我国新增 15 项区块链行业标准，主要分布在金融行业、物联网、智慧城市和互联网等方面。标准体系的日趋完善，规范了区块链技术的应用和发展，也有助于推动相关行业的数字化转型和升级。

（三）技术创新不断突破

2023 年科技部发布国家重点研发计划 6 个重点专项，区块链位列其中。从区块链产业专业来看，从 2004 年以来，我国区块链申请总数在 8 万件左右，于 2017 年开始呈现爆发式增长趋势，2020 年专利数量达到 19 835 件，自 2021 年开始逐年下降。2023 年专利方向主要集中在安全、效率、可靠性、准确性和智能化，跨链等链间交互方向的专利占比较低，为 2%，安全和效率方向的专利占比最高，分别为 31% 和 25.7%。从这些数据可以看出，未来仍需提高对链间交互的关注度，不断推动我国整体区块链产业发展。

（四）产业格局基本成型

我国区块链产业上中下游结构基本构建，形成了相对完备的全产业链链条。从层级来看，我国区块链产业层级稳步优化，主要分为上游底层技术与基础设施层、中游核心平台层与下游应用服务层。此外，我国区块链产业进入稳定和成熟阶段。相关数据显示，2023 年全国区块链产业规模约 60 亿元，同比下降 11.7%，截至 2023 年年底，我国核心区块链企业为 1 900 余家。从区块链投融资情况来看，我国区块链投融资规模增速放缓，2023 年我国区块链行业投融资数量共 36 笔，投融资规模约 32 亿元，同比 2022 年大幅减少。

（五）应用范围覆盖广泛

2023 年我国区块链应用数量呈现持续上升趋势。数据显示，2023 年新增区块链应用案例 450 个，同比增速 34.3%。由于数字经济的快速发展催生了对数字资产的大量需求，2023 年新增区块链应用案例中，数字资产区块链应用共 245 项，占总数的 54%，位居各领域应用数量第一。司法、政务、金融领域应用落地保持稳定增长趋势，分别占比 15%、10%、9%。

二、我国区块链的应用发展态势

近年来，全球区块链应用范围从金融领域逐步向外延展，场景创新、模式创新层出不穷。行业主体积极发挥区块链在促进数据共享、优化业务流程、降低运营成本、提升协同效率等方面的作用，服务行业数字化转型。中国信息通信研究院发布的《区块链白皮书（2023 年）》显示，我国区块链应用的发展态势主要有如下四点。

（一）促进数据共享

一方面，通过区块链将信用、交通、医疗、卫生、就业、社保、统计、教育、气象等与民生紧密相关、行业增值潜力显著的公共数据进行可信授权共享，并结合地方数据交易所、公共资源交易中心等机构探索数据确权及流通机制，实现区域内数据要素的跨行业跨部门可信交互和价值传递，打通数据共享和流通障碍。另一方面，依托区块链的授权认证及数据共享能力，打通上下游数据孤岛，实现企业数据跨区域、跨平台授权共享，盘活数据资源，提升企业数据资产管理及价值挖掘能力。

知识链接

四川省成都市基于"蜀信链"建设成渝公共信息资源共享的应用，在国内率先建立公共信息资源标识和确权体系，针对民政、工信、公安、税务、财政等各政府部门用户，开展成渝政务数据资源的标识、整理和确权工作，实现数据要素流通中数据唯一确权，数据交易真实可信，提升资产交割效率。河北雄安新区基于区块链技术建设了覆盖城市全行业的产业互联网平台，为企业在雄安云上建立"企业数据保险箱"，让企业自主管理数据，并自动生成企业画像，实现产业政策与企业精准匹配，为企业减少重复申报工作。

（二）推动产业协同

我国区块链应用从数字金融向各行业逐步扩展，已在通信、金融、制造、能源等领域落地多项典型应用，逐步成为推动产业协同的关键力量。区块链技术以其独特的去中心化、不可篡改、透明公开等特性，为不同产业间的协作与协同提供了全新的解决方案。

知识链接

在金融领域，中央结算公司建设区块链数字债券发行公用平台，支持首批试点债券发行，通过联盟链投票机制实现共建共治，增强市场机构参与度，实现全流程业务数据上链和可追溯，强化穿透监管，防范金融风险。在制造领域，天河国云联合制造企业建设工业数据可信协同基础设施，在供应链协同管理、设计可信协同与共享、产品质量溯源三个应用场景，打通供应链间企业库存、设计文档、质量数据、服务评价等数据，覆盖2 000余家工业企业，提升供应链协作效率。在能源领域，国家电网建成能源区块链公共服务平台"国网链"，形成包含绿电"生产—交易—输配—消纳"各环节的行业性、地域性绿电联盟，服务绿色能源生产消费。

（三）推动资产数字化

数字资产主要通过数字资产化与资产数字化的方式形成。数字资产可以归纳为现实资产数字化和原生数字资产两种形式。现实资产数字化是将实体经济中的资产以数字孪生的方式在区块链上记录。而原生数字资产包括了各类虚拟资产，如加密货币、证券型通证、功能型通证、NFT（Non-Fungible Token，非同质化通证）、数字IP类资产等。目前，我国数字资产探索主要集中在数字营销、数字内容确权、实物资产数字化等方面，相较于国外，我国以确保金融安全为出发点，保障实体经济与数字经济协同发展。

知识链接

我国数字资产重点围绕"双碳"场景开展探索，碳资产定价和交易模式较为清晰，范围界定较为明确，碳资产或成为数字资产的另一重要形式。区块链技术具有协同提效、数据可信透明、不可篡改等特点，可在绿债的发行、销售、分配、所有权转让、支付、结算、披露资金用途等环节发挥作用。2023年2月，香港特别行政区成功发售首批由政府发行的8亿港元通证化绿色债券。基于区块链的绿色债券交易，不仅使交收程序从5个工作日缩短至1个工作日，显著提升了发行效率，而且实现了债券全生命周期跟踪，推动了可再生能源、绿色建筑等项目的高效融资，促进了数字技术与实体经济的深度融合。

（四）助推数字身份应用

数字身份的出现解决了用户身份可靠性、可辨识性、唯一性的问题，通过区块链、可验证计算等数字信任技术保障用户身份主权、数据主权和资产主权，用户对自己的身份、数据及资产拥有所有权，不依赖于任何公司或实体，保障了用户身份和数据隐私，增强了用户对自己数字身份的信任感。数字身份搭建了用户参与线上数字活动的入口，加快了各个行业数字化进程，落地了面向政务办事、城市交通、通信金融、民生服务等的应用，实现了实体身份从现实世界到数字世界的映射。

知识链接

招商局集团有限公司实现分布式数字身份体系搭建，支撑物流联盟场景中的物流票据流转、创建、验证等港口物流及贸易便利化场景；微众银行基于 FISCO BCOS 开源链搭建了分布式数据传输网络，用户可以通过签发 VC（可验证数字凭证）的方式来传递个人信息。

三、区块链技术的未来发展趋势

（一）跨链技术

区块链包括公有链、联盟链和私有链。随着区块链应用的增加，不同链之间的互操作性变得非常重要。跨链技术可以实现不同链之间的资产转移和信息交换，促进区块链网络的互联互通。目前有三种跨链技术：公证人机制（Notary schemes）、侧链 / 中继（Sidechains/Relays）、哈希锁定（Hash-locking）技术。研究链与链之间怎么互通是区块链技术发展的难题，目前跨链技术的最新成果主要包括原子交换、跨链交易协议和跨链智能合约。

（二）分片技术

分片技术是指将一个区块链网络分成多个小区块链来处理交易和存储数据，以提高区块链网络的可扩展性和吞吐量的技术。分片技术已经成为解决区块链网络性能瓶颈的主要手段，同时是区块链技术未来发展的重要方向。分片技术的最新成果主要有以太坊 2.0 的分片技术、波卡的分片技术、多链的分片技术。

（三）共识机制

共识机制是指在区块链网络中，通过一定的算法来实现节点之间对交易和区块的验证和确认，从而达成整个网络的一致性和安全性。随着区块链技术的不断发展和完善，共识机制也在不断地创新和进化。例如，权益证明（PoS）机制的最新发展是一种名为"链上随机性"的算法，它可以在保持节点数量不变的情况下，增加节点的随机性，从而提高整个网络的安全性和去中心化程度。除此之外，共识机制的最新成果还有基于共识网络的多链条系统、基于知识证明的共识机制、区块链跨链协议的共识机制。

（四）智能合约

智能合约旨在依靠区块链提供的去中心化、防篡改等特性，提供安全、平等、可信任的可编程合约。智能合约存在诸多优势，也存在诸多挑战，例如隐私问题、法律问题、安全问题等，因此智能合约安全研究的未来发展主要可分为以下两个方向：一是提升当前主流合约开发、部署、运行方式的安全性；二是设计全新的更加安全的合约开发、部署、运行架构。智能合约的最新成果主要有零知识证明技术的应用、可组合性智能合约、集成外部数据源、智能合约的可视化开发工具。

 直通大赛

金砖国家职业技能大赛"金融科技应用"赛项（一）

金融科技产业的发展需要大量复合型金融科技人才支撑，"金融科技应用"赛项选取金融科技领域相关应用场景及技术要点，旨在为参赛选手提供有内涵、有深度、全方位的学习实践平台，通过深度剖析行业案例，洞悉行业的发展，促进多学科交叉融合，加深参赛选手对于金融科技应用的理解，提升研究能力和分析能力，推动国内高校金融科技教学改革和内涵升级，满足金融科技产业人才需求。

1. 组织机构

主办单位：俄罗斯技能发展署（俄罗斯世界技能）、俄罗斯战略倡议署、
　　　　　金砖国家工商理事会、鞑靼斯坦共和国政府、
　　　　　俄罗斯科学和高等教育部

承办单位（俄方）：金砖国家工商理事会技能发展、应用技术与创新工作组

中方组织单位：金砖国家工商理事会技能发展、应用技术与创新中方工作组
　　　　　　　"一带一路"暨金砖国家技能发展国际联盟

2. 赛项介绍

本赛项采取团队赛方式，不设参赛组别，年龄在16周岁（2007年1月1日以前出生）~35周岁（1988年1月1日以后出生）的职业院校（含高职本科、技工院校）及本科院校在校师生、企事业单位职工等均可报名参赛，每支参赛队由4名选手组成，参赛选手需在规定时间完成所有竞赛模块。

 素养园地

"区块链＋农业"让人们的生活更美好

我国是农业大国，有着悠久的农业发展历史。改革开放40多年来，国家和政府坚持把解决好"三农"（农业、农村、农民）问题作为重要举措，全面深化农业农村改革。党的二十大报告提出"加快建设农业强国"，要求"强化农业科技和装备支撑"，因此农业数字化将为建设农业强国注入强大动力，这也是进一步落实党的二十大报告提出的"加快发展数字经济，建设数字中国"的重要方面。

当前我国在加快建设农业强国的过程中仍然面临一定的发展困境，例如化肥、农药的使

用总量过高，危及粮食安全和生态环境；农产品市场交易中心的信息不对称导致农产品种植面积、产量与价格剧烈波动，影响农户和投资者的积极性；各类食品安全问题依然存在，消费者日益关注食品来源和生产等的安全信息。

将区块链技术应用到农业领域，以数字技术赋能农业，可以有效改善以上问题。

（1）实现农作物供应链更好的可追溯性。通过分布式账本，人们可以了解从农作物种植到消费者购买过程中的全部状态，改善农产品的可追溯性。例如，众安科技推出区块链"步步鸡"，为每只鸡佩戴物联设备"鸡牌"，记录每只鸡在饲养、屠宰、运输等各个环节中的数据，这些数据会实时上传到由安链云打造的生态联盟链上进行分布式存储，消费者在购买时可以通过手机APP进行溯源防伪信息查询，了解这只鸡在过去100多天里的各项数据。

（2）助力农业交易公平与效率。通过建立一个统一化的信息平台，实时查看农业和农产品信息，帮助农民快速匹配市场需求，更高效地制定农产品价格，为小规模农户和农作物种植者营造更公平的交易环境。

区块链新技术给人们的生活带来了颠覆性的变化，我国目前已经融入全球化科技大潮中，各家企业与研究所坚持不懈地自主创新、自主研发，它们的成果基于区块链不可篡改、可溯源等特性，在民生、数字政府、征信存证等多个领域得到应用，正深刻地改变着人类的生产和生活方式，作为经济增长新动能的作用日益凸显。区块链技术作为下一代可信价值互联网的基础设施，将更多地在民生领域的场景应用中发挥巨大价值，提升人们的幸福感。

知识巩固

一、单项选择题

1.（　　）代表用户在区块链里的身份，只能自己知道。

A. 公钥　　　　　　　　　　B. 私钥

C. 共识算法　　　　　　　　D. 账户

2. 关于区块链系统，描述错误的是（　　）。

A. 系统中各个计算器之间是分隔开的

B. 分布式架构

C. 各个计算机之间互联

D. 能实现多个机构"共记一本账"

3. PoW 的中文意思是（　　）。

A. 权益证明

B. 股份授权证明

C. 工作量证明

D. 算力即权利

4. 下列关于智能合约的描述，错误的是（　　）。

A. 合约参与方有关权利和义务的一套承诺

B. 一套数字形式的计算机代码

项目二交互式
测验及参考答案

C. 智能合约不具有强制性，可以选择执行或不执行

D. 一旦达到触发条件，智能合约会被强制执行，且无法更改

5. 下列对公有链的概念描述中，正确的是（　　）。

A. Fabric 区块链就是公有链的典型代表

B. 公有链中，任何节点经过许可便能加入或脱离网络

C. 公链（Public Blockchain），也称"公有链"，指的是全世界任何人都有权限读取、发送且获得有效确认的共识区块链

D. 公有链一般会通过责任机制来鼓励参与者竞争记账，来确保数据的安全性

二、多项选择题

1. 区块链可以分为（　　）类型。

A. 公有链　　　　　　　　　　B. 私有链

C. 侧链　　　　　　　　　　　D. 联盟链

2. 区块链的基本技术架构包含（　　）。

A. 数据层　　　　　　　　　　B. 网络层

C. 共识层　　　　　　　　　　D. 激励层

3. 下列关于区块链技术特点的描述，正确的有（　　）。

A. 去中心化，系统中的数据区由所有参与记账的节点共同维护

B. 不可篡改性，信息一旦经过验证并添加至区块链，就很难被篡改

C. 匿名性，支持交易对手通过匿名交易

D. 自治性，人为干预将不起作用

4. 下列关于共识机制的描述，正确的有（　　）。

A. 共识机制解决的是由谁来记账的问题

B. 共识机制的选择会影响整个系统的安全性和稳定性

C. PoS 相较于 PoW 更环保，节省了算力

D. PoW 记账速度较快，且不会造成资源浪费

5. 哈希算法的特点包括（　　）。

A. 不可逆

B. 无冲突

C. 无论输入值是什么，哈希值长度一致

D. 可破解

三、判断题

1. 智能合约是甲乙双方的口头承诺，在需要时可以进行更改。　　　　　　　　（　　）

2. 公有链、联盟链、私有链三者中，中心化程度最低的是公有链。　　　　　　（　　）

3. PoW 共识算法是通过提高工作量来争夺记账权，在挖矿过程中会带来大量电力消耗，造成资源浪费。　　　　　　　　　　　　　　　　　　　　　　　　　　　（　　）

4. PoS 是权益证明机制，通过节点持有的代币的数量和时间来分配机制权，无须进行"挖矿"。　　　　　　　　　　　　　　　　　　　　　　　　　　　　　　　　（　　）

5. 数字签名用其公钥加密散列值来生成签名。　　　　　　　　　　（　　）

四、简答题

1. 区块链的基本架构分别满足了哪些方面的需求？

2. 公有链、联盟链和私有链的服务对象分别是哪些？

 实训拓展

实训名称	区块链技术模拟训练
实训目的	（1）掌握区块链的技术基础，加深对区块链技术特征的认识。 （2）思考区块链技术的局限性，培养独立思考和辨析的能力，形成批判性思维
实训准备	（1）登录知链科技"区块链金融创新实训平台"。 （2）明确模拟训练的模块。 （3）自学平台中的"学习指导"与"学习资源"
实训内容	区块链基础模拟训练 通过区块链基础模拟训练任务图（如图2-10所示）进入"区块链基础模拟训练"。 **图2-10　区块链基础模拟训练任务图** 依次完成哈希算法、对称加密算法、非对称加密算法、加密算法对比、时间戳、分布式系统、智能合约、共识原理、PoW共识算法、PoS共识算法、DPoS共识算法、PBFT共识算法、其他共识算法机制、数字证书、数字签名、隐私保护的实训任务
注意事项	（1）实训以分组的形式进行。 （2）个人首先单独完成任务，完成后对区块链技术如何反映区块链的特点进行小组讨论。 （3）从训练中思考区块链技术的局限性
训练成果 展示	每个小组派出代表进行展示汇报，分析区块链技术如何反映区块链的特点，以及区块链技术存在的局限性

学习评价表

知识巩固与技能提高（40分）	得分：

计分标准：

得分 = 2分 × 单选题正确个数 + 3分 × 多选题正确个数 + 1分 × 判断题正确个数 + 5分 × 简答题正确个数

学生自评（20分）	得分：

计分标准： 初始分 = 2分 × A的个数 + 1分 × B的个数 + 0分 × C的个数

得分 = 初始分 ÷ 30 × 20

专业能力	评价指标	自测结果	要求（A.掌握；B.基本掌握；C.未掌握）
区块链的基本架构和技术基础	1.区块链系统的基本架构 2.分布式账本 3.P2P网络 4.加密算法 5.智能合约 6.共识机制	A□ B□ C□ A□ B□ C□ A□ B□ C□ A□ B□ C□ A□ B□ C□ A□ B□ C□	能够掌握区块链系统的基本架构，理解区块链的技术基础（分布式账本、P2P网络、加密算法、智能合约、共识机制）
区块链技术特点和分类	1.区块链的特点 2.区块链的分类 3.不同类型区块链的比较	A□ B□ C□ A□ B□ C□ A□ B□ C□	掌握区块链的特点和区块链的分类，能比较不同类型区块链的差异
区块链的技术应用与发展趋势	1.区块链的总体发展 2.区块链的应用发展态势 3.区块链的未来发展趋势	A□ B□ C□ A□ B□ C□ A□ B□ C□	能够理解财务管理环境的内涵，了解各种环境对企业理财的影响
职业素养思想意识	1.服务人民、造福社会 2.树立正确理想信念 3.善于沟通、团结合作	A□ B□ C□ A□ B□ C□ A□ B□ C□	职业素养、思想意识得以提升，德才兼备

小组评价（20分）	得分：

计分标准： 得分 = 10分 × A的个数 + 5分 × B的个数 + 3分 × C的个数

团队合作	A□ B□ C□	沟通能力	A□ B□ C□

教师评价（20分）	得分：
教师评语	
总成绩	教师签字

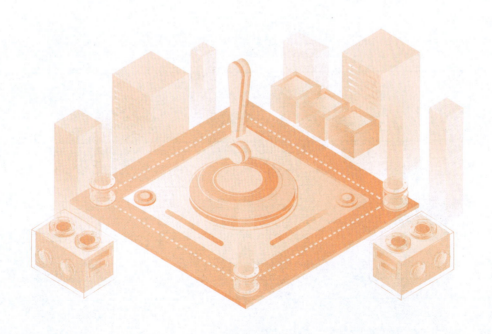

第二部分

区块链金融的场景应用

项目三　区块链与数字货币

📝 **学习目标**

知识目标：
- 掌握数字货币的概念、特征与分类。
- 掌握比特币的运行架构。
- 掌握数字人民币的定义、内涵与设计框架。

能力目标：
- 能分析比特币、以太币、天秤币三者之间的异同。
- 能预测数字人民币可能的影响。

素养目标：
- 通过了解我国数字人民币的发展历程，激发学生的民族认同感。
- 通过学习数字人民币的特性和应用场景，树立运用数字人民币等新技术造福社会的理想。

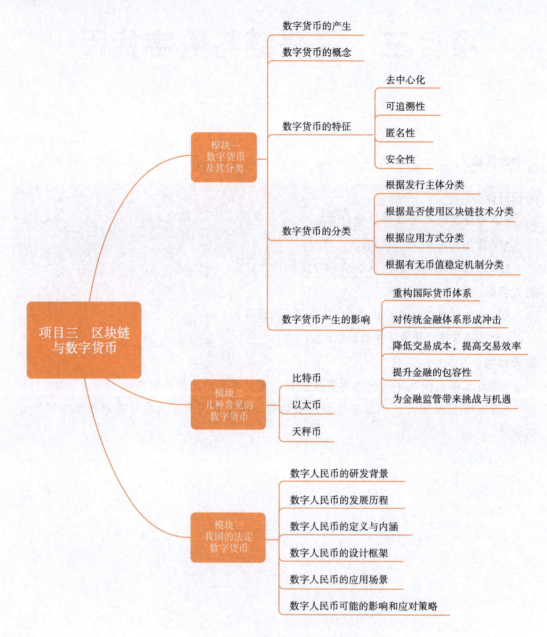

模块一　数字货币及其分类

🎯 案例引入

> ### 小明的数字货币支付初体验
>
> 小明是一位大学生，在日常生活中经常需要进行各种支付操作，比如购买生活用品、支付学费、转账给朋友等。在支付工具的选择上，他主要使用微信和支付宝。
>
> 一天，小明在校园里的一家咖啡店买了一杯咖啡，他习惯性地打开支付宝准备支付。这时店员告诉他，咖啡店最近推出了数字货币支付优惠活动，如果使用数字人民币手机APP扫码支付，可以享受一定的折扣优惠。
>
> 小明好奇地询问了店员关于数字人民币支付的具体操作，店员耐心地为他解释并引导他开通个人的数字钱包，他完成了第一次数字人民币支付。
>
> **思考：**什么是数字货币？支付宝、微信等支付方式是数字货币吗？

一、数字货币的产生

数字货币是实物货币、金属货币、信用货币之后的第四种货币形态，与纸币以特殊防伪纸为材料作为价值符号的载体不同，现代意义上的数字货币以磁性材料为载体，且最终会完全以价值符号的数字式信息形式存在。

数字货币的产生具有其内在的必然性，这是经济需求、社会变革、技术革新等多方面因素共同推动的结果。首先，在全球化背景下，跨境支付和国际贸易的需求日益增长，传统金融体系在跨境支付方面存在成本高、速度慢等问题，而数字货币具有全球性和即时性的特点，能够满足跨境支付高效、低成本的需求。其次，互联网技术的普及使人们对金融自由和个人隐私越发重视，越来越多的人开始寻求更加自由、安全的支付方式，虽然目前以支付宝、微信支付为代表的无现金电子支付方式逐渐成为主流，但电子货币也存在安全性和交易成本等方面的不足。经济和社会的需求更新为新货币形态的出现带来内生动力，计算机技术和密码学的快速发展，特别是区块链技术的出现，为数字货币的产生提供了坚实的技术基础，使人们越来越有能力构建安全、高效的电子支付系统，数字货币应运而生，成为更高级的货币新形态。

二、数字货币的概念

数字货币作为新兴概念，如表 3-1 所示，其与电子货币和虚拟货币相比，具有更深刻的内涵，将广泛应用于各行业领域和生活场景。

数字货币（Digital Currency，简称 DC），是电子货币形式的替代货币，

微课：
**数字货币的概念
与特征**

是指不依托任何实物，不依靠特定货币机构发行，依据数字加密算法通过大量计算产生，同时交易过程需要分布式数据库认可的数字化货币。欧洲银行管理局将虚拟货币定义为：价值的数字化表示，不由中央银行或当局发行，也不与法币挂钩，但由于被公众接受，可作为支付手段，也可以电子形式转移、存储或交易。虽然数字货币不像纸币、硬币或黄金那样具有物理形式，而是以电子方式存在并通过互联网传输，但并不会影响和改变货币职能的表现，数字货币依然会执行价值尺度、流通手段、支付手段、贮藏手段和世界货币这五个职能。

从数字货币的发行主体来看，数字货币的发行主体取决于其类型。一般来说，私人发行的数字货币，如比特币，并没有特定的发行主体，它们基于区块链技术，通过加密算法来确保交易的安全性和匿名性，其发行和流通主要依赖市场共识和参与者之间的交易。法定数字货币，则由各国中央银行发行，如中国的数字人民币，其发行主体是中央银行。

从数字货币的支付方式来看，与传统支付方式需要依赖银行系统或第三方支付系统不同，数字货币无须通过银行、支付平台等第三方中介机构，它采用分布式账本技术，实现点对点交易。

从数字货币的法律属性来看，目前对私人数字货币的法律地位尚存在较多争议，中国早在 2013 年就明确指出比特币不具有法定货币地位，不具有法偿性与强制性等货币属性，不具有与货币等同的法律地位，不能且不应作为货币在市场上流通使用。针对法定数字货币，我国中央银行已明确表示，现阶段法定数字货币的定位是对现金替代，属于 M0 的范畴，以中国的数字人民币为例，它是由中国人民银行发行，具有国家信用背书、有法偿能力的法定货币，与实物人民币等价。

知识链接

数字货币、电子货币与虚拟货币

本质上，数字货币、电子货币与虚拟货币都属于非实物货币，且都建立在信息技术基础之上，但各自又有所不同。

电子货币是法定货币的电子化形式，是以金融电子化网络为基础，以商用电子化工具和各类交易卡为媒介，以电子计算机技术和通信技术为手段，以电子数据形式存储在银行的计算机系统中，并通过计算机网络系统以电子信息传递形式实现流通和支付功能的货币。电子货币法币的电子化，可以通过银行及第三方推出的快捷支付服务，将银行中的余额以电子化途径转移，从而进行交易。比如，我们用微信、支付宝或网银等线上电子支付平台进行转账交易，这些线上电子平台中存储、使用和流通的交易货币，就是所谓的电子货币。

随着计算机技术的发展，在电子货币的基础上又出现了虚拟货币。狭义的虚拟货币指由网络运行公司发行，在虚拟社区中使用的代币，如 Q 币、游戏币等。表 3-1 是数字货币与电子货币、虚拟货币的对比。

表 3-1　数字货币与电子货币、虚拟货币的对比

对比要素	电子货币	虚拟货币	数字货币
发行主体	金融机构	网络运营商	无
使用范围	一般不限	网络企业内部	不限
发行数量	由法定货币决定	由发行主体决定	数量一定
储存形式	磁卡或账号	账号	数字
流通方式	双向流通	单向流通	双向流通
货币价值	与法币对等	与法币不对等	与法币不对等
信用保障	政府	企业	网民
交易安全性	较高	较低	较高
交易成本	较高	较低	较低
运行环境	内联网、外联网、读写设备	企业服务器与互联网	开源软件及 P2P 网络
典型代表	银行卡、公交卡	Q 币、论坛币	比特币、莱特币

三、数字货币的特征

数字货币作为区块链技术最成功的应用之一，继承了区块链去中心化、可追溯性、匿名性、安全性等特征。

1. 去中心化

数字货币的去中心化，即为去中介化，在传统的金融体系中，货币发行、交易验证和记录通常需要中心化机构参与，人们对中心化机构有着绝对信任。而数字货币在交易或支付过程中，交易双方在没有任何中介机构参与的情况下，完成基于双方互信的转账。

数字货币的去中心化特性主要得益于区块链中的分布式账本技术。分布式账本技术是一种将数据分散存储在多个节点或计算设备上的技术。采用该技术，每个节点都存储一份相同的账本副本，全网节点共同维护系统中的数据，共同参与账本的更新和验证过程。当一笔数字货币交易发生时，数字货币网络交易的信息会被广播到网络中的所有节点，全网节点经过一系列的验证过程后，被添加到区块链中，每个区块链都遵循密码算法而不是信用证书。因此，区块链技术下的数字货币不再依靠中央处理节点，不需要中介与信任机构背书。

2. 可追溯性

数字货币的可追溯性特征主要体现在每一笔交易都能被公开记录并追踪到其发起方和接收方，数字货币交易记录可以被永久保存且随时查询验证。这一特性得益于区块链技术的应用，区块链上的每一笔交易都被赋予一个独特的交易哈希值，这个哈希值就像交易的"身份证"，用于标识和追踪交易的来源和去向。查阅区块链上的交易记录，即可以追踪到数字货币的流动路径，包括其起始地址、经过的中间地址及最终到达的地址。这种可追溯性对于防止洗钱、打击非法交易及维护金融市场的稳定具有重要意义。

3. 匿名性

数字货币的匿名性主要体现在交易过程中用户身份的隐匿上。与传统的银行体系不同，数字货币交易不需要用户提交身份证明、银行账户等敏感信息。这一特征主要通过一系列加密技术和协议来实现，例如，公钥和私钥的加密机制使交易双方可以在不暴露真实身份的情况下进行交易验证和签名。此外，一些数字货币还采用了混币器、匿名交易协议等技术手段，进一步提高了交易的匿名程度。

4. 安全性

区块链技术下的数字货币具有交易的不可逆性，交易记录采用哈希算法进行加密，确保每个新产生的区块都包含前面所有区块的信息，并且按照时间顺序严格推进，一旦交易信息经过验证并添加至区块链，就会永久储存，若想对数据库数据进行修改，需要拥有全网 50% 以上的算力，成本极高，这就降低了数据篡改风险。此外，数字货币的去中心化也避免了单点故障风险，提高了交易的稳定性和安全性。

四、数字货币的分类

按照不同的分类标准可以对数字货币进行不同的分类。

（一）根据发行主体分类

根据发行主体，数字货币可以分为央行数字货币和私人数字货币两类。

1. 央行数字货币

2020 年以来，全球各国政府开始在央行银行数字货币这一领域集中研究，央行数字货币（Central Bank Digital Currencies，CBDC）又可以称为法定数字货币或主权数字货币。国际货币基金组织将 CBDC 定义为由中央银行或其他货币当局发行并由中央银行负责的数字化主权货币。央行数字货币与现行流通的法币具有相同的法律地位，与现行货币等价兑换，由政府信用背书，中国央行的数字人民币即为代表性币种。

2. 私人数字货币

私人数字货币，又可以称为民间数字货币或私营数字货币。与传统的中央银行体系不同，私人数字货币由私人或团体创建并控制，不具有法偿性和强制性等货币属性，比特币、瑞波币等都是私人数字货币的代表。由于私人数字货币没有锚定任何资产，其价值波动很大，且缺少监管，存在较大风险，因此我国把私人数字货币定性为虚拟商品，不具有法定货币的法律地位。据相关数据显示，截至 2022 年 3 月，全球出现比特币、以太币、瑞波币等 12 461 种私人数字货币，总市值达到 2 059 亿美元。

（二）根据是否使用区块链技术分类

根据是否使用区块链技术，数字货币可以分为未使用区块链技术的数字货币和使用区块链技术的数字货币两类。

1. 未使用区块链技术的数字货币

未使用区块链技术的数字货币主要是指在 E-cash 系统基础上进行扩展的未使用区块

链技术的数字货币。戴维·朱姆（David Chaum）首先提出了电子货币的概念，并构造了一个采用中心化架构的 E-cash 电子货币系统，该系统的构造原理采用了朱姆于 1982 年发表的论文中提出的密码学技术——盲签名。1996 年，出现的 E-gold 支付系统独立于常规金融机构，采用黄金作为基础资产，每个 E-gold 币都可以兑换一定数量的黄金，允许用户在互联网上进行匿名支付和转账。然而 E-gold 最后被用于非法活动，已被各国政府封杀。1997 年，英国密码学专家亚当·贝克（Adam Back）发明了哈希现金（Hash-cash），用到了工作量证明（PoW）。1998 年，亚裔密码学家戴伟（Wei Dai）创造了分布式的匿名电子现金系统 B-money，使用了权益证明（PoS）。

2. 使用区块链技术的数字货币

使用区块链技术的数字货币种类繁多，其中最为人们所熟知的可能是由中本聪在 2008 年提出的比特币。与比特币类似，程序员维塔利克·布特林（Vitalik Buterin）于 2013—2014 年间提出了一个开源的、有智能合约功能的公共区块链平台——以太坊，其专属的原生加密货币以太币也是使用区块链技术的知名数字货币之一。以太币的发行不受任何国家、政府或组织的控制，具有完全去中心化的特点。此外，莱特币、瑞波币等多种数字货币也采用了区块链技术。2019 年 Facebook 发布白皮书，宣布推出名为 Libra 的基于区块链的数字加密货币。

（三）根据应用方式分类

根据应用方式，数字货币可以分为支付型数字货币、应用型数字货币和资产型数字货币三类。

1. 支付型数字货币

判断一种数字货币是否属于支付型数字货币，既要看发行方发行、创建该数字货币时意图实现的效果，也要看其实际的应用场景。当特定人群接受某种数字货币用于支付对价、购买相应商品或服务时，该种数字货币就实际上承担了交易媒介的功能，这就是支付型数字货币。比特币是典型的支付型数字货币，其缺少真实资产背书，没有价值锚定，自从比特币开始交易，它相对于法币具有超万倍的上涨幅度。

2. 应用型数字货币

应用型数字货币由单一或特定的数字货币发行方发行，持有该数字货币的用户可以使用或凭借这些数字货币享受数字货币发行方或其关联方提供的特定服务，即该种数字货币为用户提供的是对于产品或者服务的访问权或使用权。例如，数字货币交易平台币安网（Binance）发行的平台币（BNB）就是典型的应用型数字货币，BNB 的持有者可以使用该数字货币抵扣在币安网平台上的交易手续费或获得相应的折扣，同时可以在币安平台进行投票以决定新上平台的数字货币的种类。

3. 资产型数字货币

资产型数字货币，也称为证券型数字货币。其由特定的发行方来发行，代表着发行人所拥有的资产，包括但不限于股权、债权、房地产等，而当持有者拥有资产型数字货币时，便相当于拥有了资产型数字货币所代表的发行人的权益或底层资产的权益，此时资产型数字货币根据其代表权益的不同，分别与股票、债权或衍生品相似。

（四）根据有无币值稳定机制分类

根据有无币值稳定机制，数字货币可以分为无币值稳定机制数字货币和稳定币两类。

1. 无币值稳定机制数字货币

无币值稳定机制的数字货币，其价格通常取决于市场流动性、投资者对它的信心以及各国政府监管的力度，而不与某种稳定资产挂钩。这种货币往往价格起伏大，交易风险大。比特币即为无币值稳定机制的数字货币。

2. 稳定币

稳定币是指相对于目标价格（通常是美元）保持稳定价格的加密货币，通过流动性抵押品（如黄金或美元）或稳定算法机制，或者用其他的数字资产作为抵押品为数字货币价格提供计算基础。稳定币的稳定机制能够最大限度地降低稳定币与法币之间的兑换波动幅度。

 案例延伸

摩根大通数字货币摩根币

摩根币（JPM Coin）是美国摩根大通发行的数字稳定币，其基于区块链技术，能够在机构账户之间实现即时支付转移。摩根币本身并不是法定货币，而是代表美元的数字货币，存放在摩根大通的指定账户中，一枚摩根币的价值相当于一美元。当一个客户通过区块链向另一个客户发送资金时，摩根币将被转移并立即兑换成等值的美元，从而缩短结算时间。图3-1为摩根币兑换支付流程。

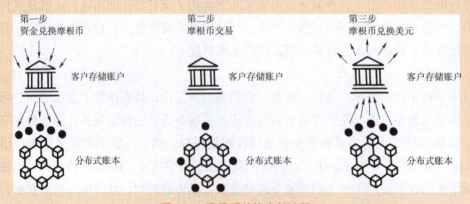

图3-1　摩根币兑换支付流程

第一步，摩根大通的客户将存款存入一个指定账户，并获得等量的摩根币。

第二步，这些摩根币通过区块链网络与摩根大通的其他客户进行交易（如资金流动、证券交易中的支付）。

第三步，摩根币的持有者在摩根大通兑换美元。

五、数字货币产生的影响

数字货币产生的影响深远而广泛，它不仅改变了传统金融体系的运作方式，还对社会经济、商业模式及国际贸易等领域产生了重要影响。

（一）重构国际货币体系

当前国际货币体系仍然以美元主导，美元在全球官方储备、国际结算、金融资产交易乃至大宗商品计价等领域均扮演着核心角色。因此，世界各国在利用美元便利性的同时，也不得不向美国支付铸币税，面临由美元带来的潜在风险。数字货币的产生有可能在一定程度上打破美元的垄断地位，推动国际货币体系逐步迈向更公正、更多元的新格局。

（二）对传统金融体系形成冲击

由于数字货币具有去中心化、匿名性和跨境性等特点，它逐渐削弱了传统银行、支付机构等中介机构的作用。根据市场研究机构的数据，到 2026 年，全球数字货币市场规模有望达到 800 亿美元，增长速度迅猛。这表明数字货币正逐渐成为一种重要的支付和交易方式，对传统金融体系产生了不可忽视的冲击。

（三）降低交易成本，提高交易效率

传统货币的交易往往需要通过银行或第三方机构来完成，涉及多方验证和结算，不仅成本较高，而且效率较低。数字货币的交易是通过区块链技术直接进行的，无须中介机构的参与，从而降低了交易成本并提高了交易效率。这种优势使数字货币在跨境支付、电子商务等领域具有广阔的应用前景，相关数据显示，通过多边中央银行数字货币桥，跨境支付成本至少降低 50%。

（四）提升金融的包容性

传统金融体系往往存在地域限制、高门槛等问题，特别是在偏远地区或发展中国家，一些弱势群体因为物理距离远、经济条件差或缺乏必要的金融知识而无法获得金融服务，这不仅限制了他们的个人发展，也阻碍了整个社会的经济活力和创新。数字货币突破了这些限制，使任何人只要有互联网连接就可以参与金融交易，这极大地降低了金融服务的门槛，让更多人能够参与到金融活动中来，有助于实现金融普惠，推动经济发展和社会进步。

（五）为金融监管带来挑战与机遇

数字货币的匿名性和跨境性等特点给金融监管带来了新的挑战，也为监管提供了新的机遇和工具。监管机构可以通过区块链技术追踪数字货币的交易记录，提高监管的精细化程度和效能。此外，数字货币的出现有助于降低金融犯罪和洗钱等的风险，提高金融体系的稳定性和安全性。

模块二　几种常见的数字货币

案例引入

史上最贵的比萨

2010 年 5 月 18 日中午，家住美国佛罗里达的程序员 Laszlo Hanyecz 在一个比特币的论坛发帖子：我愿用 10 000 比特币买两个大号比萨，卖家可以自己制作，也可以给他点外卖。在帖子里，他还详细说明了自己的口味、喜好。

帖子发出后的三天并未引起太大反响。由于比特币出现不久，10 000 比特币的价值在当时大约相当于 30 美元，Laszlo 一度怀疑自己出价太低。最后一位名为 Jercos 的英国人表示，他愿意用 25 美元的比萨优惠券换这 10 000 比特币。

因此，在 2010 年 5 月 22 日，Laszlo 在论坛发帖宣布自己成功用 10 000 枚比特币购买到比萨，这也是第一笔比特币现实交易，这一天也被定为比特币比萨节。此后比特币价格呈迅速上涨趋势，以 2010 年 7 月 18 日 MT.Gox 交易所的初始价格 0.07 美元为基数，比特币价格在 2021 年 4 月 13 日以美元计价的收盘价达到最高点 63 445.6 美元 /BTC，累计涨幅高达 90.63 万倍。比特币交易价格的巨幅上涨意味着比特币的长期持有人收获了巨额财富，所以当时这两个比萨，也被戏称为"史上最贵的比萨"。

思考：什么是比特币？比特币是如何进行交易的？还有哪些基于区块链的数字货币？

基于区块链的数字货币有很多，在本模块中，我们将学习具有代表性的比特币、以太币和天秤币。

一、比特币

（一）比特币的诞生

20 世纪 70 年代末，"密码朋克（Cypherpunk）"运动悄然发生，这是一个由密码学和隐私保护理念构成的运动，旨在通过技术手段和加密算法来保护个人隐私和自由。比特币的发明者中本聪，就是这一运动的关键人物。比特币就是在"密码朋克"运动中孕育而生的。

2008 年 10 月，一个化名为中本聪（Satoshi Nakamoto）的"密码朋克"成员发布了比特币白皮书《比特币：一种点对点的电子现金系统》。在这个篇幅不足 9 页的白皮书中，他提出了对电子货币的新设想，他希望创立一套"基于密码学原理而不是基于信用，不需要第三方中介参与，任何达成一致的双方都能够直接进行支付"的电子交易系统。

2009 年 1 月，中本聪在芬兰赫尔辛基的一个小型服务器上开发了比特币的第一个区块——创世区块。诞生 10 分钟后，第一批 50 枚比特币生成了，中本聪获得了 50 个比特币作为区块链奖励。从此，人类正式进入比特币时代。

知识链接

比特币：加密货币界的全球影响力之王

截至 2021 年 6 月，全球已发行的加密数字货币已超过一万种，其中，影响范围最广、流通市值规模最大的就是比特币。2021 年 4 月 14 日，比特币价格一度突破 6.45 万美元（BTC/USD），流通市值高达 1.2 万亿美元，占全部加密数字货币总市值比重超过 50%。截至 2023 年 2 月，比特币价格为 2.28 万美元。

与此同时，比特币的使用人群也不断扩大，比特币钱包地址前期的增加接近于指数形态，2018 年之后也保持了较高的线性增速。数据显示，从 2009 年第一个比特币地址产生到第 10 万个地址产生，共耗时一年零四个月的时间，而第二个 10 万地址产生只花费了三个月时间，在 2021 年里，单日新增 10 万地址的情况已经十分常见。截至 2021 年 6 月 23 日，已发行的 1 874 万余枚比特币归属于 3 802 万余个钱包地址。

（二）比特币的定义

比特币（Bitcoin，BTC）是区块链技术的首个应用，是一种基于去中心化理念，不依赖特定货币机构发行，采用点对点网络协议和加密技术来确定及记录交易行为，以区块链作为底层技术的数字货币。比特币依托于分布式网络，无须任何中心化的管理机构，其自身通过计算机科学、数学和密码学原理来确保所有交易的成功进行。

任何人都可以参与比特币活动。作为记账系统，比特币不依赖中央机构发行新钱、维护交易，不需要经过如银行、清算中心、证券商、电子支付平台等第三方机构，而是由区块链完成发币、上链、信息验证等工作，以私钥作为数字签名，允许个人直接支付货款给他人。比特币运用数字加密算法、全网抵御 51% 算力攻击，保证了资产与交易的安全。交易记录被全体网络收录维护，每笔交易的有效性都必须经过区块链的检验确认，且交易记录可追溯。

比特币具有去中心化的特性，避免了传统交易中手续费高昂、流程烦琐、监管严苛等问题，任何用户只要拥有可连接互联网的数字设备即可操作。

知识链接

比特币是如何产生的？

比特币的产生是通过一种叫作"挖矿"的过程来实现的。"挖矿"是指通过计算机算力来验证比特币交易并将其记录到区块链上的过程。当比特币交易发生时，这些交易被打包成一个区块，并通过计算复杂的数学问题来验证这些交易的合法性。

一旦一个区块的交易被验证，并且通过了共识机制的确认，这个区块就会被添加到区块链上，同时"挖矿者"会获得一定数量的比特币作为奖励，这也是新比特币产生的方式。每产出21万个区块，"挖矿"奖励减半一次，周期大约为4年，最近一次减半在2024年4月20日。到2140年，新的比特币将不再产生，最终流通中的比特币将略低于2 100万个。

（三）比特币的运行架构

以下按照比特币白皮书的行文逻辑介绍比特币的运行架构。

1. 交易（Transactions）

在比特币的交易体系中，一枚电子货币是包含着交易信息的一串数字签名。比特币的所有者（所有者0）如果需要向下一位所有者（所有者1）转移货币，则需要利用自己的私钥对前一次交易和下一位所有者（所有者1）的公钥签署一个随机散列的数字签名，这样既表示所有者0曾经真实收到过这笔比特币，来源是可追溯的，并不是凭空产生，也表示比特币是由所有者0转给所有者1的，没有被篡改。当所有者1需要使用该比特币进行下一次交易时，他同样需要使用自己的私钥对前一次交易和下一位所有者（所有者2）的公钥进行签名。比特币交易流程如图3-2所示。

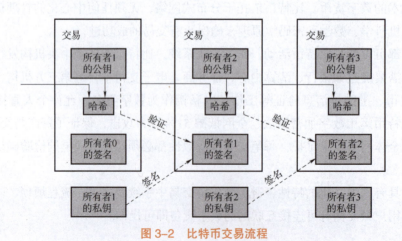

图3-2　比特币交易流程

但从图3-2可以发现，以上交易的非对称加密机制并没有解决"双重支付"的问题，也就是说，收款人不能验证，前面的某位比特币所有者没有双重支付。例如，所有者 1 能验证所有者 0 的确是该笔比特币的所有者和支付信息的发送人，但不能验证所有者 0 是否同时把这笔钱转给了别人，因此需要一种方式，让收款人知道先前的比特币所有者没有对更早的交易签名。

2. 时间戳服务器（Timestamp Server）

时间戳服务器是解决"双重支付"的第一步，在一定的时间间隔下，时间戳服务器通过对该时间段内全部交易构成的数据区块实施随机散列而打上时间戳，然后在网络中广播这个哈希值。这个时间戳就证明，这些数据在这个时刻一定已经存在，而且每一个时间戳在哈希过程中都包含前面一个时间戳，每个随后追加的时间戳都增强在它前面的时间戳。时间戳服务器如图 3-3 所示。

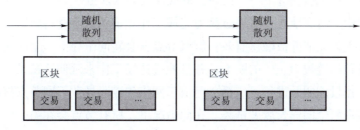

图 3-3　时间戳服务器

3. 工作量证明（Proof of Work）

时间戳服务器保证了账本中交易顺序的正确性，但在区块链分布式储存的模式下，无法阻止人为创造多个账本。要让所有人认可其中唯一真实的账本，则需要一种共识机制。1997 年，英国的密码学家亚当·贝克（Adam Back）发明了哈希现金（Hash-cash），其中就用到了工作量证明（Proof of Work）机制。

工作量证明机制要求生成新的区块时，必须增加一个随机数（Nonce），这个随机数会与区块头一起进行随机散列，使得随机散列值以 N 个 0 开头。正确的随机数需要通过反复运算来找到，找这个随机数的过程就是在做工作，谁做的工作多，谁找到这个随机数的概率就大，这样就构建了一个工作量证明机制。一旦完成工作量并生成一个区块，后续产生的其他区块都将连接在该区块之后，因此要改区块信息，需要重新做一遍新区块之后所有的工作量。如果没有足够强大的运算能力，几乎不可能修改区块上的信息。工作量证明机制如图 3-4 所示。

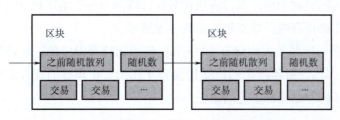

图 3-4　工作量证明机制

4. 网络（Network）

网络运行的步骤如下：

①新的交易被广播给所有节点；

②每个节点把收到的交易信息纳入一个区块中；

③每个节点为这个区块进行一定难度的工作量证明，也就是通过运算寻找那个随机数；

④当一个节点找到工作量证明后，它就会把区块广播给所有节点；

⑤其他节点会对这些交易进行验证，只有当区块中的交易都是有效的并且之前未存在过，其他的节点才会接受这个区块，认同该区块的有效性；

⑥节点接受和认同这个区块的表现形式，是把这个被接受的区块的哈希值当作是上一个区块的哈希值，再往后创造下一个区块，形成连续的区块链。

在上述过程中，所有节点都将通过努力完成工作量证明来争夺将新区块写入区块链的记账权，如果有人先完成并被确认有效，所有节点就会转向争夺下一个区块的写入权。所有节点始终将最长的链视为正确的账本，并且通过持续工作来延伸这条最长链。如果两个节点同时完成工作量证明并进行了广播，但由于网络传输而导致不同节点接收到的新区块不同，就可能出现两个同样长度的链条。在此情况下，所有节点会在第一个接收到的区块上继续工作，但是也会保留另一个分支，当下一个工作量证明被完成且其中一条链条被证实为是较长的之后，所有节点均会转移至较长的链条上继续工作。

5. 激励（Incentive）

在比特币交易中，网络节点在争夺记账权时付出的工作量需要得到补偿或激励，该激励来自新发行的比特币和交易费用。新发行的比特币，即每一个区块里面的第一笔交易会产生一枚由该区块创造者拥有的新电子货币；交易费用是一笔交易输出值与输入值的差额，作为给矿工的激励被增加到包含交易信息的区块中。

6. 回收硬盘空间（Reclaiming Disk Space）

随着比特币交易规模的扩大，区块高度越来越高，不可能全部分布式节点都存储所有交易信息。在比特币中，交易信息构成默克尔树（Merkle Tree）的形态，通过默克尔树的原理可知，只需要根节点和路径即可验证交易的正确性。因此，如果最近的交易已经被纳入足够多的区块之中，那么就可以丢弃该交易之前的数据，以回收硬盘空间。为了同时确保不损害区块的随机散列值，交易信息被随机散列时，则构成默克尔树的形态，使得只有根被纳入了区块的随机散列值。通过将该树分支拔除的方法，老区块就能被压缩，而内部的随机散列值是不必保存的。默克尔树如图 3-5 所示。

不含交易信息的区块头大小仅有 80 字节。按照比特币设定的区块产生速度，大约每 10 分钟生成一个区块，每年产生的数据量仅为 4.2MB。在现有的硬件水平下，即使将全部的区块头存储于内存之中都不是问题。

7. 简化的支付确认（Simplified Payment Verification）

在不运行完整网络节点的情况下，也能够对支付进行检验。非完整网络节点用户只需要保存最长链条的区块头，即可向网络发起询问来确认自己拥有最长的链条，也可以通过默克尔树的分支校验某次交易。节点不可能自行检验所有交易的有效性，但通过追溯交易链条，可以查询一笔交易是否已被全网接受。简化的支付确认如图3-6所示。

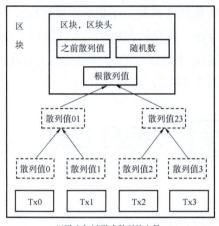
以默克尔树形式散列的交易

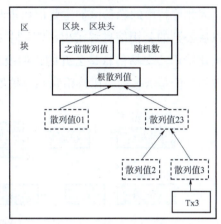
将Tx0~Tx2从区块中剪除

图 3-5　默克尔树

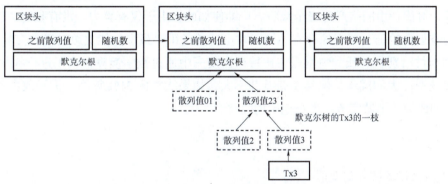

图 3-6　简化的支付确认

8. 价值的组合与分割（Simplified Payment Verification）

为了使比特币具有作为货币灵活分割和合并使用的特性，交易被设计为可以纳入多个输入和输出。一般而言是某次价值较大的前次交易构成的单一输入，或者由某几个价值较小的前次交易共同构成并行输入，但输出最多只有两个：一个用于支付，另一个用于找零（如有）。价值的组合与分割如图3-7所示。

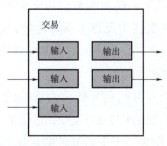

图 3-7　价值的组合与分割

9. 隐私（Privacy）

在传统的金融模式下，主要通过第三方可信机构对信息提供保护，例如银行限制各方访问它的内部信息。但在比特币系统下，为了解决"双重支付"问题，需要将交易信息全网广播，因此比特币的隐私保护主要依赖于非对称加密机制。在非对称加密技术下，一方面，难以从公开的公钥信息解密出私钥；另一方面，公众能看到某个人向其他人交易了一定数量的比特币，交易信息是公开的，但没有信息来链接这笔交易和交易人的真实身份，交易双方的身份是匿名的。比特币隐私保护如图3-8所示。

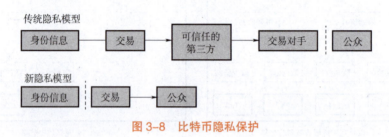

图 3-8　比特币隐私保护

10. 计算（Calculation）

如果某个攻击者控制了全网过半的算力（如控制全网51%的算力），就可以控制大部分记账权，对比特币网络产生安全威胁。可即使如此，由于仅有算力，没有私钥，攻击者也不能凭空创造价值，或者掠夺本不属于攻击者的货币，最多只能更改自己的交易信息，拿回他刚刚付给别人的钱。中本聪在比特币白皮书中通过数学演算证明了进行51%算力攻击需要花费巨大的成本，但其实获益并不大，如果能掌握51%算力，进行攻击的收益可能远不如成为一个诚实节点进行挖矿的收益。

二、以太币

（一）以太坊的创立与发展

比特币出现以来，数字货币逐渐进入大众视野。随着数字货币应用的扩展，人们发现比特币的设计只适用于虚拟货币场景，而不适合很多区块链的应用场景。人们需要一个基于区块链的新型智能合约开发平台以支持多种应用场景，以太坊就在这种情况下应运而生的。

以太坊的概念首次在2013至2014年间由程序员维塔利克·布特林（Vitalik Buterin）受比特币启发后提出，大意为"下一代加密货币与去中心化应用平台"，在2014年通过ICO（Initial Coin Offering，即首次代币发行）众筹开始得以发展。他在2014年发布的以太坊白皮书《下一代智能合约和去中心化应用平台》中详细讨论了比特币脚本存在的重要限制，包括缺乏图灵完备、价值盲等问题。

以太坊（Ethereum）是一个开源的有智能合约功能的公共区块链平台，通过其专用加密货币以太币（Ether，简称"ETH"）提供去中心化的以太虚拟机（Ethereum Virtual Machine）来处理点对点合约。作为一个全新开放的区块链平台，它的设计灵活且极具适应性，任何人都可以在这个平台上创建去中心化的应用程序、编写智能合约和发行自己的数字货币，使得开发应用运行起来更便捷，因此以太坊也被誉为"最强大的公链"和"公链之王"。作为以太坊专属的加密货币——以太币，其知名度和认可度也在不断发展。截至 2021 年 7 月，以太币已经是仅次于比特币的全球市值第二加密数字资产，其总市值超过 2 497 亿美元。

知识链接

创办以太坊的 V 神

1994 年出生的维塔利克·布特林（Vitalik Buterin）是以太坊的创始人，也是加密货币和区块链技术领域的杰出人物，在国内被加密爱好者尊称为"V 神"。布特林从小就对计算机技术有极大的兴趣，17 岁开始为加密货币论坛撰写专栏文章，20 岁的他开始众筹开发以太坊，并在 2021 年跻身《时代》周刊最具影响力的人物之列。

（二）以太币的运行机制

作为以太币的运行平台，以太坊的技术框架自下而上可以分为数据层、网络层、共识层、激励层、合约层和应用层共六级，该内容在项目二已介绍，此处不再赘述。

从以太币的产生机制来看，与比特币类似，以太坊也采用"挖矿"机制来产生新的以太币。"矿工"通过解决复杂的数学问题来验证和打包交易，形成新的区块，并添加到以太坊的区块链上。作为对他们工作的奖励，"矿工"将获得一定数量的以太币。此外，以太币本质上同比特币一样，都采用一种工作量证明机制，矿工会使用计算机进行反复计算，对以太坊区块的数据进行哈希运算，最先算出结果的矿工将获得特定数目的代币奖励，并在全网广播区块，只不过以太坊开发了 Ethash 的工作量证明方法，通过控制出块的难度来控制"矿工"们计算出哈希值的时间，从而将出块时间控制为 15 秒。

从以太币的交易支付机制来看，由于以太坊允许任何人在这个平台上创建去中心化的应用程序、编写智能合约，当区块收到特定的交易就会执行相应的程序。在以太坊智能合约执行过程中，各区块网络均需要进行操作，这都会耗费算力和储存空间，因此智能合约交易方需要以太币成为合约执行的支付媒介，以激励矿工们验证和处理交易，执行智能合约。

三、天秤币

（一）天秤币（Libra）的发行背景

Libra（天秤币）是 Facebook 公司（现更名为 Meta）于 2019 年 6 月 18 日宣布推出的加密货币。一直以来，Facebook 公司都缺乏一个可靠、便捷、属于自己的支付系统以拓展国际业务，从而提升跨境转账和支付效率。虽然曾几次尝试创建自己的数字货币以补足自己的商业版图，但都以失败告终，直到 Facebook 公司的区块链团队推出第一个区块链应用——天秤币（Libra）。

从白皮书看，Libra 提出的动机是建立一种简单的、无国界的、超主权的数字货币，为数十亿人提供金融基础设施。Facebook 指出，随着互联网和移动宽带的高速发展，现在只需要一部手机就能接触到各式各样低成本的便捷服务，然而全球仍有 17 亿人没有银行账户，无法享受便捷的金融服务，Libra 的诞生是想让全球所有人，无论贫富，只要有一部智能手机，都能享受方便快速、成本低廉、安全可靠的金融服务。

Libra 将区块链作为底层技术，与之前发行的数字货币不同的是，Libra 具有发行主体，具有信用基础并以现金、现金等价物和非常短期的政府证券组成的储备金为支持。Libra 支付系统建立在 Libra 区块链之上，由于面向的是全球受众，所以实现 Libra 区块链的软件是开源的，任何人可以在上面构建自己的应用，以满足自身金融需求。在 Libra 的愿景中，其最希望达成的功能是跨境汇款和支付，此外围绕汇款与支付这两种最基础的功能，其应用场景还可以延伸到理财服务、借贷服务、众筹服务等，从而降低金融服务门槛。

Libra 的提出虽然一定程度上解决了之前私人数字货币普遍存在的无主权信用背书、价格波动剧烈等问题，但也带来了超主权监督、冲击货币政策等监管挑战。

 知识链接

Libra 的发展历程

Libra 的发展经历了从 Libra1.0，到 Libra2.0，再到 Diem，最后谢幕的过程。

Libra 提出无国界的、超主权的数字货币的设想在创立之始就引起了各国货币监管机构的警觉，在 Libra 项目公布仅几个小时后，包括法国、澳大利亚、英国在内的多国都对 Libra 进行了警告，在重重压力下，Libra 协会的创世成员 PayPal、三大支付巨头（Mastercard、Visa、Stripe）及美国电商巨头 eBay 都陆续退出 Libra 协会。

2020 年 4 月 16 日，Facebook 发布了 Libra2.0。与 Libra1.0 相比，Libra2.0 不再提"无国界的货币"，而是使用了"全球支付系统"的提法，并将 Libra 定位为结算币，强调其支付职能。直到 2020 年 12 月 1 日，Facebook 官网更新的信息显示，Libra 更名为 Diem，Diem 与之前的 Libra 已经产生重大区别，其放弃了挂钩其他货币，目标是推出一种由单一美元支持的数字货币，影响力已大打折扣。

从 Libra1.0 到 Diem，可见 Libra 落地之难，在 Libra 做出各种努力仍得不到批准后，Facebook 于 2022 年 2 月 1 日宣布将 Diem 的知识产权及与支付网络的相关资产出售，至此 Libra 正式谢幕。

（二）Libra 的运行架构

从 Libra 的货币机制来看，发行 Libra 币时使用了一种实务资产储备，即"Libra 储备"。Libra 储备的价值与一篮子资产挂钩，其实是低波动性资产的集合，包括稳定且信誉良好的中央银行提供的现金、现金等价物和短期政府债券，主要目的在于降低波动的严重性和可能性，避免出现高通货膨胀的现象。由于 Libra 是储备发行的数字货币，因此每个 Libra 都能在 Libra 储备池中兑换相应的实际资产，即如果要发行新的或销毁已有的 Libra，需要按照 1∶1 的比例向 Libra 储备池转入或取出相应的法定货币或资产。

从 Libra 的治理机制来看，Libra 由总部设在瑞士日内瓦的独立非营利性组织 Libra 协会进行管理，它是一个去中心化治理的非营利性成员制组织，协会的会员包括分布在世界不同地理位置的各类企业、非营利组织和学术机构。Libra 为许可链（联盟链），验证者节点需要内部权限许可才能进入并成为创始人，协会的创始人都是 Libra 区块链的验证者节点，需要运行服务器维护 Libra 区块链网络。

从 Libra 的技术机制来看，Libra 虽然以区块链作为底层技术，但其具有一定的设计亮点，例如新设计了 Libra BFT（拜占庭容错）共识算法，该算法具有 1/3 的容错性，防止"双花"[①]问题，具有稳定性强的特点；对于智能合约的实现，Libra 没有沿用许多区块链的惯用做法，而是为智能合约的运行设计了一种新的编程语言 Move 和对应的编译工具以及虚拟机等。

 直通职场

数字人民币业务岗

我国某民航企业对数字人民币业务岗的岗位职责和任职要求如下：

一、岗位职责

1. 探索区块链业务落地场景，研究基于区块链和数字人民币的业务流程。

2. 开拓区块链和数字人民币相关市场，联系商务合作伙伴。

3. 负责公司数字人民币项目的推进，组织方案的落实工作。

4. 负责数字人民币方案的市场推广及商务方案的策划。

二、任职要求

1. 24~40 岁，计算机、金融、经济等相关专业优先，具有区块链项目经验者优先。

2. 了解全球公链及去中心化应用的现状，对区块链及数字人民币的应用场景有自己的判断和认知。

3. 对去中心化应用有足够的热情和兴趣，了解区块链存储、区块链运作模式者优先。

4. 沟通能力强，能够与项目各方高效沟通，积极推动项目进度。

---

① "双花"问题，即 Double Spending，指在数字货币系统中，由于数据的可复制性，同一笔数字资产可能被重复使用，导致一笔钱被花费两次或多次的现象。

模块三　我国的法定数字货币

案例引入

> ### 数字人民币拓宽绿色金融之路
>
> 随着全球对环境保护和可持续发展的日益重视，绿色金融成为推动经济绿色转型的重要手段。在中国，数字人民币作为新型的支付工具，凭借其高效、便捷的特性，正在逐步拓宽绿色金融的发展道路。
>
> 在消费端，数字人民币主要定位零售，拥有可加载智能合约的技术优势，通过选择合适的消费场景和自动触发机制，就能激励用户参与到节能减排的行列中，实现低碳消费场景的持续扩容。2021年12月，美团在外卖、零售、出行等多个场景提供了数字人民币的红包奖励机制，只要美团用户参与低碳活动就能自动触发奖励机制。正向激励的成就感不断提升消费者的参与欲望，从而有效抑制消费端不必要的浪费行为，倡导绿色低碳的生活方式。
>
> 在企业端，数字人民币的推广，有利于企业更加便捷地进行绿色项目的融资和支付，推动低碳经济的发展。2023年11月，国网苏州供电公司成功向苏州士诚材料科技有限公司发起一笔数字人民币光伏电费结算款，瞬间触发执行智能合约，实现了数字人民币电费收入自动归还银行贷款。该项目是苏州供电公司将"数币＋双碳＋智能合约＋供应链金融"的新场景应用于分布式光伏领域的创新实践，为全国首例。
>
> 此外，数字人民币的应用也有助于绿色金融产品的创新。百信银行作为首批数字人民币试点机构，2022年6月，落地行业首个"数字人民币＋票据贴现＋绿色金融"创新实践，首笔数字人民币票据贴现资金2 700余万元。百信银行结合数字人民币"可控匿名、智能合约"的特点，将数字人民币与票据贴现产品"百票贴"融合对接，实现有效追踪或控制资金流向与使用途径，精准滴灌实体经济绿色发展。
>
> 展望未来，随着数字人民币技术的不断发展和应用场景的不断拓宽，数字人民币将在绿色金融领域发挥更加重要的作用，推动绿色金融向更深、更广的方向发展，共同为构建绿色、可持续的全球经济贡献力量。
>
> **思考：** 中国人民银行为什么要发行数字人民币？

一、数字人民币的研发背景

（一）基于数字经济发展的需要

数字经济发展需要建设适应时代要求、安全普惠的新型零售支付基础设施。近年来，中国电子支付尤其是移动支付快速发展，为社会公众提供了便捷高效的零售支付服务，在助力数字经济发展的同时也培养了公众数字支付的习惯，提高了公众对技术和服务创新的需求。同时，经济社会要实现高质量发展，在客观上需要更为安全、通用、普惠的新型零售支付基础设施作为公共产品，进一步满足人民群众多样化的支付需求，并以此提升基础金融服务水平与效率，促进国内大循环畅通，为构建新发展格局提供有力支撑。

（二）基于发行成本的考虑

现金的功能和使用环境正在发生深刻变化。随着数字经济的发展，我国现金使用率呈下降趋势，同时，现金管理成本较高，其设计、印制、调运、存取、鉴别、清分、回笼、销毁及防伪反假等诸多环节耗费了大量人力、物力、财力。例如，为了保证现金的安全，银行需要投入大量的资源用于现金的保管、运输和鉴别，为了应对假币问题，国家还需要投入大量的资源进行防伪反假工作。

（三）基于货币主权的考虑

自比特币问世以来，私营部门推出各种加密货币。比特币等加密货币采用区块链和加密技术，宣称"去中心化""完全匿名"，但由于缺乏价值支撑、价格波动剧烈、交易效率低下、能源消耗巨大等限制导致其难以在日常经济活动中发挥货币职能。同时，加密货币多被用于投机，存在威胁金融安全和社会稳定的潜在风险，并可能成为洗钱等非法经济活动的支付工具。

（四）国际竞争的考虑

国际社会高度关注并开展中央银行数字货币研发。当前，各主要经济体也在积极考虑或推进中央银行数字货币研发。CBDC Tracker 数据揭示，截至 2023 年 2 月底，共有 135 家央行涉及数字货币业务。虽然没有哪一种中央银行数字货币是世界上主要流通货币，但全球中央银行数字货币市场竞争程度正变得越来越剧烈。

二、数字人民币的发展历程

早在 2014 年，我国中央银行就开启了法定数字货币的研究开发工作，并针对法定数字货币的发行框架、关键技术、发行流通环境及国际经验等开展了专项研究。经过数年发展，我国数字人民币的研发及试点应用进程已处于国际前列。我国数字人民币 APP 于 2022 年年初在各大应用商城上架，截至 2022 年 8 月 31 日，15 个省（市）的试点地区累计交易笔数 3.6 亿笔、金额 1 000.4 亿元，支持数字人民币的商户门店数量超过 560 万个。我国数字人民币的整体研发进程（2014—2022 年）如表 3-2 所示。

表 3-2　我国数字人民币的整体研发进程（2014—2022 年）

时间	研发进程
2014 年	成立法定数字货币研究小组，对发行框架、关键技术、发行流通环境及国际经验等进行专项研究
2016 年	成立数字货币研究所，完成法定数字货币第一代原型系统搭建
2017 年	央行组织商业机构共同开展法定数字货币研发试验
2018 年	央行数字货币研究所成立"深圳金融科技有限公司"，参与贸易金融区块链等项目的开发
2019 年	国务院提出支持在深圳率先开展法定数字货币的研究与应用
2020 年 4 月	数字人民币首批试点地区公布，首发站为深圳罗湖
2020 年 7 月	央行数字货币研究所先后与滴滴、美团、B 站等互联网巨头达成合作
2020 年 10 月	数字人民币第二批试点地区公布；央行发布《中国人民银行法（修订草案征求意见稿）》，明确数字人民币的法币地位及法偿性
2021 年 3 月	首批指定运营机构（工、农、中、建、交、邮储）开始推广数字钱包
2022 年 1 月	数字人民币 APP（试点版）在各大应用商店正式对外亮相
2022 年 4 月	数字人民币第三批试点地区公布

三、数字人民币的定义与内涵

微课：
数字人民币的
定义与内涵

根据《中国数字人民币的研发进展白皮书》，数字人民币（e-CNY）是由中国人民银行发行的数字形式的法定货币，由指定运营机构参与运营并向公众兑换，以广义账户体系为基础，支持银行账户松耦合功能，与纸钞硬币等价，具有价值特征和法偿性，支持可控匿名。其具有如下内涵：

（1）**数字人民币是央行发行的法定货币。**数字人民币与实物人民币一样是法定货币，是法定货币的数字形式，是央行对公众的负债，以国家信用为支撑，具有法偿性。

（2）**数字人民币采取中心化管理、双层运营。**数字人民币发行权属于国家，采用与纸钞发行基本一样的"中央银行—商业银行"双层运营体系，即中国人民银行不直接对公众发行和兑换央行数字人民币，而是先把数字人民币兑换给指定的商业银行，再由商业银行兑换给公众，负责提供数字人民币流通服务。商业银行与中国人民银行一起维护法定数字人民币的正常运行。

（3）**数字人民币主要定位于现金类支付凭证（M0）。**数字人民币将与实物人民币长期并存，具有同等法律地位和经济价值。

（4）**数字人民币是一种零售型央行数字货币。**央行数字货币根据用户和用途不同可分为两类，一类是批发型央行数字货币，主要面向商业银行等机构类主体发行，多用于大额结算；另一类是零售型央行数字货币，面向公众发行并用于日常交易。数字人民币是一种面向社会公众发行的零售型央行数字货币，主要用于满足国内零售支付需求，降低社会零售支付成本。

（5）**在未来的数字化零售支付体系中，数字人民币和指定运营机构的电子账户资金具有通用性。**这表明数字人民币的目标不是取代其他现金类电子支付工具，而是可以与其共存的。

知识链接

现金、数字人民币与第三方支付钱包的对比如表 3-3 所示。

表 3-3 现金、数字人民币与第三方支付钱包的对比

	现金	数字人民币	第三方支付钱包
分发机构	商业银行	商业银行/其他商业机构	第三方支付机构
隐私保护	完全匿名	可控匿名	实名认证
准备金制度	—	100%缴纳准备金	缴纳备付金
流通成本	较高	低	—
技术架构	—	中心化	中心化
离线支付	支持双离线支付	支持双离线支付	仅支持单离线支付
收益性	无	无	钱包零钱无收益
取现手续费	无	无	0.1%
扩展性	无	具备基于应用场景的编程扩展性	无

四、数字人民币的设计框架

根据《中国数字人民币的研发进展白皮书》，数字人民币体系设计坚持"安全普惠、创新易用、长期演进"的理念，综合考虑货币功能、市场需求、供应模式、技术支撑和成本收益，在货币特征、运营模式、钱包生态建设、合规责任、技术路线选择、监管体系等方面反复论证、不断优化，形成适合中国国情、开放包容、稳健可靠的数字人民币体系设计方案。

（一）设计原则

第一，坚持依法合规。遵守人民币管理、反洗钱和反恐怖融资、外汇管理、数据与隐私保护等相关要求。

第二，坚持安全便捷。数字人民币体系突出以广义账户为基础、与银行账户松耦合、价值体系等特征，适应线上线下各类支付环境，尽量减少由技术素养、通信网络覆盖等因素带来的使用障碍，满足公众对支付工具安全、易用的要求。另外，数字人民币运营系统满足高安全性、高可用性、高可扩展性、高并发性、业务连续性要求。

第三，坚持开放包容。发挥指定运营机构各自优势和专业经验，通过开展技术竞争及技术迭代，保持整体技术先进性。支持与传统电子支付系统间的交互，充分利用现有金融基础设施，实现不同指定运营机构钱包间、数字人民币钱包与银行账户间的互联互通。

（二）数字人民币的设计特性

数字人民币设计兼顾实物人民币和电子支付工具的优势，既具有实物人民币的支付即

结算、匿名性等特点，又具有电子支付工具成本低、便携性强、效率高、不易伪造等特点。主要考虑以下特性：

（1）**兼具账户和价值特征**。数字人民币兼容基于账户（Account-based）、基于准账户（Quasi-account-based）和基于价值（Value-based）等三种方式，采用可变面额设计，以加密币串形式实现价值转移。

（2）**不计付利息**。数字人民币定位于M0，与同属M0范畴的实物人民币一致，不对其计付利息。

（3）**低成本**。与实物人民币管理方式一致，人民银行不向指定运营机构收取兑换流通服务费用，指定运营机构也不向个人客户收取数字人民币的兑出、兑回服务费。

（4）**支付即结算**。从结算最终性的角度看，数字人民币与银行账户松耦合，基于数字人民币钱包进行资金转移，可实现支付即结算，减少支付过程的能源资源消耗，相对微信、支付宝而言是更加绿色的支付方式。

（5）**匿名性（可控匿名）**。数字人民币遵循"小额匿名、大额依法可溯"的原则，高度重视个人信息与隐私保护，充分考虑现有电子支付体系下的业务风险特征及信息处理逻辑，满足公众对小额匿名支付服务需求。同时，防范数字人民币被用于电信诈骗、网络赌博、洗钱、逃税等违法犯罪行为，确保相关交易遵守反洗钱、反恐怖融资等要求。

（6）**安全性**。数字人民币综合使用数字证书体系、数字签名、安全加密存储等技术，实现不可重复花费、不可非法复制伪造、交易不可篡改及抗抵赖等特性，并已初步建成多层次安全防护体系，保障数字人民币全生命周期安全和风险可控。

（7）**可编程性**。数字人民币通过加载不影响货币功能的智能合约实现可编程性，使数字人民币在确保安全与合规的前提下，可根据交易双方商定的条件、规则进行自动支付交易，促进业务模式创新。

（三）数字人民币运营体系的设计

根据中央银行承担的不同职责，法定数字货币运营模式有两种选择：一是单层运营，即由中央银行直接面对全社会提供法定数字货币的发行、流通、维护服务；二是双层运营，即由中央银行向指定运营机构发行法定数字货币，指定运营机构负责兑换和流通交易。

数字人民币采用的是双层运营模式。人民银行负责数字人民币发行、注销、跨机构互联互通和钱包生态管理，牵头提供数字人民币兑换服务。在人民银行中心化管理的前提下，充分发挥其他商业银行及机构的创新能力，共同提供数字人民币的流通服务。具体来说，指定运营机构在人民银行的额度管理下，根据客户身份识别强度为其开立不同类别的数字人民币钱包，进行数字人民币兑出兑回服务。同时，指定运营机构与相关商业机构一起，承担数字人民币的流通服务并负责零售环节管理，实现数字人民币安全高效运行，包括支付产品设计创新、系统开发、场景拓展、市场推广、业务处理及运维等服务。数字人民币双层运营模式如图3-9所示。

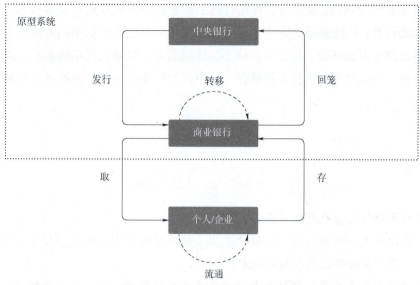

图 3-9　数字人民币双层运营模式

（四）数字人民币钱包的设计

数字钱包是数字人民币的载体和触达用户的媒介。在数字人民币中心化管理、统一认知、实现防伪的前提下，人民银行制定相关规则，各指定运营机构采用共建、共享方式打造移动终端APP，对钱包进行管理并对数字人民币进行验真；开发钱包生态平台，实现各自视觉体系和特色功能，实现数字人民币线上线下全场景应用，满足用户多主体、多层次、多类别、多形态的差异化需求，确保数字钱包具有普惠性，避免"数字鸿沟"带来的使用障碍。

（1）**按照客户身份识别强度分为不同等级的钱包**。指定运营机构根据客户身份识别强度对数字人民币钱包进行分类管理，根据实名强弱程度赋予各类钱包不同的单笔、单日交易及余额限额。最低权限钱包不要求提供身份信息，以体现匿名设计原则。用户在默认情况下开立的是最低权限的匿名钱包，可根据需要自主升级为高权限的实名钱包。

（2）**按照开立主体分为个人钱包和对公钱包**。自然人和个体工商户可以开立个人钱包，按照相应客户身份识别强度采用分类交易和余额限额管理；法人和非法人机构可开立对公钱包，并按照临柜开立还是远程开立确定交易、余额限额，钱包功能可依据用户需求定制。

（3）**按照载体分为软钱包和硬钱包**。软钱包基于移动支付APP、软件开发工具包（SDK）、应用程序接口（API）等为用户提供服务。硬钱包基于安全芯片等技术实现数字人民币相关功能，依托IC卡、手机终端、可穿戴设备、物联网设备等为用户提供服务。软硬钱包结合可以丰富钱包生态体系，满足不同人群需求。

（4）**按照权限归属分为母钱包和子钱包**。钱包持有主体可将主要的钱包设为母钱包，并在母钱包下开设若干子钱包。个人可通过子钱包实现限额支付、条件支付和个人隐私保护等功能；企业和机构可通过子钱包来实现资金归集及分发、财务管理等特定功能。

（五）技术路线选择

数字人民币系统采用分布式、平台化设计，增强系统韧性和可扩展性，支持数字人民币支付交易量的快速增长；综合应用可信计算、软硬件一体化专用加密等技术，以确保系统可靠性和稳健性；开展多层次安全体系建设，设计多点多活数据中心解决方案，保障城市级容灾能力和业务连续性，提供 7×24 小时连续服务。数字人民币体系综合集中式与分布式架构特点，形成稳态与敏态双模共存、集中式与分布式融合发展的混合技术架构。

知识链接

数字人民币与比特币的区别

数字人民币与比特币有以下两个区别。

（1）主体和发行机制不同。比特币是基于区块链的去中心化数字货币，它没有中心化发行主体，而数字人民币由央行发行。

（2）数字人民币具有法偿性，本质上就是大家使用的纸钞，不需要账户就能实现价值转移，而比特币不具有法偿性。

五、数字人民币的应用场景

随着数字人民币的试点范围不断扩大，参与市场主体类型日渐丰富，其应用场景也向个人用户端（C 端）、企业用户端（B 端）、政府与事业单位群体端（G 端）扩展。

（一）数字人民币融入生活场景

小额高频的零售生活场景，与数字人民币的零售型货币定位密切相关，以互联网巨头、商业银行等为代表的市场主体纷纷布局数字人民币，利用自身积累的客户优势发力个人用户端（C 端）场景。

 案例延伸

数字人民币"飞入寻常百姓家"

数字人民币作为一种新的货币形式，逐渐在餐饮、酒店住宿、旅游景点、线上购物等高频生活场景中得到普及。

在餐饮方面，数字人民币在线下包括咖啡店、面包店、社区食堂，线上包括各类外卖、生鲜电商等都得到应用。2021 年，成都市机关生活服务中心与中国工商银行成都分行不断完善优化细节，使"食堂数字餐卡平台"与数字人民币钱包互连，实现了通过手机使用数字人民币进行付款就餐、饭卡充值、消费查询等功能。在酒店住宿方面，2022 年 4 月，广东省旅游控股集团与中国银行广东省分行合作，前者旗下宾馆、酒店等均已开通数字人民

币钱包。在旅游景点方面，2022 年 4 月，宁波城投所属半边山投资有限公司与中国工商银行宁波分行合作，使亚运会赛事承办地——半边山旅游度假区可以支持数字人民币。在线上购物方面，以京东、美团、唯品会为代表的大型电商平台已相继接入数字人民币支付。

（二）数字人民币融入企业场景

虽然数字人民币被定位为一种零售型货币，但其也可以在企业场景（B 端）得到应用。它能提高企业资金流转效率，降低成本，带动商业银行、第三方支付机构等实现对商户的数字化管理和记录。

 案例延伸

中国工商银行数字人民币智能存管产品

作为最早布局智能合约的机构，中国工商银行立足数字人民币运营机构职能定位，充分发挥数字人民币可编程性特征优势与智能合约先进技术，建设自主可控、开放合规的数字人民币智能合约平台，推出数字人民币智能系列产品。其中，数字人民币智能存管产品是指中国工商银行作为数字人民币运营机构，通过在数字钱包部署智能合约的方式，向企事业单位客户提供的交易资金数字化、智能化、便捷化存放管理的支付结算服务，能实现资金来源、去向、触发、用途闭环管理，达到资金专款专用、安全无忧的效果。

中国工商银行从客户需求出发与京东合作，将数字人民币智能存管产品应用于供应链融资放款或还款场景，提前设定存管伞底钱包[①]的定向分账或定向支付对象、定向分账或定向支付的触发条件，确保每笔资金按照预设的智能存管合约，自动完成资金处理，解决核心企业、经销商、出资方多方之间的信任问题，实现经销商的采购订单融资及到期还款，促进供应链金融的持续发展。智能存管产品业务流程如图 3-10 所示。

图 3-10　智能存管产品业务流程

（来源：移动支付网 2023-09-22）

---

① 伞底钱包，是一种基于数字人民币钱包体系的特殊钱包类型，主要用于解决平台商户或企业之间的资金结算分账问题。

（三）数字人民币融入政务场景

目前，数字人民币在政府和事业单位端（G 端），也在社保、医保、公积金、税务、司法等试点场景持续落地。例如，2021 年，全国首批数字人民币税务征收、社保医保异地缴费场景在成都试点落地；2022 年陕西西安试点并成功实现数字人民币税费、就业保证金等实时扣款；2022 年浙江温州鹿城法院启用数字人民币缴纳方式。数字人民币在政府端的应用，为政务服务拓宽了支付渠道，优化了便民、高效的营商环境。

 案例延伸

> ### 数字人民币助力我国非税收入
>
> 我国的财政收入包括税收收入和非税收入两大类。对于非税收入来说，传统的非税收入收缴方式存在费种金额偏小、费用类型庞杂、征收主体随机分散、系统投入大效益低等痛点。建立数字人民币缴库模式，缴费人持有数字人民币钱包与银行账户松耦合，财政部门开立数字钱包与非税收入专户松耦合，缴费人通过数字钱包向财政部门数字钱包缴费，然后财政部门实时自动上缴到国家非税收入数字钱包，兑换银行存款入库至国库单一账户。数字人民币缴库模式如图 3-11 所示。
>
>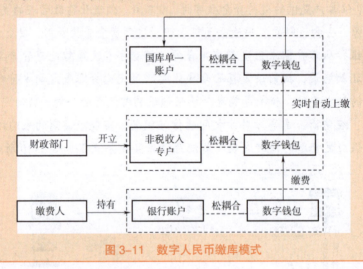
>
> **图 3-11 数字人民币缴库模式**

六、数字人民币可能的影响和应对策略

根据《中国数字人民币的研发进展白皮书》，央行数字货币可能会造成如下两方面的影响。

（一）对货币政策的影响

有观点认为，零售型央行数字货币比存款更具吸引力，可能造成金融脱媒，引发狭义

银行效应及信用收缩。还有观点认为，广泛可得的央行数字货币能增强政策利率向货币市场和信贷市场的传导作用。在央行数字货币计息且孳息水平具有一定吸引力的前提下，可能降低机构投资者对部分低风险资产（如短期政府票据）的投资需求，进而影响相关资产价格。因此，在设计央行数字货币时，应当考虑制定和执行货币政策的需要。也有观点认为，央行数字货币不计息方式有利于降低与商业银行存款及其他低风险金融资产的竞争，减少对货币政策的潜在影响。

（二）对金融稳定的影响

有观点认为，央行数字货币作为最安全的资产，在危机时可能会加剧商业银行挤提问题。居民和企业可以便利地将银行存款转换为央行数字货币，导致金融中介规模收缩，金融波动性增大。特别是在发生系统性风险时，央行数字货币为社会公众快速转换安全资产提供了渠道。但也有观点指出，现有电子支付体系已经实现银行间的资金快速转移，央行数字货币并不会产生较大影响。如果发生银行危机甚至经济危机（如货币危机或主权债务危机），资金将从包括央行数字货币在内的所有本国资产中撤离，而非仅从商业银行存款转移至央行数字货币。

 直通大赛

金砖国家职业技能大赛"金融科技应用"赛项（二）

赛项内容介绍

竞赛主要分为"金融科技基础知识""金融科技业务处理""金融科技综合实战"三个模块。

一、"金融科技基础知识"模块

考核选手经济金融和信息技术相关基础知识的掌握情况。内容主要包括大数据、人工智能、区块链、监管科技等金融科技基础知识、经济金融基础知识、碳金融基础知识、金融法律法规等，涵盖业务操作相关的基础知识。

"金融科技基础知识"模块比赛时长为30分钟，包括单选题、多选题、判断题，共50分，由4名选手独立完成，团队总分200分，占总分的16.67%。本模块中大数据、人工智能、区块链、监管科技等金融科技基础知识占80%，经济金融基础知识占10%，金融法律法规占10%。

二、"金融科技业务处理"模块

（一）大数据金融业务处理：考查选手大数据应用能力，包括数据采集、数据预处理、数据可视化、数据挖掘、预测分析等操作。

（二）区块链金融业务处理：考查选手区块链应用能力，包括搭建联盟链、数字证书身份认证、数据加密、分布式存储、链上数据获取等操作。

（三）数字人民币业务处理：考查选手数字人民币业务操作能力，包括数字人民币钱包开通、数字人民币支付等相关业务操作。

"金融科技业务处理"模块比赛时长为60分钟，模块内容中大数据金融业务处理占35分，区块链金融业务处理占35分，数字人民币业务处理占30分，总分共100分。由4名选手独立完成3个单项，团队总分400分，此项占总分的33.33%。

三、"金融科技综合实战"模块

本模块主要考核参赛选手对以下业务场景的专业技能掌握情况，根据不同应用场景设计相应竞赛任务，参赛选手需要分别担任不同业务角色，分工协作共同完成团队任务。

（一）金融产品数字化营销：考核选手金融产品数字化营销能力，包括客户多维度信息获取与处理、客户画像构建与分析、金融产品数字化营销方案设计与实施等。

（二）信贷业务及智能风控：考核选手基于"一带一路"跨境贸易背景下供应链融资业务处理及风险管理能力，包括贷前数据尽调、贷款审批、智能合约设计与应用、贷中风险监测、贷后管理等。

（三）投保及智能理赔：考核选手保险业务数字化转型综合能力，包括客户需求分析、智能化核保、保险合同链上存证、报案处理与智能合约理赔等。

"金融科技综合实战"模块比赛时长为90分钟，3个单项每项200分，由4名选手合作完成，团队总分为600分，占总分的50%。

 **素养园地**

数字人民币助力乡村振兴

习近平总书记在党的二十大报告中提出"全面推进乡村振兴"，强调"建设宜居宜业和美乡村"。金融作为现代经济的核心，全面推进乡村振兴、实现农业农村现代化，离不开金融的支持。长期以来，"三农"问题一直是我国金融板块的薄弱环节，而数字人民币具有法偿性、松耦合、可控匿名等特征，可以赋能乡村振兴，与乡村产业振兴、文化振兴、生态振兴等实现有机衔接，满足农村的诸多需求，解决农村存在的诸多痛点。

一是在生产消费方面，农民存在购买农资、农机具等电子支付需求，但苦于网络问题，扫码支付经常失败，且部分农村地区缺少现金存取物理渠道，尚未打通线上转账和线下现金存取环节。将数字人民币引入农村，可以让农民不再受到网络的限制，实现无网支付、零时延零成本汇款回乡。例如，在浙江省首个数字人民币应用示范村——杭州市富阳区新登镇湘溪村，村民学会用数字人民币支付，通过"碰一碰"方式完成双离线支付，实现便利与快捷的"无网"线上支付。

二是在涉农金融方面，农村存在涉农补贴资金、涉农贷款资金和相关贴息精准使用和及时入账等需求。数字人民币的使用，可以实现资金下沉农村，通过简化资金流转的中间环节，预防扶农、助农补贴和农业保险赔付资金被逐级截流的风险，同时可借助数字货币特有的"智能合约"功能，保证补助和涉农贷款资金的及时受控使用。例如，2022年6月，农业银行杭州富阳支行联合富阳区农业农村局，成功发放了全省首笔数字人民币"商品有机肥推广配套项目补助资金"，将有机肥补助资金以指定用途形式拨付至农户的数字人民币钱包中，有效减轻了农户垫付资金压力，并由此拉开银政合作建设"数字乡村"的序幕。

在未来，我国将进一步探索数字人民币在服务民生、发展普惠金融、促进基层治理等方面的应用，进一步提升支付的便利性和效率，降低金融门槛，增强金融稳定性，促进经济增长，提升政府服务效率和治理效能。

知识巩固

项目三交互式
测验及参考答案

一、单项选择题

1.（　　）是区块链最早的一个应用，也是最成功的一个大规模应用。

A.以太坊

B.联盟链

C.比特币

D.Libra

2.根据（　　）分类，可以将数字货币分为央行数字货币和私人数字货币。

A.应用方式

B.发行主体

C.有无币值稳定机制

D.是否使用区块链技术

3.下列选项中，对数字货币理解正确的是（　　）。

A.Q币属于数字货币

B.数字货币不可以基于中央银行集中式账户发行

C.数字货币必须基于区块链技术

D.数字货币可以被定义为"价值的数字表达"

4.关于央行数字货币，下列说法正确的是（　　）。

A.使用央行数字货币方便快捷，有利于缓解通货膨胀压力

B.使用央行数字货币有助于优化央行货币支付功能

C.数字货币会提高货币流通速度，将推动物价全面持续上涨

D.数字货币是一种新的货币形态，能减少流通中所需要的货币量

5.关于数字人民币，下列描述正确的是（　　）。

A.数字人民币是一种完全去中心化的数字货币，由网络节点共同管理

B.数字人民币仅具有收藏价值，不可用于实际支付

C.数字人民币是由中国人民银行发行的数字形式的法定货币，具有与纸币和硬币同等的法律地位

D.数字人民币的流通和使用范围仅限于试点城市，不可在全国范围内使用

二、多项选择题

1. 下列关于数字货币的说法中，正确的有（ ）。

A. 数字货币需要由中央发行机构发行

B. 数字货币能被用于真实的商品交易

C. 比特币属于数字货币

D. 数字货币等同于虚拟货币

2. 下列关于我国数字人民币的说法中，正确的有（ ）。

A. 数字人民币由中国银行发行

B. 数字人民币是法定货币

C. 数字人民币与纸钞硬币等价

D. 数字人民币具有法偿性

3. 下列各项中，属于数字货币特征的有（ ）。

A. 去中心化   B. 不可追溯

C. 点对点交易   D. 高度安全性

4. 下列各项中，说法正确的有（ ）。

A. 比特币无特定发行机构

B. 比特币匿名交易，完全保密

C. Libra 无特定发行机构

D. Libra 的技术路径为联盟链

5. 关于数字货币，以下描述中正确的有（ ）

A. 数字货币是一种基于数字技术实现的货币形式，可以在电子系统中进行交易和存储

B. 所有的数字货币都是去中心化的，没有中央银行或单一机构控制

C. 区块链技术是数字货币（如比特币）的一个重要组成部分，用于确保交易的安全性和透明性

D. 数字货币可以完全替代传统货币，成为所有经济交易的主要支付方式

E. 不同的数字货币有不同的特点和用途，例如比特币主要用于价值存储，而以太坊更多地用于智能合约和去中心化应用

三、判断题

1. 数字货币与虚拟货币、电子货币可以同等看待。   （ ）

2. 以太坊和比特币相同的地方是都是"公有链"，谁都可以参加进来。   （ ）

3. 比特币地址是私钥利用哈希函数计算出来的固定长度的字符串，并且用户可以通过地址还原出私钥。   （ ）

4. 数字人民币主要定位于 M0。   （ ）

5. 数字货币的发行和流通完全不受任何国家或地区政府的监管和控制。   （ ）

四、简答题

1. 请比较比特币、以太币和 Libra 的异同。

2. 简述数字人民币的定义和特征。

实训拓展

实训名称	央行数字货币实验
实训目的	（1）熟悉 DCEP 生成、发行和开通数字货币钱包的过程。 （2）认知 DCEP 生成、发行和数字货币钱包的价值。 （3）掌握 DCEP 生成、发行和数字货币钱包开通的技术原理
实训准备	（1）登录知链科技"金融科技基础应用试验平台"。 （2）明确试验模块，自学平台中的"学习资源"。 （3）明确央行数字货币实验中各角色的主要任务
实训内容	1. 中国人民银行生成数字货币 　　本任务是央行数字货币原型系统的第一步：中国人民银行生成数字货币。本实验过程提供了生成数字货币的方法，能在生成数字货币的同时，控制生成的数字货币的金额，同时保证生成的数字货币合法性及安全性。基于以上分析，提供了如图 3-12 所示的生成过程，包括额度控制位生成请求模块、货币生成模块。 　　根据操作流程，依次完成中国人民银行生成数字货币实验流程（如图 3-12 所示）的任务：生成数字货币投放机构的标识信息—发起货币生成请求—验证货币生成请求并签名—生成额度控制位请求—验证额度控制位请求—发送额度控制位相关消息—生成交易标识—生成额度控制系统签名信息—生成额度控制位—生成数字货币投放机构的签名信息—生成数字货币。 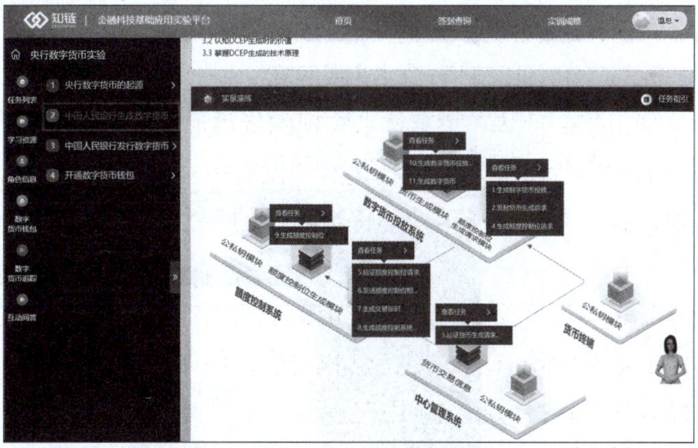  **图 3-12　中国人民银行生成数字货币实验流程** 2. 中国人民银行发行数字货币 　　本任务是央行数字货币原型系统的第二步：中国人民银行发行数字货币。央行在生成数字货币的专利中，提供了一种数字货币的发行方法和系统，能够提高货币发行的安全性、时效性，降低货币发行中耗费的成本。本数字货币的发行方法包括商业银行的前置机、人民银行的 ACS 系统和数字货币发行系统。 　　根据操作流程，依次完成中国人民银行发行数字货币实验流程（如图 3-13 所示）的任务：商业银行发送数字货币发行请求—中国人民银行接收数字货币发行请求—对数字货币发行请求进行业务核查—审核数字货币发行请求—发送扣减存款准备金请求—扣减存款准备金—生产数字货币—对生产的数字货币进行确权登记—将数字货币发送至前置机。

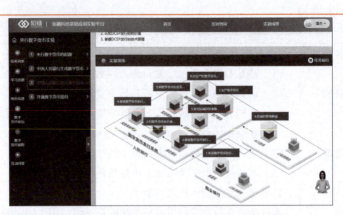

图 3-13　中国人民银行发行数字货币实验流程

3. 开通数字货币钱包

本实验提供一种数字货币钱包开通的方法，能够通过钱包服务商开通数字货币钱包，并在数字货币钱包终端上签名部署数字货币钱包合约，以及将钱包与账户绑定，同时将开通的钱包信息在数组货币发行登记机构进行注册登记。

根据开通数字货币钱包实验流程图（如图 3-14 所示）操作，完成不同角色的实验任务：

● 用户 – 投资人 / 筹资人：发送开通数字货币钱包请求。

● 数字货币钱包终端：确认用户访问信息合法性并发送开通请求、生成公私钥并发送公钥、签名安装指令、验证合约地址合法性并下载合约代码、验证合约代码完整性并签名发送、设置钱包合约代码。

● 钱包服务商：发送生成密钥对请求、接收公钥生成钱包标识并将公钥和钱包标识发送、生成安装指令并发送、验证签名合法性，签名合约代码地址和属性信息、创建数字货币钱包、发送开通结果。

图 3-14　开通数字货币钱包实验流程图

● 数字货币发行登记机构：生成数字证书、登记注册。

实训内容	（内容见上方正文）
注意事项	（1）实训以分组形式进行。 （2）个人首先单独完成任务，完成后对实训过程中存在的问题进行小组讨论，思考中国人民银行发行数字货币的意义和价值。 （3）注意保护个人隐私和账户安全，不要泄露个人信息和支付密码
训练成果展示	每组派出代表进行展示汇报，分析中国人民银行发行数字货币的意义和价值

学习评价表

知识巩固与技能提高（40分）	得分：
计分标准： 得分 =2分 × 单选题正确个数 +3分 × 多选题正确个数 +1分 × 判断题正确个数 +5分 × 简答题正确个数	

学生自评（20分）	得分：
计分标准： 初始分 =2分 ×A 的个数 +1分 ×B 的个数 +0分 ×C 的个数 得分 = 初始分 ÷28×20	

专业能力	评价指标	自测结果	要求 （A. 掌握；B. 基本掌握； C. 未掌握）
认识 数字货币	1. 数字货币的产生 2. 数字货币的概念 3. 数字货币的特征 4. 数字货币的分类 5. 数字货币产生的影响	A□ B□ C□ A□ B□ C□ A□ B□ C□ A□ B□ C□ A□ B□ C□	能够掌握数字货币的产生、概念、特征、分类与产生的影响
基于区块链的数字货币	1. 比特币 2. 以太币 3. 天秤币	A□ B□ C□ A□ B□ C□ A□ B□ C□	掌握比特币、以太币和天秤币的产生和运行机制，能比较不同类型数字货币的差异
探索我国法定的数字货币	1. 数字人民币的定义与内涵 2. 数字人民币的设计框架 3. 数字人民币的应用场景和影响策略	A□ B□ C□ A□ B□ C□ A□ B□ C□	掌握我国数字人民币的定义，能够理解数字人民币的内涵、设计框架、应用场景与影响策略
职业素养 思想意识	1. 树立理想，服务人民 2. 树立风险意识 3. 善于沟通，敢于创新	A□ B□ C□ A□ B□ C□ A□ B□ C□	职业素养、思想意识得以提升

小组评价（20分）			得分：
计分标准： 得分 =10分 ×A 的个数 +5分 ×B 的个数 +3分 ×C 的个数			
团队合作	A□ B□ C□	沟通能力	A□ B□ C□

教师评价（20分）	得分：
教师评语	

总成绩		教师签字	

项目四　区块链支付

知识目标：

- 了解传统支付业务存在的主要问题。
- 理解区块链在支付领域应用的优势。
- 了解区块链技术在我国支付清算领域的应用现状。

能力目标：

- 能理解区块链技术给支付领域带来的影响。
- 能认识区块链技术在支付领域应用存在的问题及未来发展的方向。

素养目标：

- 通过学习区块链技术在支付领域的应用，增强风险意识，具备诚实守信意识和职业操守。
- 通过了解区块链技术在我国境内外支付领域的应用，增强科学自信。

思维导图

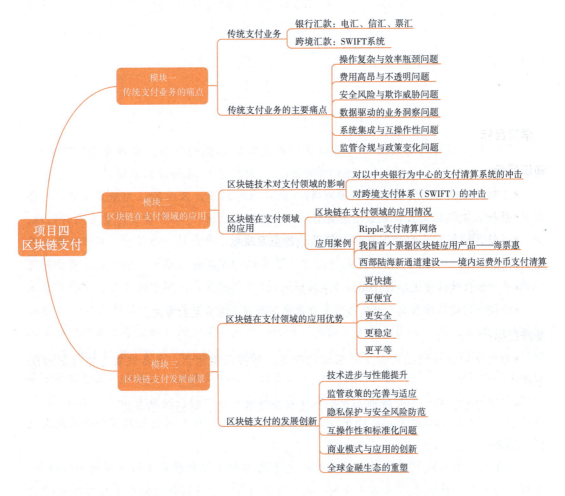

模块一　传统支付业务的痛点

案例引入

传统贸易结算中的"陷阱"

深圳 A 公司与新加坡 B 公司签订了一份进口纤维板的合同，金额为 700 万美元，支付方式为 D/P（Documents against Payment，付款交单），允许分批装运。

按照 D/P 方式，第一批 60 万美元的纤维板准时到货，经检验认为质量良好，A 公司甚为满意。当第二批纤维板交货期要到时，B 公司提出："鉴于贵公司资金周转困难，为了帮助贵公司，我方允许贵公司采用远期付款方式。贵公司作为买方，可以给我方开出一张见票后一年付款 700 万美元的汇票，请某银行深圳分行承兑。承兑后，贵公司可以放心，一年内我方保证将 700 万美元的纤维板都交付贵方。明年的今日，贵公司再支付我方 700 万美元的货款。"A 公司考虑到可以先收货物再付款，于是欣然接受了 B 公司提议。但是，让 A 公司始料不及的是，B 公司将这张承兑的远期汇票在新加坡的美国银行贴现 600 万美元。由于银行的美元利息低，银行贴现后一年可多收回 100 万美元，当然是很合算的。于是，美国银行向 B 公司支付了 600 万美元，从而成为这张远期汇票的受让人。B 公司拿到这笔 600 万美元的贴现款后，就一张纤维板都不交给 A 公司了。不管 A 公司如何催促发货，B 公司就是不交货。事实上，B 公司将巨款骗到手后就消失得无影无踪了。

一年后，新加坡的美国银行持这张承兑了的远期汇票要求某某银行深圳分行付款。深圳分行的业务员认为："卖方未交货，我凭什么付款？"美国银行的业务员告诉他："这张汇票上没有写什么纤维板，只有一句话——'见票后一年付款 700 万美元'。我们是善意地付了对价的受让人。"该案件最终导致 A 公司遭受巨额损失。

思考： 以上案例中，A 公司存在的主要失误有哪些？

在传统贸易结算方式中，交易双方面临的主要风险与问题是什么？

一、传统支付业务

随着经济活动日益频繁，交易的诞生催生了支付的必要性。支付，本质上是一个过程，它涉及参与交易的各方，他们通过特定的方式，对交易过程中产生的债权与债务关系进行清偿。银行，作为金融领域的核心机构，最基本职能就是提供资金服务。因此，银行自然而然地成为处理这些债权与债务关系的核心。通过银行机构，资金得以流动，交易得

微课：
认识传统汇款结算方式

以完成，从而保障了经济活动的顺畅运行。现阶段商业贸易的清算支付都是借助银行机构完成的。

传统支付清算业务是银行为单位和个人采用票据、汇款、托收、信用证等结算方式进行货币支付及资金清算提供的服务。支付结算方式通常包括"三票一汇"，即汇票、本票、支票和汇款。其中汇款支付在人们日常生活中最为常见。目前我国跨境支付主要包括三类模式：银行电汇、国际卡组织及第三方支付。银行电汇通常通过环球银行金融电信协会（SWIFT）系统进行清算。国际卡组织如银联、Visa、Mastercard 等也提供跨境支付服务。第三方支付公司如 PayPal、支付宝、财付通、PingPong 等。

知识链接

支付的几种类型与方式

按通道类型划分，支付分为快捷支付（在当前应用直接绑定银行卡即可支付）、网关支付（从当前应用跳转到银行的网上银行进行支付）、代扣（授权对方按照协议定期直接扣除账户里的资金，如会员自动续费）、认证支付（付款人提交银行卡相关信息，如卡号、密码、信用卡安全验证码 CVN2、有效期、预留手机号等要素，由第三方支付平台经过付款人发卡行进行验证，使用第三方支付平台短信验证或发卡行手机短信验证等辅助认证以完成支付交易）。

按业务双方类型划分，支付分为 B2C（个人与企业之间的收付）、B2B（企业与企业对公账户之间的收付）及跨境支付（不同国家的用户之间的收付）。

按用户角度划分，可选择的支付方式有微信支付、支付宝支付，以及银行卡支付、余额支付、白条支付、分期支付等。

（一）银行汇款

银行汇款即银行接受客户委托，利用一定的工具，通过资金头寸在代理行或者联行之间的划拨，将款项交付给收款人或债权人的结算业务。汇款两地属于两国时，即为国际汇款。一般来说，汇款的种类有三种，即信汇、电汇和票汇。汇款的种类如图 4-1 所示。

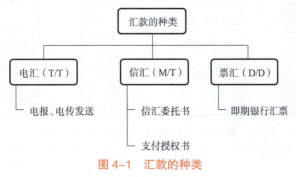

图 4-1 汇款的种类

三种汇款方式采用的结算工具有所不同，电汇以电报、电传或 SWIFT 作为结算工具，信汇以信汇委托书或支付授权书作为结算工具，票汇以即期银行汇票作为结算工具。票汇与信汇、电汇的不同在于，票汇的汇入行无须通知收款人取款，而由收款人持票登门取款。即期银行汇票经收款人背书，可以转让流通，而电汇、信汇委托书不能转让流通。

在数字化金融的浪潮中，随着电子汇款渠道的普及及第三方支付的发展，网银和手机银行成为越来越多人办理汇款的首选途径，特别是在跨国资金转移时，电子汇款和网络汇款因其便捷性而备受青睐。尽管电汇作为传统国际汇款手段依然占据主导地位，但其高昂的成本和烦琐的流程却日益受到市场的质疑。当客户选择电汇服务时，他们必须向银行详尽提供汇款货币与金额、收款人姓名及通讯地址、收款银行的具体名称和账号，以及必要的 SWIFT 代码及地址或中转银行的 SWIFT 信息，还需要支付一定的费用，具体包括汇款手续费、汇款过程中产生的电信费用，以及可能存在的货币兑换差价费。不同银行在手续费的收取上存在着各自的标准和浮动区间。

 知识链接

支付通道，是用来完成各类支付的支付接口集合。支付通道包括三方支付通道、银行支付通道与其他类通道。

三方支付通道指由第三方支付公司向商户提供的支付接口或者第三方支付本身，如微信通道、支付宝通道；银行支付通道指银行直接提供的支付接口，如快捷支付通道、网关支付通道、代扣通道；其他类通道指能够作为支付手段使交易完成的通道，比如卡、券、余额支付。

通道的接入方式，包括直联与间联。直联是与通道提供方直接对接接入，如直接接入微信、支付宝；间联是通过一个中介方接入另一家的通道，如三方支付通过网联接入各家银行的通道。银企直联特指企业直接接入对公账户的开户行，管理自己的对公账户，进行余额查询、转账等。支付参与者链接层级关系如图4-2所示。

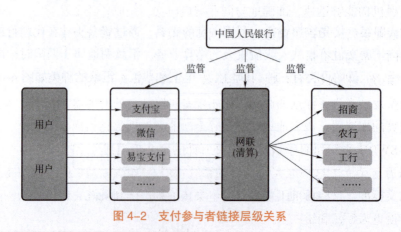

图 4-2 支付参与者链接层级关系

> **思考：**与现代数字支付方式相比，传统支付方式在用户体验方面有哪些不足，应如何改进？
>
> 假设小明想要给他的朋友小红转账 1 000 元作为生日礼金。
>
> 如果小明使用传统支付方式（如电汇），其交易流程如下：小明前往银行，填写电汇表格，提供小红的银行账户信息、姓名、转账金额等详细信息；填写完毕后，小明需要将表格交给银行工作人员，并支付一定的手续费；银行工作人员会审核表格信息，确认无误后进行汇款操作；小明需要等待数天时间，直到资金到达小红的账户。
>
> 如果小明使用现代数字支付方式（如支付宝），其交易流程如下：他只需打开支付宝 APP，进入转账功能；然后输入小红的支付宝账号或手机号，输入转账金额 1 000 元，并确认支付；支付成功后，资金会立即到达小红的支付宝账户，并收到转账通知。

（二）跨境汇款

微课：
SWIFT 系统

一直以来，在跨境汇款过程中，SWIFT 扮演着至关重要的角色，每天通过 SWIFT 网络进行的支付委托超过 6 万亿美元，有 210 个国家的逾 1 万家金融机构参与交易。在国际汇款中，电文通常以 SWIFT 制定的标准方式发送，以确保信息的准确和高效。而在这背后，SWIFT 正是跨国资金转移过程中高额电信费用的主要收取者。

作为全球金融领域的合作桥梁，SWIFT 成立于 1973 年，总部位于比利时的布鲁塞尔。它作为一个国际合作组织，将世界各地的银行和其他金融机构紧密连接在一起。目前，绝大多数国家的银行机构已加入 SWIFT 系统。通过该系统，位于中国的银行机构能够轻松实现与全球各地机构的电子化信息交换，包括客户信息、资金清算、账户余额共享及证券交易等关键数据。

SWIFT 不仅是一个信息交换平台，更是一个世界级的金融电文网络运营者。它确保银行和其他金融机构能够迅速、准确地与同业交换电文，完成各类金融交易。在我国，中国银行、中国农业银行、中国工商银行、中国建设银行、交通银行及中信银行等众多银行都已加入 SWIFT，成为其会员。

SWIFT 系统自投入运行以来，以其高效、可靠、低廉和完善的服务，在全球范围内对贸易的繁荣发展产生了深远的影响。它不仅是国际贸易的助推器，更是全球货币流通和国际金融结算的加速器，极大地推动了国际金融业务的现代化和规范化进程。在当前的金融市场中，SWIFT 系统每日承载着数以百万计的电文传输任务，这些电文所代表的资金流动高达数万亿美元。这一庞大而复杂的系统得以高效运作，离不开 SWIFT 制定的 240种以上的电文标准。这些标准不仅确保了电文传输的准确和高效，还使全球各银行之间的数据交换变得更为顺畅和统一。

SWIFT 电文标准格式，已经成为国际银行业内公认的数据交换标准语言。通过这种标准化的语言，银行间的信息交流变得更为清晰和直接。而区分各家会员银行的代码，即"SWIFT Code"，则是这一系统中的重要组成部分。它是由 SWIFT 组织为其成员银行分配的一组独特的字母和数字组合，用于明确标识银行的名称、所在国家、城市及具体分行等信息。SWIFT Code 的存在，使跨境汇款等金融业务变得更为简便和高效。例如，当我们要向美国花旗银行进行转账时，只需输入其对应的 SWIFT 代码，系统便能自动识别并处理这笔交易。同样，对于德国的德意志银行，我们只需输入其 SWIFT 代码，即可确保资金准确无误地到达指定账户。

这种基于 SWIFT Code 的跨境汇款方式，不仅提高了资金转移的效率和准确性，还大大简化了操作流程。通过 SWIFT 网络，跨境汇款可以按照指定的路径，迅速、安全地到达目的地。

知识链接

支付网关（Payment Gateway），是银行金融网络系统和 Internet 网络之间的接口，是由银行操作的将 Internet 上传输的数据转换为金融机构内部数据的一组服务器设备，或由指派的第三方处理商家支付信息和顾客的支付指令。

支付网关可确保交易在 Internet 用户和交易处理商之间安全、无缝地传递，并且无须对原有主机系统进行修改。它可以处理所有 Internet 支付协议，Internet 安全协议，交易交换，信息及协议的转换，以及本地授权和结算处理。另外，它还可以通过设置来满足特定交易处理系统的要求。离开了支付网关，网络银行的电子支付功能也就无法实现。企业支付网关交互图如图 4-3 所示。

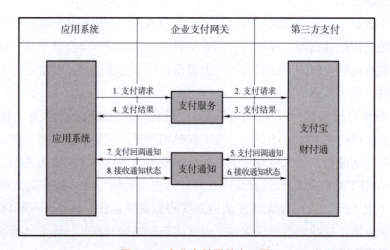

图 4-3　企业支付网关交互图

二、传统支付业务的主要痛点

随着技术的进步与第三方支付的渗透，支付业务的便利性得到了显著提升。然而，在全球化的大背景下，跨境汇款业务仍然面临着诸多挑战。其中，传统支付业务在跨境汇款领域的痛点尤为突出，不仅转账周期长、手续费用高，还伴随着操作复杂、安全风险等一系列问题。具体来说，传统支付业务的痛点集中体现在以下六个方面。

（一）操作复杂与效率瓶颈问题

在传统支付业务中，操作流程复杂烦琐是一个不可忽视的问题。从交易验证、资金清算到对账结算，每一个环节都需要人工参与，这不仅增加了操作的复杂性，还造成了交易效率的严重瓶颈。尤其在跨境支付场景下，多家金融机构的参与使问题更加复杂。开户行、对手行、央行、境外银行等众多机构各自拥有独立的账务系统，它们之间需要建立代理关系、授信额度等联系。每笔交易不仅需要在本银行记录，还需要与交易对手进行清算和对账，这大大增加了操作的复杂性和时间成本。由于中间代理层级多，跨境汇款往往需要经历漫长的等待，资金的流动性因此受到严重影响。

（二）费用高昂与不透明问题

传统跨境支付业务中，高昂的手续费用一直被客户诟病。由于涉及多家金融机构和中间商，每个环节都会收取一定的费用，包括汇款手续费、外汇兑换费、银行手续费等。这些费用叠加起来，使跨境支付的总成本显著增加。此外，费用的不透明性也是客户抱怨的一个重要原因。由于缺乏有效的监管和透明机制，客户往往难以了解每一笔交易的具体费用构成和收费标准。这不仅增加了客户的交易成本，也降低了客户对支付清算机构的信任度。

（三）安全风险与欺诈威胁问题

支付清算业务涉及资金的流转和大量个人及企业敏感信息，因此安全性是至关重要的。传统支付清算系统往往存在诸多安全隐患和欺诈威胁。一方面，系统可能受到恶意攻击和非法侵入；另一方面，内部人员的不当行为也可能导致系统被攻破或数据被泄露。一旦系统被攻破或数据被泄露，客户的资金安全将受到严重威胁。此外，由于缺乏先进的监控机制和智能识别技术，客户往往难以自行判断订单的真实性，欺诈行为在传统支付业务中难以被及时发现和防范。这不仅给支付机构带来了巨大的经济损失，也使其在客户心中声誉受损。

（四）数据驱动的业务洞察问题

在数字化浪潮下，数据已经从一个简单的记录工具转变为企业决策的基石。然而，对于传统支付业务而言，这一转变似乎来得有些缓慢。长久以来，金融机构往往只聚焦基本的交易处理，而忽视了交易数据背后所蕴藏的宝贵价值。这些数据如同被埋藏的宝藏，等待着被发掘和利用。

数据驱动时代，每一笔交易都不仅仅是一个简单的数字，它背后蕴含着丰富的业务洞察和市场趋势。例如，通过分析用户的交易数据，支付机构可以洞察到用户的消费习惯、偏好及潜在需求，进而提供更加精准的服务和产品。然而，由于缺乏先进的数据分析技术和专业人才，很多支付机构在数据利用上显得力不从心。它们无法充分挖掘和利用这些数据资源，导致这些宝贵的信息被浪费。这样不仅限制了支付机构在业务发展和创新方面的能力，还使其难以应对市场变化和竞争压力。在数字化时代，市场变化迅速，客户需求多样，只有能够迅速洞察市场趋势、灵活调整业务策略的企业才能立于不败之地。然而，对于传统支付机构而言，由于数据利用能力不足，他们往往难以做到这一点。

（五）系统集成与互操作性问题

随着支付清算业务的发展和创新，越来越多的系统和机构参与其中。这些系统如同不同语言的国家，需要共同合作才能实现信息的流通和交换。然而，在实际操作中，系统集成与互操作性问题却成为一个巨大的挑战。由于缺乏统一的标准和接口规范，不同系统之间的集成和互操作性往往难以实现。这不仅影响了支付清算业务的效率和可靠性，还增加了业务运营的成本和风险。例如，当一家支付机构需要与其他机构进行信息交换时，如果双方的系统不兼容或者接口规范不统一，就需要进行大量的开发和调试工作，这样不仅耗时耗力，还容易出现错误和漏洞。此外，随着新技术和新模式的不断涌现，传统支付清算系统还需要不断适应和更新。这要求支付机构具备敏锐的市场洞察力和创新意识，紧跟时代步伐，不断推动系统的升级和改造。只有这样，它们才能保持竞争力和生命力，在激烈的市场竞争中立于不败之地。

（六）监管合规与政策变化问题

支付清算业务作为金融行业的重要组成部分，其运营和发展必然受到严格的监管和合规要求。这些要求如同一道红线，时刻约束着支付清算机构的经营活动，以确保市场的稳定和客户的利益。然而，随着全球化程度的加深和金融创新的不断涌现，支付清算业务面临的监管合规挑战也日益严峻。

首先，支付清算业务中间经过的环节众多，涉及的资金流动增加了不确定性和隐匿性，这使得金融监管的难度大大增加。监管机构需要密切关注资金流动的情况，防止洗钱、恐怖融资等非法活动的发生。同时，支付机构也需要建立完善的内部控制机制，确保业务操作的合规性和资金的安全性。其次，政策环境的变化和监管要求的不断更新也给支付清算业务带来了挑战。随着金融科技的发展，新的支付方式和业务模式不断涌现，这些创新在给支付清算业务带来便利的同时，也带来了新的监管问题。监管机构需要不断更新和完善监管政策，以适应市场变化和创新发展。而支付机构需要密切关注政策动向，及时调整业务策略，确保合规经营。最后，跨境支付业务还面临着不同国家和地区的监管差异和冲突问题。不同国家和地区的监管政策可能存在差异甚至冲突，这给跨境支付业务的开展带来了诸多困难。支付机构需要了解并遵守各个国家和地区的监管政策，同时加强与其他国家和地区监管机构的沟通和合作，共同推动跨境支付业务的合规发展。

模块二　区块链在支付领域的应用

 案例引入

招商银行首创区块链直联跨境支付

2017 年 3 月，招商银行通过首创区块链直联跨境支付应用技术，为前海蛇口自贸区注册企业南海控股有限公司通过永隆银行向其在香港同名账户实现跨境支付，标志着国内首个区块链跨境领域项目在前海蛇口自贸片区成功落地应用，在国内区块链金融应用领域具有里程碑意义。

南海控股有限公司需要向其在香港的同名账户支付款项。通过招商银行的区块链跨境支付系统，南海控股有限公司可以实时将支付信息上链，并通过区块链网络传输到香港的接收方。同时，招商银行利用区块链技术的智能合约功能，自动执行跨境支付过程中的各项操作。在整个过程中，招商银行还采用了先进的数据加密和隐私保护技术，确保交易信息的安全性和隐私性。同时，通过区块链技术的可追溯性，招商银行还可以实时追踪跨境支付的状态和进度，为客户带来更好的服务体验。

思考： 根据以上案例，分析区块链技术在跨境支付中的主要技术优势及特点。

随着经济全球化进程的加速，货币资金的跨境流动每时每刻都在发生。由于支付结算业务涉及多个参与方，存在安全性、隐私性以及性能效率等方面的问题，支付行业被业界认为是最适合使用区块链技术的行业之一。区块链技术正在全球范围内推动跨境交易的创新和发展。近年来，全球区块链上完成的 B2B 跨境交易金额大幅增加。

一、区块链技术对支付领域的影响

区块链技术在支付领域的应用，基于利用分布式账本、数字签名、智能合约等技术特性，实现资金流和信息流的共享和流转，快速建立汇款人和收款人的信任路径。此模式打

破了传统跨境支付流程中的链条式信任建立机制，通过建立底层信任实现基于共享账本的跨境支付模式。

（一）对以中央银行为中心的支付清算系统的冲击

当前支付清算系统是以中央银行为中心建立的集中清算与支付，随着信息技术的发展与应用，各层支付系统也日趋完善，但信任中介及中心化问题仍然是制约支付清算业务发展的主要问题。与传统支付清算体系相比，区块链技术采用去中心化交易，不涉及交易中介参与，由交易双方直接进行，从而保证整个交易系统在遭遇外部攻击出现部分网络瘫痪时，不会影响整个交易系统的运行。此外，区块链技术提高了支付交易检验与核对效率。在大额支付清算业务中，各机构利用区块链数据信息，对支付金额进行快速清算，并检验支付的准确性。在小额支付清算中，各机构能够定期清算支付金额，进行大批量处理，从而提高以中央银行为中心的支付清算系统的效率，保证支付清算业务的客观性。

（二）对跨境支付体系（SWIFT）的冲击

在跨境支付清算中，SWIFT 的高昂费用、烦琐程序一直是其主要问题，而基于区块链技术构建通用的分布式金融交易协议，可实现 24 小时不间断运行，为用户提供跨境、各币种实时支付清算服务，缩短支付清算时间，避免信任中介问题，提高了支付清算的准确性与客观性。

微课：
区块链跨境支付

一方面，区块链支持的跨境支付通过降低国际支付的交易费用，为进出口企业和消费者带来显著的优势，银行与银行之间不再通过第三方，而是通过区块链技术打造点对点的支付方式，从而降低跨境支付资金风险，满足跨境支付清算服务的及时性与便捷性需求。传统跨境支付模式与区块链跨境支付模式的对比如表 4-1 所示。根据麦肯锡的测算，从全球范围看，区块链技术在 B2B 跨境支付与结算业务中的应用可降低每笔交易约 40% 的成本。利用区块链促进跨境结算也将为银行节省大量成本，预计节约的成本从 2021 年的 3.01 亿美元增加到 2030 年的 100 亿美元。另一方面，区块链技术通过简化流程，同时将每个交易存储在安全的分布式分类账中。区块链跨境支付减少付款信息对账的延迟，所有交易都是"发生即清算"，交易完成的瞬间，所有账本信息同步更新。区块链转账支付通过数字货币完成，保证支付过程准确、防篡改且成本较低，从而提高支付透明度和可追溯性。新型的数字货币可以避免目前经常发生的多日结算时间框架所产生的流动性成本。

表 4-1　传统跨境支付模式与区块链跨境支付模式的对比

模式		支付发起阶段	资金转移阶段	资金交付阶段	交易后阶段
传统跨境支付模式	涉及主体	付款人、付款行	SWIFT 或代理行	收款人、收款行	银行、监管部门
	支付流程	1.付款人通过银行等金融机构向另一国家或地区的收款人发起转账汇款；2.由付款行履行风控和反洗钱相关流程；3.付款行收集资金并收取服务费用，确认并支持后续交易查询和争议处理	付款行通过 SWIFT 网络或代理行模式（银行不是 SWIFT 会员的情况下）向收款行发起跨境转账	1.收款人通过收款行接收通知；2.由收款行履行相应的风控和反洗钱流程；3.收款行解付款项给收款人	根据监管法规的要求，银行等金融机构定期向监管部门报送跨境支付业务信息，包括收付款人身份信息、币种信息、汇款金额和交易时间等
	存在问题	1.收付款人的信息通过人工操作收集，效率较低；2.在风控流程中，机构对客户信息和支持文件真实性方面的控制力有限，机构之间风控成熟水平差异较大	1.通过 SWIFT 进行跨境支付成本高、耗时长；2.通过代理行模式需逐笔进行信息验证，容易产生差错，导致拒绝率较高；3.银行需在往来账户中留存资金，增加了资金成本	面临着与支付发起阶段类似的风控执行问题	监管合规要求较高，由于存在多种数据来源和渠道，在向监管部门报送信息时，需要较高技术条件和复杂业务流程的支持，往往需要多个内部团队互相配合
区块链跨境支付模式	支付流程	1.通过传统风控流程或电子身份档案方式，建立付款人与银行等金融机构之间的信任；2.通过智能合约记录收付款人之间转账行为的权利义务关系；3.通过区块链上的流动性，实现货币兑换	1.监管部门实时进行交易监控，通过智能合约接收反洗钱预警和提示；2.通过智能合约传输收付款人身份、汇率、转账金额、日期和时间、付款条件等信息，实现实时转账，无须代理行参与，降低中间成本	通过智能合约，资金自动存入收款人账户或由收款行执行风控流程后，允许收款人提取	相关交易记录可在区块链中查询，根据需要供监管部门持续审查

 案例延伸

CIPS 跨境支付链发布

2024 年 3 月 28 日，"CIPS 跨境支付链"发布会在北京海淀顺利召开。

CIPS 跨境支付作为区块链技术在跨境支付行业的首个落地应用，是面向所有支付

机构的去中心化的支付平台，它旨在通过分布式记账机制，利用区块链的分散性和安全性来促进不同国家和使用不同货币的各方之间的交易。CIPS 跨境支付链适合各种类型的支付机构。

CIPS 跨境支付链旨在全面构建并完善跨境支付平台，消除国与国之间的支付壁垒，进一步提升全球贸易效率，创造更多商业机会，促进全球经济的和谐共生与繁荣发展。因此，无论是政府、企业、支付公司还是社会各界，都需要紧跟时代步伐，共同推动 CIPS 跨境支付链的创新与升级，为全球经贸往来铺设一条更为宽广、安全、高效的支付高速公路。CIPS 首批与近 100 家不同领域的第三方支付机构建立了合作联盟，并在发布会上履行了授牌仪式。

二、区块链在支付领域的应用

（一）区块链在支付领域的应用情况

在众多的区块链应用场景中，区块链支付是最受关注的领域之一。其中，区块链支付在跨境支付领域的优势更加明显，它不仅能够降低金融机构间的成本，提高支付业务的处理速度及效率，也为小额跨境支付开辟了广阔的发展空间。

传统支付中需要进行纸质票据的交易，交易双方需要辨明票据的真伪，并对票据金额进行核对与清算。区块链技术通过数据电文、智能合约、哈希等技术保证票面本身记载事项的正确性、完整性和不可更改；通过分布式记账、非对称加密、时间戳等技术保证票据流转过程中的公开透明性和全网一致性，有效防范票据变造、伪造签单、粘单等欺诈行为。此外，传统的票据支付业务是典型的中心化票据系统模式，由"第三方"来确保交易双方的安全可靠，如纸质票据交易中，交易双方的信任机制建立在第三方银行等金融机构基础上，确保票据实物的真实性；电子票据交易中，交易双方通过中国人民银行 ECDS（电子商业汇票系统）系统实现信息交互和认证。借助区块链技术，既不需要第三方对交易双方价值传递的信息进行监督和验证，也不需要实物票据作为联结双方取得信任的证明，实现了价值在点对点之间的"无形"传递。并且，区块链去中心化的分布式结构设置，有利于建立起更加安全的"多中心"模式，以时间戳来完整反映票据流转的过程，而可溯源的特性，使其具有全新的连续"背书"机制，真实反映票据权利的转移过程。

知识链接

票据课堂——ECDS 系统

ECDS 系统是电子商业汇票系统（Electronic Commercial Draft System）的简称，它由中国人民银行建设并管理。

ECDS 系统不仅为票据业务提供了安全高效、互联互通、标准统一、方便快捷的多功能、综合性业务处理平台，也对票据市场的发展产生了重大意义。2024 年，原 ECDS 系统各项业务切换至中国票据业务系统（简称新系统）办理。新系统将原 ECDS 系统和中国票据交易系统（CPES）进行了整合，实现了一个系统、一套接口功能兼容纸电票据全生命周期业务流程。

跨境支付存在的问题是由各国金融机构独立的典型中心化结构带来的，每个机构都有自己的账本且相互之间共享有限。基于区块链的跨境支付模式，打破了传统跨境支付流程中链条式信任建立机制，通过建立底层信任实现基于共享账本的跨境支付模式，通过建立点对点高效支付网络，解决传统跨境支付方式清算时间长的问题；排除第三方机构的中间环节，全天候支付、即时收款、轻松取现，满足跨境电子商务支付结算服务的便捷需求；低成本建立全球一体化的基础跨境支付信任平台，消除跨境支付欺诈造成的跨境资金风险；依托现有区块链的共识机制和智能合约，搭建一个全球化、低成本的信任中心，支持跨境支付业务的可信开展；改变跨境支付格局，极大地降低跨境支付的信任、时间、金钱成本，进而从更深层次推动全球经济的低成本融合。

（二）应用案例

【案例一】Ripple 支付清算网络

瑞波（Ripple）是基于区块链的支付网络，通过这个支付网络可以转账任意一种货币，支付简便快捷易行，交易速度快、交易费用低。Ripple 由美国旧金山数字支付公司（Ripple Labs）研发，于 2013 年 3 月发行，2014 年 4 月开始交易。

Ripple 网络引入了两个机制。一是推出瑞波币，瑞波币作为 Ripple 网络的基础货币，就像比特币一样可以在整个 Ripple 网络中自由流通。瑞波币是一个网络内的工具，主要作用是防止垃圾请求攻击；作为桥梁货币，成为各种货币兑换的中间物。相比比特币，瑞波币更透明，没有涨跌风险，交易速度更快。比特币的交易一般至少需要 10 分钟才能确认，而瑞波币确认只需要 5 秒，且由 Ripple 网络自动进行汇率换算。Ripple 支持任何货币，还能让用户随意选择货币，即用户可以选择持有一种货币但使用另一种货币支付。在 Ripple 网络中，用户可以持有美元，同时以日元、欧元、比特币、黄金及其他任何货币向商家进行支付。Ripple 网络通过在大量争相赚取差价的做市商之间传递兑换单的方法，来进行货币兑换。二是引入网关系统，网关是 Ripple 网络中资金进出的大门，它类似于货币存取和兑换机构，允许人们把法定货币、虚拟货币注入或抽离 Ripple 网络，并可充当支付双方的桥梁，即作为陌生人之间的"共同朋友"，相当于 SWIFT 协议中的银行，这使瑞波币之外的转账可以在陌生人之间完成。Ripple 的分布式货币交易可以让用户无须中间人，也无须其他兑换所就能完成交易。任何人都可以在全球的订单池中输入买单或卖单，而 Ripple 网络会找到最有效的途径来撮合交易，无须网络费用，也没有最低数额限制。网关作为

Ripple 支付系统中的节点，在支付和转账过程中起到了举足轻重的作用。目前，中国已经发展了几个比较大型的 Ripple 网关，在全世界公开的 21 家 Ripple 网关中，中国占据 3 家，它们分别是 Ripple China、Ripple CN 和 Ripple Fox。目前 Ripple Fox 的发展最为迅速。

1. 瑞波跨境支付业务流程

瑞波依托 Ripple 分布式账本网络（RippleNet），通过允许银行和其他汇款机构加入其中，并通过瑞波币（XRP）提供跨境支付和资金清算服务。银行客户可以实现实时的点对点跨国转账，不需中心组织管理，且支持各国不同货币，从而实现实时跨境结算和货币兑换。基于瑞波的区块链跨境支付流程如图 4–4 所示。2019 年，美国 PNC 银行加入 Ripple 网络，为其企业客户提供跨境支付服务。Ripple 网络的其他知名成员包括桑坦德银行、万事达卡和美国运通卡。桑坦德银行的 One Pay FX 使用 Ripple 网络扩展国际支付业务，在英国、波兰、巴西和西班牙推出了 One Pay FX，基于 One Pay FX 的跨境支付更快、更高效、更具成本效益，同时又安全可靠，透明度高，客户反馈良好。One Pay FX 已经在 6 个国家推出，可以付款到 20 多个国家和地区，包括整个欧元区。

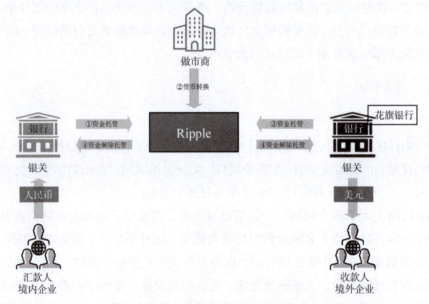

图 4–4　基于瑞波的区块链跨境支付流程

2. 瑞波结算网络特点

（1）**解决了跨境支付信任建立难的痛点**。区块链的技术优势是去中心化，瑞波结算网络通过数字加密、共识机制建立分布式节点的信任关系，形成去中心化的、可信任的分布式网络，从而有效解决了跨境支付节点之间信任建立难、信任建立成本高的问题。

（2）**提升业务效率并降低成本**。瑞波结算系统利用庞大的去中心化网络，实现了多节点的合作协同，解决了跨境支付原有的支付效率问题。同时依靠区块链技术建立起来的统一支付网络，可以快速智能搭建支付路径，以极低的成本快速完成跨境支付，消除了复杂的运输、处理和消息流转所需的额外费用，在跨境支付业务效率提升的同时，实现了业务成本的降低。

（3）**技术妥协融入了现有的金融支付结算体系**。瑞波没有盲目的坚持技术信仰，而是根据金融行业实际业务监管需要做出了妥协。首先，瑞波提出不需要代币的 x-Current 支付模式，打消金融机构对货币脱媒的担忧。其次，瑞波网络也提供功能，满足金融机构对跨境支付、反洗钱和反欺诈等监管的诉求，确保基于区块链的支付结算基本在监管方面与现行支付方式保持一致。

（4）**提供端到端的跨境支付解决方案**。瑞波不仅搭建了基于区块链的支付网络，同时为金融机构接入开发了专有的软件套件。需要加入瑞波网络的金融机构，仅需按照瑞波提供的部署说明开展软件部署即可完整地融入瑞波网络中，开展基于区块链的跨境支付，极大地降低了金融机构接入开展业务的门槛。此外，瑞波的跨境支付解决方案还提供了多种交易模式，如 x-Current、x-Rapid 和 x-Via，以满足不同场景和需求。x-Current 主要为银行与银行之间提供跨境交易，通过分布式账本实现快速清算；x-Rapid 是用瑞波币完成中间的交易，进一步降低交易成本和时间；x-Via 则是由网关作为中转完成交易。

【案例二】我国首个票据区块链应用产品——海票惠

海票惠是海航集团开发的我国首个票据行业区块链应用产品，由其下属的上海邻客网络科技有限公司推出，于 2017 年 1 月 18 日正式上线。海票惠是一个电子票据金融服务产品，它利用区块链技术，汇集企业商业票据信息，对接多渠道资金方，以解决中小企业融资问题。通过区块链的不可篡改性和公信力，智能合约上的票据信息、参与方信息和交易信息得到了有效保护，从而轻松解决了票据交易的信用缺失问题。此外，海票惠的上线大大提高了票据流转的高效性和安全性，标志着国内企业在区块链技术的研究和应用方面已逐步走向国际先进水平。

1. 海票惠的交易流程

海票惠的交易流程融合了区块链技术，主要解决中小企业融资问题。其具体交易流程包括四个基本步骤。

（1）**注册与开户**：融资方和贷款方在"海票惠"平台上进行注册，并开设银行托管账户。这一步骤确保所有参与者都能在平台上进行安全、有效的交易。

（2）**票据信息录入**：有票的一方将票据信息在区块链平台上进行录入。如果平台能够与中国票据业务系统（简称新系统）直接连接，只需输入票据编号，就可以将票据的信息自动写入区块链。

（3）**票据挂牌**：录入区块链的票据会以一定的利率进行挂牌，等待其他公司或保理公司摘牌。

（4）**交易匹配与交割**：其他公司或保理公司在平台上看到挂牌的票据信息后，如果觉得利率合适且有足够的资金，就可以摘牌，从而形成一个合同关系。随后，双方开始按照合同规定进行交割。

在这个过程中，区块链技术的运用使票据信息、参与方信息和交易信息都变得不可篡改，大大提高了交易的透明度和安全性。此外，由于交易过程在区块链上完成，智能合约的自动执行也大大简化了交易流程，提高了交易效率。"海票惠"结算流程如图 4-5 所示。

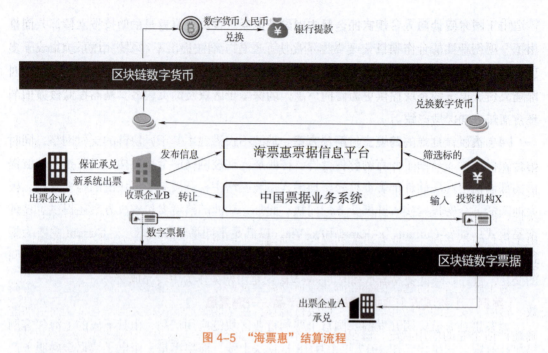

图 4-5 "海票惠" 结算流程

2. 海票惠的交易特点

（1）**信息撮合与融资高效**。海票惠平台汇集供应链核心企业及其上下游企业的票据信息，通过及时的信息撮合机制，高效且低成本地解决中小企业融资难的问题，助力整条供应链的快速发展。同时，平台引入各类投资机构，如银行、非银行金融机构、保理商等，为它们提供稳定、安全且收益较高的投资机会。

（2）**信用评级与透明度高**。海票惠通过对参与各方的交易、兑付表现进行建模和分析，获得真实可信的大数据及信用体系，进行有效的信用评级。这些公开透明的信用信息在区块链上无法被篡改，为资金方提供了可信的投资参考，同时为平台开展未来业务提供了依据。

（3）**区块链技术运用与安全保障**。海票惠充分利用区块链技术的优势，如去中心化、高频次交易、可追溯性、非对称加密保障等，确保交易的安全性和可信度。由于区块链上的数据是公开且不可篡改的，这使票据交易更加透明，有效解决了票据交易的信用缺失问题。

（4）**分布式监管与数据存证**。海票惠将电票、合同、交易等信息和涉及商业隐私的数据保存在区块链上，节点分布在平台、银行、企业等多方。这种分布式监管模式确保了数据的完整性和安全性，同时，区块链上累积的企业信用也是不可篡改的，为交易双方提供了更加可靠的信用保障。

【案例三】西部陆海新通道建设——境内运费外币支付结算

西部陆海新通道位于中国西部地区腹地，北接丝绸之路经济带，南连 21 世纪海上丝绸之路，协同衔接长江经济带，在区域协调发展格局中具有重要战略地位。为了加强这一通道的建设与运营，国家外汇管理局重庆市分局携手重庆市人民政府口岸物流办、中国印钞造币集团有限公司等合作伙伴，基于国家外汇局跨境金融服务平台的技术支持，共同推出了一项创新性的合作项目——"西部陆海新通道物流融资结算"系统。该系统集成了多项功能，包括境内运费的外币支付结算、物流对账单融资及南向进出口融资等，旨在为西部陆海新通道上的企业提供更为便捷、高效的跨境投融资及结算服务，从而提升该通道的经济活跃度和区域影响力。

涉外企业在日常运营中，其资金流、贸易流和货物流等关键数据往往分散于多个部门，银行在评估企业信用时往往难以直接获取这些关键数据，造成了信息的不对称和银行风控成本的增加。传统的外汇支付结算流程中，银行主要依赖税务发票等凭证来判断交易的真实性，企业也需要提交大量的纸质资料，这不仅耗费了大量的时间，还增加了操作的风险。由于信息的不互通，企业有可能利用同一单据在不同银行重复办理业务，给银行的风险管理带来了极大的挑战。

为了解决这一问题，西部陆海新通道物流融资结算系统通过技术创新，打造了一个高效、透明、安全的数据共享平台，使银行能够直接获取企业的关键数据信息，从而更加准确地评估企业的信用状况，降低风控成本，提高业务效率。这也为企业提供了更为便捷、安全的跨境投融资及结算服务，促进了西部陆海新通道经济的繁荣与发展。

1. 境内运费外币支付结算功能业务流程

国家外汇管理局重庆市分局聚焦西部陆海新通道上下游企业外汇金融诉求，有效利用区块链技术在促进数据共享、优化业务流程、提升协同效率、建设可信体系等方面的作用，依托分布式账本不可篡改、数字签名和多方共识等技术特点，汇集收付汇、税务、融资、物流等多方信息，打造"西部陆海新通道物流融资结算"应用场景，推出境内运费外币支付结算等功能，增强银行办理单证真实性及重复性审核、跨境贸易背景信息查证等业务能力，全方位提高企业对跨境金融服务的获得感与满意度。

以境内运费外币支付结算功能为例，通过建立税务凭证信息与付汇业务联动模式，实现跨部门数据的可信交换和有效核验，优化运费外汇支付全流程线上办理，提高银行审核效率，便利企业外汇支付。境内运费外币支付结算流程如图4-6所示。境内运费外币支付结算功能整体业务流程如下。

（1）付汇申请信息上链。银行在跨境金融服务平台（以下简称跨境平台）录入付汇申请以及发票等信息，将付汇申请信息通过区块链数据传输接口将数据上链。

（2）付汇单证重复性核验。监管端通过跨境平台接收付汇申请及发票信息，并调用区块链数据传输接口查询链上已有票据信息，利用区块链上数据的不可篡改性、不可抵赖性，判断是否有重复使用的票据。

（3）付汇单证真实性核验。监管端完成票据重复性核验后，调用单一窗口平台服务接口，对票据信息的真伪进行核验，并将核验结果回传到跨境平台监管端。监管端在收到票据真伪的核验结果后，将核验结果上链。

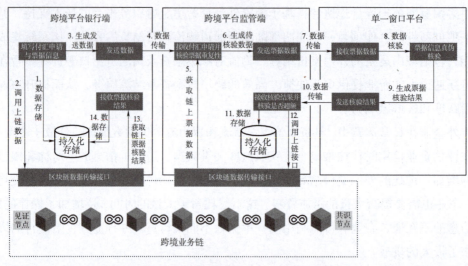

图 4-6　境内运费外币支付结算流程

（4）付汇业务后续受理。银行端通过跨境平台收到链上的票据核验结果后，完成相关核验。银行可参考最终的核验结果，判断是否继续为企业办理付汇业务。

例如，重庆某某有限公司需定期支付境内外币运费，因与银行网点距离较远，传统模式下需邮寄或现场提交单证，由银行逐张核实后办理支付，单证流转时间长、成本高。现在借助跨境平台，企业在线发起申请、上传单证，银行远程受理业务、自动核验单证后即可办理付汇，付汇时间由 2~3 天缩减至 10 分钟以内。截至 2023 年年底，银行共为该公司办理境内运费支付共 69 次（92 笔），累计节约纸质资料流转里程约 1.1 万公里，业务办理效率和客户满意度均得到大幅提升。

2. 特点与成效

国家外汇管理局重庆市分局在西部陆海新通道物流融资结算应用场景搭建"跨境金融＋开放通道"机制，推进涉外领域的金融与产业融合，将合作方的平台变成一个整体，即让各环节的数据有效"跑起来"，又不改变各自平台的特点与优势。通过建立外汇局、政府部门、银行和企业等端到端的信息交换和数据检验机制，为银行和企业提供便捷的跨境贸易融资和结算服务。

一是助力西部陆海新通道发展加速。 外汇科技创新与业务融合新机制催生外汇服务新活力，开展"数据＋信用"特色化金融产品与服务创新，全面降低了数据融通成本，为相关企业提供跨境结算支付进出口融资、物流融资等服务，支持构筑内陆地区效率高、成本低、服务优的国际贸易通道。

二是科技赋能新模式支持外贸发展。 融合数字技术与外汇管理以数字化促便利化，构建跨境信用体系和单证核验相结合的数字化服务体系，提升银行风控能力，推动跨境金融服务更加便利化、协同化、智能化，有力支持多项外汇便利化政策实施。截至 2023 年年末，该系统为 700 余家企业办理付汇业务 2.4 万余笔、核验发票 7.3 万余张，便利化金额合计 17.7 亿美元；此外，服务企业进出口融资 1 300 余笔，金额合计 23.5 亿美元。

三是数据共享助推外汇管理便利化改革持续深化。打破信息壁垒与数据孤岛，加强跨部门数据互联互通，充分整合西部陆海新通道上下游链条数据资源，释放公共数据价值，共同建立"越共享越共赢"的生态机制。

模块三　区块链支付发展前景

 案例引入

全球跨境汇款转账网络——OKLink

OKLink 是 OKCoin 公司于 2016 年推出的构建于区块链技术基础之上的新一代全球金融网络。该网络以区块链信任机制为基石，以数字货币为传输介质，在业务方面，通过链接银行、汇款公司、互联网金融平台、跨国公司等全球金融参与者，为用户提供安全、透明的全球汇款服务。

OKLink 的成立是为了降低跨国小额转账的成本，让转账变得更加方便。用区块链建立信息流和资金流的对等网络，让和美元汇率 1∶1 的代币 OK Dollar 在区块链网络上能够低成本快速流通。

从原理上来说，OKLink 有一条自己的区块链，在此区块链发行数字美元，和实体美元是一比一的对应关系。当用户从银行充钱到 OKLink 的账户时，实际上是存在OKLink 和信托合作的账户里，随后，OKLink 选择本地和汇款当地的汇款和出款公司，将当地的汇款公司的和用户汇款等价的数字货币 OK Dollar 汇到对方的出款公司。对方的出款公司再汇入用户的账户里。OKLink 根据双方账上的 OK Dollar 负责统一的对冲和清算。OKLink 区块链转账支付示意如图 4-7 所示。

图 4-7　OKLink 区块链转账支付示意图

思考：分析 OKLink 利用区块链技术，在跨境转账汇款业务中的优势。

一、区块链在支付领域的应用优势

在传统的支付架构中，我们依赖信誉卓著的机构，如中央银行，作为核心清算枢纽。这些机构负责在银行间传递交易信息，并精确地记录与清算每一笔交易。各银行在清算机

构开设账户，以此确保资金流动的准确性与安全性。每当交易发生时，清算机构从付款方的账户中扣除相应金额，同时增加收款方的账户余额，从而确保交易的顺利清算。随着区块链技术的崛起，这一传统模式正面临颠覆性的变革。区块链技术使交易双方无须再依赖任何中央系统来负责资金的清算和交易信息的存储。相反，它基于一个不需要进行信任协调的共识机制，使交易双方能够直接、安全、高效地进行价值转移。

微课：
区块链的应用优势

这一变革的核心在于去中心化技术，它不仅是区块链技术的基石，也是解决支付清算领域中成本和效率问题的共同基础。通过去中心化，我们能够实现更快捷、更便宜、更安全、更稳定、更平等的支付清算体验。

（一）更快捷

在传统的跨境支付体系中，银行习惯在每日结束时对大量的支付交易进行集中处理，这种批量处理的方式往往导致一笔跨境支付至少需要等待 24 小时才能完成。此外，银行间还需要通过人工方式进行烦琐的对账流程，这无疑也增加了时间成本。基于区块链技术的支付系统彻底颠覆了传统的模式，它允许资金在交易双方之间实现点对点的直接转移，无须再依赖任何第三方清算机构。这种支付系统不仅实现了交易的自动化和实时化，更确保了资金的实时清算。对于汇款方而言，他们可以立即得知收款方是否已经收到款项，无须再等待漫长的处理时间。这种即时反馈的机制使汇款方能够迅速了解支付是否出现延迟或其他问题，从而及时进行调整。

与传统的跨境支付体系相比，基于区块链技术的支付系统摒弃了日切、轧差、对账等烦琐环节，大大提升了资金流动的效率。这种变革不仅降低了支付成本，也提升了支付体验，为跨境支付领域注入了新的活力。

（二）更便宜

在传统跨境支付模式中，支付流程往往伴随着高额的成本，这些成本主要涵盖四个方面：支付处理成本、接收费用、财务运营成本及烦琐的对账成本。通常而言，汇款人需要支付的汇款费用高达汇款金额的 7.68%，这无疑给跨境交易增添了不小的经济负担。而银行在通过代理银行完成跨境支付时，其平均成本更是在 25~35 美元，这一成本是使用自动交换中心完成境内结算支付成本的 10 倍以上。

基于区块链技术的跨境支付系统，实现了去中心化的点对点交易，这意味着每个参与节点不再需要依赖第三方清算机构或代理银行，从而免除了昂贵的手续费。这种直接、高效的交易方式，为跨境支付节省了高昂的服务费用。当前，区块链技术在 B2B 跨境支付业务中的应用取得了显著的成果。研究显示，区块链技术使每笔跨境支付交易的成本从原先的约 26 美元降至 15 美元。在这节省的成本中，大约 75% 来自中转银行支付的网络维护费用，而剩余的 25% 则来自合规性审查、差错处理及外汇汇兑等方面。这一变革不仅降低了企业的运营成本，也提升了跨境支付的效率，使支付更加便捷。

（三）更安全

在传统支付清算模式中，中心化机构或系统扮演着核心角色，负责处理并记录所有交易数据。这些数据通常被集中存储于一个或少数几个特定位置，这种模式带来了明显的单点故障隐患。一旦这些中心化的机构或系统受到外部攻击或内部故障影响，整个支付系统可能会陷入瘫痪，用户的资金安全将面临巨大威胁。相比之下，区块链技术以其独特的去中心化架构，将交易数据分散存储在网络的多个节点上。这种分布式账本的设计彻底消除了单点故障的风险，因为即使部分节点遇到问题，其他节点也能继续稳定运行，确保支付系统的持续性和安全性。更重要的是，任何对数据的篡改或破坏行为都会立即被其他节点发现并拒绝，这大大增强了系统的自我恢复能力和防篡改能力。

此外，传统支付清算模式在交易处理过程中往往需要多个机构参与，并经历复杂的清算流程，这不仅增加了操作成本，也提高了交易被篡改或伪造的风险。而区块链技术通过加密算法和独特的链式结构，让每一笔交易都被永久地、不可篡改地记录在链上，从而有效防止了任何形式的欺诈行为，确保了交易数据的完整性和真实性。

（四）更稳定

在支付清算领域，稳定性是业界追求的关键目标之一。传统支付清算模式在依赖中心化金融机构和错综复杂的网络架构时，常常面临数据同步迟缓、备用中心无法无缝接管等挑战。在区块链网络中，每个节点都扮演着验证和记录交易的角色，这种分布式架构确保了系统的稳定性。即使部分网络节点出现故障，整个支付系统仍能够依靠剩余节点继续稳定运行，从而显著提升了系统的稳定性。

此外，传统支付清算模式在金融机构之间的账务处理和结算过程，往往需要经过多个中介环节和烦琐的人工操作，这不仅增加了出错的风险，还可能导致交易处理的延迟。区块链技术通过引入智能合约和自动化处理机制，实现了交易的即时清算和结算。交易数据在区块链网络上实时传输、即时验证，无须人工干预，极大地减少了人为错误和交易延迟，进一步提高了支付清算的效率和稳定性。

（五）更平等

区块链技术的崛起，掀起了一场深刻的信任革命。它颠覆了传统的信任模式，让人们无须再过分依赖某一节点或机构，而是将信任的核心转移到了区块链技术本身。在传统的跨境支付领域中，银行能否接入全球支付系统（如 SWIFT），往往受限于多种因素，包括经济成本和准入门槛等，这使得并非所有银行都能平等参与。然而，区块链技术的出现为支付领域带来了前所未有的平等性。它打破了传统支付模式的壁垒，让大型银行和小型金融机构都能成为这一网络中的平等交易主体。这种变革的核心，在于所有使用区块链技术的机构都对其背后的技术抱有坚定的信任。

在区块链技术的支持下，支付流程更加透明、高效，且降低了成本。每个参与方都能通过分布式账本实时查看交易信息，确保了交易的公正性和安全性。这种信任机制不仅提高了交易效率，还增强了全球金融体系的公平性和包容性。

 **案例延伸**

> ### 趣链区块链
>
> 顺应新一轮科技和产业革命，数字技术这项由区块链、云计算、大数据等组合而成的有机整体已然成为新质生产力的内核，其塑造的一系列基础平台与产业应用构建起了新质生产力的发展经纬。作为市场重要主体的企业则成为编织经纬网络的一个个关键节点，杭州趣链科技有限公司（下称"趣链科技"）就是其中之一。
>
> 基于领先的技术产品体系，趣链科技推出智慧城市、数字金融、数字法治、数字能源、数字"双碳"及智能制造等多个领域的创新应用，打造了浙江省市监区块链数据产权融资平台，该平台针对互联网企业、制造型企业、科技型企业等"数据密集型"企业，提供基于区块链的数据可信存证及数据知识产权登记服务，现已覆盖18个行业，保护数据权益超过2 600万条，实现数据质押融资6.6亿元。

二、区块链支付的发展创新

区块链技术在支付清算领域的应用虽然有多方面的优势，但也存在着不可回避的风险与问题，在其发展及应用的过程中仍然需要不断改进和创新。

（一）技术进步与性能提升

区块链技术虽然经过了一段时间的发展，但在支付领域的应用中仍面临技术成熟度不足的问题。交易速度较慢是区块链技术的一个瓶颈。传统的区块链网络，如比特币，受限于其设计原理，每秒处理的交易数量有限，无法满足大规模支付场景的需求。这导致在高峰时段，交易可能会拥堵，影响支付效率。随着区块链技术的不断演进，其交易速度和系统扩容性将得到显著增强。新型共识机制、分片技术和侧链等技术的研发和应用，将有效解决传统区块链网络面临的交易拥堵和延迟问题，使区块链支付系统能够满足更大规模、更高频率的支付需求。

此外，区块链技术还面临着隐私保护的问题。虽然区块链提供了公开透明的交易记录，但这也可能泄露用户的隐私。如何在保护隐私的同时确保交易的安全性和可追溯性，是区块链技术需要解决的另一个技术难题。未来区块链系统的隐私保护技术也将取得突破。通过采用零知识证明、同态加密等先进的密码学手段，区块链支付系统可以在保障交易透明性的同时，更好地保护用户的隐私和数据安全，增强用户对区块链支付的信任度。

（二）监管政策的完善与适应

区块链技术在支付领域的应用涉及多个国家和地区的法律法规，目前各国对于区块链技术的监管政策尚不完善且存在差异。这使得跨境支付可能面临复杂的法律法规问题。例如，某些国家可能对数字货币的使用有严格的限制，而某些国家可能更加开放。这种不一致的监管环境可能导致跨境支付中的法律风险和不确定性。如何在保障支付安全和创新发展的同时，制定合理有效的监管政策，是区块链支付领域亟待解决的问题。

随着区块链支付领域的快速发展，监管政策将逐步完善和适应新的技术环境。各国政府将加强对区块链支付系统的监管力度，制定更加明确和规范的法规标准，确保支付活动的合法性和安全性。同时，监管机构也将积极与业界合作，推动区块链技术的健康发展，为支付领域的创新提供有力支持。

（三）隐私保护与安全风险防范

尽管区块链技术确实能够在内部逻辑和运行方式上较好地保障数据安全，但同时也增加了隐私泄露的风险。在支付领域，用户的交易信息、账户余额等敏感数据都需要得到严密的保护。然而，由于区块链上的交易记录是公开的，这就难以抵挡攻击者对外部设施，如用户电子钱包、交易平台等的攻击，且区块链的匿名机制使用户的货币被盗后难以获得法律保护。因此，未来在利用区块链技术进行支付时，需要采取一系列的安全措施来保护用户的隐私和数据安全。例如，可以使用加密技术来保护交易数据的传输和存储；同时，建立严格的安全审计和监控机制来及时发现和应对潜在的安全威胁。

（四）互操作性和标准化问题

区块链技术的互操作性问题是限制其在支付领域广泛应用的关键因素之一。不同的区块链项目可能采用不同的技术标准和协议，导致它们之间的数据交换和信息共享变得困难，这使得在使用不同区块链平台的支付系统之间进行跨链交易时，需要面临复杂的转换和验证过程，增加了交易成本，使交易变得更复杂。此外，缺乏统一的标准和规范也制约了区块链技术在支付领域的发展。目前，区块链技术的标准化工作尚在进行中，各国和各行业组织都在积极探索和制定相关标准。然而，由于区块链技术的多样性和复杂性，制定统一的标准并非易事。缺乏统一的标准可能导致不同区块链支付系统之间的兼容性问题，限制它们之间的互联互通。

为了解决这些问题，需要推动区块链技术的标准化和互操作性研究。通过建立统一的技术标准和规范，促进不同区块链平台之间的数据交换和信息共享，降低跨链交易的复杂性和成本。同时，加强国际合作与交流，共同推动区块链技术在支付领域的发展和应用。

（五）商业模式与应用的创新

未来，基于区块链技术的支付系统将实现与更多金融服务的深度融合。除基本的支付功能外，还将涵盖贷款、保险、投资等多个领域，为用户提供一站式的金融解决方案。通过智能合约的应用，区块链支付系统将能够自动执行各种金融交易，降低人为干预和错误，提高金融服务的效率和准确性。

此外，数字货币和代币化也成为未来支付领域的重要趋势。随着数字经济的不断发展，越来越多的资产和服务将被代币化，并在区块链支付系统上进行流通和交易。这将为商家和消费者提供更加丰富和灵活的支付选择，推动支付方式的创新和变革。

（六）全球金融生态的重塑

区块链技术的去中心化特点将促进全球金融生态的重塑。传统的中心化金融体系往往存在地域限制和服务门槛，而区块链支付系统可以打破这些限制，实现跨境支付的即时结算和低成本运营。这将大大简化跨境贸易和投资流程，促进全球经济的融合和发展。

同时，区块链技术将提升金融服务的包容性。通过降低金融服务门槛和扩大服务范围，区块链支付系统将为那些被传统金融体系排除在外的群体提供金融服务机会，推动金融普惠的实现。

综上所述，虽然区块链技术在支付领域具有巨大的潜力，但技术成熟度不足、监管政策不明确、隐私与安全风险及互操作性和标准化问题等方面的挑战仍需克服。技术研发、政策完善和安全防护等措施，可以推动区块链技术在支付领域的健康发展。

 直通大赛

一带一路暨金砖国家技能发展与技术创新大赛
"数字金融应用"赛项（一）

一带一路暨金砖国家技能发展与技术创新大赛是 2017 年金砖国家最高领导人会晤筹备委员会认可、经中华人民共和国外交部备案、金砖国家工商理事会批准的国际大赛，已成功举办七届，累计超过 25 万人参与了竞赛及相关会议、展览展示、技术交流等活动。该赛事已纳入《教育部标志性成果参考清单》《全国普通高校大学生竞赛分析报告》竞赛目录。

1. 组织机构

主办单位：金砖国家工商理事会中方理事会
　　　　　一带一路暨金砖国家技能发展国际联盟
　　　　　中国科协一带一路暨金砖国家技能发展与技术创新培训中心
联合主办单位：中国发明协会、教育部中外人文交流中心
承办单位：金砖国家工商理事会技能发展、应用技术与创新中方工作组
专项联合承办单位：深圳智盛信息技术股份有限公司
　　　　　　　　北京嘉克新兴科技有限公司
　　　　　　　　厦门市金砖未来技能发展与技术创新研究院

2. 赛项介绍

本赛项为团体赛，分为本科组与高职组，每支参赛队由4名选手和2名指导教师组成；以院校为单位组队，不得跨校组队。

2024年4月，该赛项进行了北部、南部、中部赛区预选赛，预选赛每所院校最多可以报名两支队伍，每所院校成绩最好的1支队伍进入全国总决赛。5月11日，该赛项进行了全国总决赛。

近两年，该项比赛均通过线上方式进行。

 素养园地

数字钱包引领支付革命

全球支付巨头WorldLink揭晓的《2024年全球支付趋势洞察》中深入剖析了当前支付行业的动态，特别指出，2023年全球电子商务市场实现了惊人的增长，总交易额跃升至6.1万亿美元的新高度。这一增长为数字钱包、账户间直连交易及先享后付等创新支付方式提供了广阔的发展空间。

在2023年的支付领域，数字钱包继续巩固其领先地位，全年在各类消费渠道中累计交易额高达14万亿美元。这一成绩不仅彰显了数字钱包在消费者心中的重要地位，也预示了支付方式的未来趋势。在电子商务领域，数字钱包更是稳居榜首，占据全球电商交易额的半壁江山，占比高达50%。更令人瞩目的是，其增长势头不减，预计到2027年，复合年均增长率将达到15%，继续领跑支付市场。

对于数字钱包的崛起，行业专家认为，这与互联网、智能移动终端的普及密不可分。尤其是二维码等的广泛应用，极大地推动了数字钱包的普及。如今，数字钱包已在亚太、欧洲和北美等全球主要地区成为领先的电子商务支付方式。中国作为全球最大的数字钱包市场，2023年数字钱包在电子商务和销售点交易中的占比分别高达82%和66%。预计至2027年，这一比例将进一步提升至86%和79%，展现出强劲的增长势头。

除了数字钱包外，新兴支付方式如账户对账户和先买后付也为消费者提供了更多选择。账户对账户支付以其低成本、高效率的特点受到商户的青睐，而先买后付模式满足了消费者对灵活支付的需求。2023年，消费者对先买后付的需求达到历史最高点，全球交易额同比增长18%。在中国市场，蚂蚁花呗、京东白条等主流品牌引领潮流。预计到2027年，先买后付在中国电子商务市场的交易额占比将超过直接使用信用卡和借记卡的支付方式。

面对新兴支付方式带来的机遇和挑战，大学生应积极拥抱科技创新，提升职业素养，为行业的健康发展贡献自己的力量。同时，我们也希望在校大学生能够树立正确的价值观和人生观，培养高度的责任感和使命感，为实现中华民族伟大复兴贡献青春力量。

知识巩固

项目四交互式
测验及参考答案

一、单项选择题

1. 目前，区块链技术在（ ）领域中的应用发展最为迅速。

A. 数字货币

B. 支付清算

C. 供应链金融

D. 证券投资

2. 区块链系统以时间戳来完整反映票据流转的过程，区块链的（ ）特性，使其具有全新的连续"背书"机制，真实反映了票据权利的转移过程。

A. 去中心化

B. 不可篡改性

C. 开放透明性

D. 溯源机制

3. 区块链上的交易记录是公开的，这就难以抵挡攻击者对用户电子钱包、交易平台等的攻击，且区块链的匿名机制使得用户的货币被盗后难以获得法律保障，这是属于区块链应用中的（ ）问题。

A. 性能提升

B. 监管政策完善

C. 互操作性

D. 隐私保护、安全风险

4. 区块链票据和传统票据的主要区别是（ ）。

A. 前者需要票据交换中心，后者也需要

B. 前者不需要票据交换中心，后者也不需要

C. 前者不需要票据交换中心，后者需要

D. 前者需要票据交换中心，后者不需要

5. （ ）的存在可以保证，通过 SWIFT 网络，跨境汇款可以按照指定的路径，迅速、安全地到达目的地，这不仅提高了资金转移的效率和准确性，还大大简化了操作流程。

A. SWIFT Code

B. Payment Gateway

C. Internet

D. SWIFT

二、多项选择题

1. 传统支付清算业务的痛点主要体现在（ ）。

A. 操作复杂与效率低下

B. 费用较高与不透明

C. 存在一定的安全隐患

D. 系统的集成与互操作性问题

2. 区块链技术在支付清算领域的应用优势体现在（　　）。

A. 更快捷

B. 更便宜

C. 更安全

D. 更稳定

3. （　　）技术的研发和应用，将有效解决传统区块链网络面临的交易拥堵和延迟问题，使区块链支付系统能够满足更大规模、更高频率的支付需求。

A. 新型共识机制

B. 分片技术

C. 侧链技术

D. 共享账本

4. 我国跨境支付的主要模式，包括（　　）。

A. 支票支付

B. 银行电汇

C. 国际卡组织支付

D. 第三方支付

5. 支付方式按照业务双方类型划分，可以分为（　　）。

A. 快捷支付

B. B2C 支付

C. 跨境支付

D. B2B 支付

三、判断题

1. 即期汇票经收款人背书，可以转让流通；电汇、信汇委托书则不能转让流通。（　　）

2. 区块链技术溯源机制，不涉及交易中介参与，由交易双方直接进行，从而保证整个交易系统在遭遇外部攻击出现部分网络瘫痪时，不会影响整个交易系统的运行。（　　）

3. 在区块链跨境支付模式中，通过共享账本资金自动存入收款人账户。（　　）

4. 区块链技术打破传统跨境支付流程中的链条式信任建立机制，通过建立底层信任实现基于共享账本的跨境支付模式。（　　）

5. 我国首个票据区块链应用产品是由海航集团开发的"海票惠"。（　　）

四、简答题

1. 分析区块链在支付领域的应用优势。

2. 区块链技术在支付领域应用中存在哪些问题？

实训拓展

实训名称	区块链技术在支付领域的应用模拟训练（跨境保理）
实训目的	（1）初步认识传统跨境保理业务，了解其行业存在的主要痛点。 （2）掌握区块链技术在跨境保理融资中的应用及其业务流程。 （3）理解区块链跨境保理在技术、业务模式、服务模式等方面的创新价值
实训准备	（1）登录知链科技"区块链金融创新实训平台"。 （2）掌握跨境保理业务及流程。 （3）明确跨境保理融资业务中各角色的主要任务
实训内容	1.体验传统保理业务的痛点 （1）按照"选定角色"示意（如图4-8所示），选定角色。  图4-8 "选定角色"示意 （2）融资审核实验 　按照融资审核实验流程（如图4-9所示），依次完成"申请银行贷款—建设生产线—购买原材料—生产加工—发货—应收账款转让申请—融资审核决定"七个步骤。  图4-9 融资审核实验流程

实训内容

（3）多头借贷实验

按照多头借贷实验流程（如图 4-10 所示），依次完成"接收融资申请—通知审核结果—签订商业保理合同—通知放款结果—行业痛点总结—小组解决方案"六个步骤。

图 4-10　多头借贷实验流程

2. 掌握区块链跨境保理业务操作，理解区块链技术在跨境保理融资业务中的应用及优势

（1）角色选定

本项目分为四个角色，分别为境外电商、供应商、保理公司、境外支付。班级学生根据情况，选定各自角色，并承担不同任务。

（2）每个角色新建联盟链、并进行联盟链启动

按照新建联盟链并启动实验流程（如图 4-11 所示），依次完成"新建联盟链—添加节点—邀请成员—查看邀请列表—启动联盟链—公钥私钥"六个步骤。

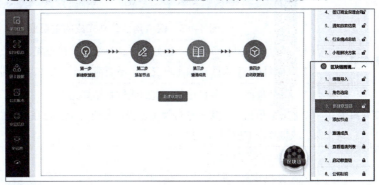

图 4-11　新建联盟链并启动实验流程

（3）按照"供应商"角色业务流程示意（如图 4-12 所示）、四个角色分别完成的主要业务流程（如图 4-13 所示）完成不同业务操作。

图 4-12　"供应商"角色业务流程示意

实训内容	四个角色依次完成以下操作任务： 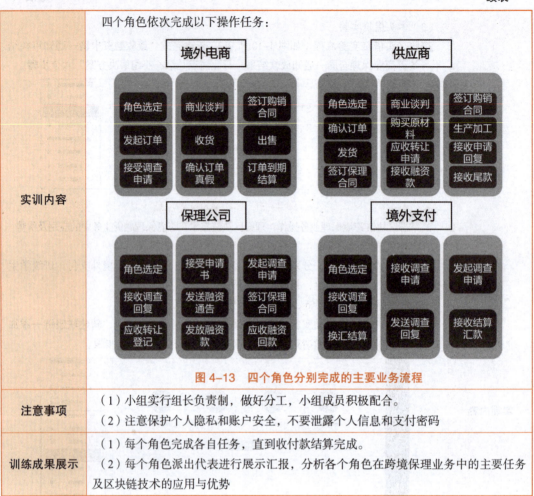 图 4-13　四个角色分别完成的主要业务流程
注意事项	（1）小组实行组长负责制，做好分工，小组成员积极配合。 （2）注意保护个人隐私和账户安全，不要泄露个人信息和支付密码
训练成果展示	（1）每个角色完成各自任务，直到收付款结算完成。 （2）每个角色派出代表进行展示汇报，分析各个角色在跨境保理业务中的主要任务及区块链技术的应用与优势

学习评价表

知识巩固与技能提高（40分）			得分：
计分标准： 得分 =2分 × 单选题正确个数 +3分 × 多选题正确个数 +1分 × 判断题正确个数 +5分 × 简答题正确个数			
学生自评（20分）			得分：
计分标准：初始分 =2分 ×A 的个数 +1分 ×B 的个数 +0分 ×C 的个数 得分 = 初始分 ÷18×20			

专业能力	评价指标	自测结果	要求 （A. 掌握；B. 基本掌握； C. 未掌握）
分析传统支付业务的痛点	1. 传统支付业务类型及流程 2. 传统支付业务的主要痛点	A□　B□　C□ A□　B□　C□	了解传统支付业务类型及流程；能够分析传统支付业务存在的主要问题
解析区块链技术在支付领域的应用	1. 区块链技术对支付领域的影响 2. 区块链技术在支付领域的应用	A□　B□　C□ A□　B□　C□	能够分析区块链技术对支付领域的影响与冲击；根据应用案例，掌握区块链技术在支付领域的应用情况
区块链技术推动支付业务发展	1. 区块链技术在支付领域的应用优势 2. 区块链技术在支付领域的发展创新	A□　B□　C□ A□　B□　C□	能够分析区块链技术在支付领域的应用优势；分析区块链技术在支付领域存在的问题及未来发展方向
职业素养思想意识	1. 增强风险意识 2. 树立诚实守信意识、正确的职业操守 3. 增强科学自信	A□　B□　C□ A□　B□　C□ A□　B□　C□	职业素养、思想意识得以提升

小组评价（20分）			得分：
计分标准：得分 =10分 ×A 的个数 +5分 ×B 的个数 +3分 ×C 的个数			
团队合作	A□　B□　C□	沟通能力	A□　B□　C□
教师评价（20分）			得分：
教师评语			
总成绩		教师签字	

项目五　区块链在证券、保险领域的应用

学习目标

知识目标：

- 掌握传统证券行业的痛点。
- 掌握传统保险行业的痛点。

能力目标：

- 能分析区块链技术如何优化证券业务。
- 能分析区块链技术如何优化保险业务。

素养目标：

- 通过分析区块链技术如何优化证券、保险行业，激发创新思维。
- 通过学习区块链技术优化证券、保险行业，树立运用科技推动金融业健康发展的理想信念。

思维导图

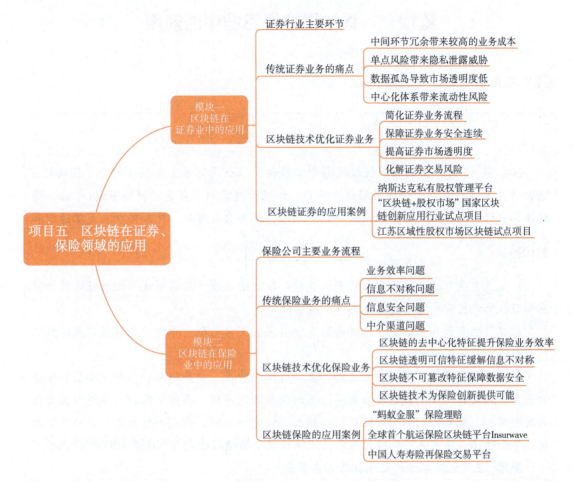

模块一　区块链在证券业中的应用

 **案例引入**

区块链赋能股权交易

2022年12月，江西联合股权交易中心股份有限公司部署上线国内首个"区块链+隐私计算+股权交易"创新应用试点项目。该项目建设内容包含联通链BaaS平台、隐私计算平台、业务上链开发以及统一门户网站，具备自主可控、隐私保护、灵活适配和资源集约等特点。

该项目建设目标主要有如下三点。

1. 完成自主可控的区块链管理平台建设，实现金融资产交易系统、四板挂牌展示系统和股权登记托管交易系统业务数据上链管理。

2. 建设隐私计算平台，保证江西股交中心业务平台与征信平台在隐私数据互通的过程中数据"可用不可见"。

3. 利用区块链不可篡改、可追溯、多方共识的特性，以及隐私计算对隐私数据保护的能力，让数据共享交换的各方都参与区块链数据的授权、存储和维护，实现数据变化的实时探知、数据访问的全程留痕、数据共享的有序关联，形成一整套基于区块链的数据共享新秩序，为未来区块链技术在区域性股权市场领域的发展创造更大的想象空间。

思考： 区块链技术如何优化我国证券业务？

区块链技术以其独特的去中心化、开放性、独立性、安全性和匿名性特征，正在逐步改变证券行业的运作方式，在证券发行、交易、登记、结算等方面发挥重要作用，该技术能够降低交易成本，简化结算流程，保障市场公开和透明。

一、证券行业主要环节

证券是经济权益凭证的统称。从广义上讲，证券市场指的是所有证券发行和交易的场所。从狭义上讲，证券市场指的是资本证券市场、货币证券市场和商品证券市场，是股票、债券、商品期货、股票期货、期权、利率期货等证券产品发行和交易的场所。在发达的市场经济中，证券市场是完整的市场体系的重要组成部分，它不仅反映和调节货币资金的运动，而且对整个经济的运行具有重要影响。

证券行业主要环节可以细分为交易前、交易中和交易后三个环节。

1. 交易前

交易前主要包括证券的发行。证券的发行是指证券发行人以筹集资金为目的，在证券

发行市场依法向投资者以同一条件出售证券的行为。证券发行分为公开发行和非公开发行。

2. 交易中

交易中主要包括证券的交易和买卖。证券的交易和买卖是指证券持有人依照交易规则，将证券转让给其他投资者的行为。证券交易的方式包括现货交易、期货交易、期权交易、信用交易和回购。证券交易形成的市场为证券的交易市场，即证券的二级市场。

3. 交易后

交易后主要包括登记、托管、存管、清算、交收、分红、派息等后台流程。登记、托管、存管环节，可以确保证券和资金的安全；清算和交收环节，可以确保交易双方的权益得到保障；分红和派息环节，可以让投资者享受到持有证券的收益。

微课：
传统证券业务的
痛点

二、传统证券业务的痛点

（一）中间环节冗余带来较高的业务成本

由于行业涉及证券的发行、交易、登记、托管、存管、清算、交收、分红、派息等多个环节，复杂的业务流程也带来较高的业务成本。

从证券的发行来看，证券发行公司一般需要联系券商，签订委托募集合同，提交招股书并聘请第三方审计公司进行历史财务报表审计，中介成本较高。此外，对于投资人来说，如果发行方财务造假，而审计公司又忽略了这一事实，将蒙受损失。

从证券的登记来看，虽然证券登记业务流程当前已实现电子化，但登记业务流程并未简化。申请人须向登记机构递交完备的申请材料，登记机构在核实这些材料的真实性、准确性和完整性后，方可进行登记。唯有在登记机构更新持有人名册之后，新购入证券的买方才正式成为该证券的合法持有人。此外，对于特殊的证券登记业务，还可能需要提供商务部、国有资产监管部门等权威机构出具的批准文件，这都会耗费登记机构与证券持有人大量的时间和精力。

从证券的结算来看，现行证券结算流程主要可以分为交易数据接收、清算、发送清算结果、结算参与人组织证券或资金以备交收、证券交收和资金交收、发送交收结果、结算参与人划回款项、交收违约处理八个步骤。证券结算流程如图5-1所示。深圳证券交易所、上海证券交易所在结算时基本遵循以上步骤。

在专业化细分下，各中心化主体相互独立，在获得分工收益的同时，处理每一笔证券的交易和结算难以实现同步，数据不统一的情况时有发生，需要手工操作才能解决，这将提高市场参与者的交易成本，带来结算效率损失，进一步提高违约风险。以美国现金股票市场为例，美国股票市场交易后的结算通常涉及股票交易所（纳斯达克、纽约证券交易所）、经济交易商、托管银行和存管信托公司（DTC），产生大量重复性人工确认和对账流程，虽然美国股票交易仅需1秒钟，但其结算流程却要2个工作日。我国现行的证券交易中心，A股和B股也都实行T+1的交收周期。这种情况下，不同市场参与者对同一笔交易的记录可能产生差异，又额外造成了市场参与者的资金占用，这都增加了证券交易的成本。

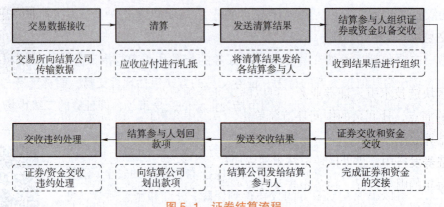

图 5-1　证券结算流程

（二）单点风险带来隐私泄露威胁

传统资本市场交易结算体系，以基于身份验证的信任机制为前提，通过交易场所、登记机构、结算机构、托管中心等中心化主体集中维护并存储数据，因此整个证券交易体系形成了对证券登记结算机构交易系统的依赖。由于涉及主体繁多，一旦遭受恶意攻击或出现物理故障和人为操作失误，很可能造成业务瘫痪、用户账户信息及密码泄露，影响证券业务的正常进行。另外，如果证券登记结算机构指定的结算银行出现资金问题，也会面临货银对付无法实现的风险。

（三）数据孤岛导致市场透明度低

当前资本市场的各个环节，包括交易、登记、托管、存管及结算等，均采用中心化的运作方式。每个环节的数据账本，由证券交易场所、登记结算机构及托管券商各自独立维护，通常并不共享信息。因此，特定业务领域的所有数据，均被承担特定职责的机构所独揽，导致数据对于整个市场的透明度极低。除非是为了满足特定业务申请人的查询需求或市场监管等特殊场景，这些内部数据通常不会向整个市场公开。这使市场参与者，特别是投资者，只能被动信任这些中心化机构所维护数据的真实性、准确性和完整性，而无法进行主动审计。

（四）中心化体系带来流动性风险

在现行的证券结算体系中，为了保证结算的顺利进行，证券交易双方之间往往涉及第三方登记结算机构，例如投资者与证券公司均需在银行设立专门的结算资金账户。在实际交易中，如果交易的其中一方违约，登记结算机构仍然要向履约方履行应付证券或资金交收义务，这将导致证券登记结算机构垫付大量证券和资金，给证券登记结算机构带来流动性风险。

随着市场发展和技术进步，人们对于提升结算效率、降低运营成本的要求越来越高，亟需新一代科技手段融入证券行业，优化业务流程，解决以上痛点。

三、区块链技术优化证券业务

微课：
区块链技术变革
证券业务

（一）简化证券业务流程

将区块链技术引入证券业务，可以解决证券领域业务链条长、管理成本高的痛点，让冗余的中间环节简单化，节省中介机构，提高资本市场交易结算效率。

在证券发行中，借助区块链技术建立股权登记系统，公司自创立起股权登记都在链上完成，每年的财务情况、税务报告及股权变更等关键信息都能被安全、完整地保存在区块链上。这不仅为公司的公开发行证券提供了坚实的信任基础，而且也不再需要依赖中介机构的信用担保，大大节省了中介费用。同时，监管机构能轻松地在区块链上查阅公司的历史记录，大大降低了审核成本，提高了监管工作的效率。

在证券交易中，区块链平台的分布式账本使每个参与节点都有一份完整账簿，凭借点对点通信机制，证券交易信息可以实时更新，保证了数据的一致性，消除了传统架构中不同系统间记账差异的问题。区块链技术中数据具有可追溯性和不可篡改性，可以真实反映参与节点的情况，不再需要权威部门出具批准材料，这大大降低了人工操作成本。

在证券结算中，通过引入智能合约，整个网络的各个节点能够点对点地依照预设的规则自动进行清算与交割，实现大多数结算流程的自动化操作，且无须借助中央银行、商业银行及其他第三方组织，交易双方之间直接完成支付，从而显著缩短了结算时间，并大幅提升了结算效率。

 **案例延伸**

区块链在证券领域中的应用探索

目前，世界上很多证券交易所、清算和交收中心机构、金融机构等都在积极探索区块链在证券领域中的应用。

（1）纳斯达克：2015年，纳斯达克证券交易所推出了基于区块链技术的私募市场产品Linq，这标志着区块链技术在全球证券交易和清算结算领域的首次应用。

（2）澳大利亚证券交易所：澳大利亚证券交易所与DAH（大新金融集团）合作开发了一个基于区块链技术的系统，用于替代澳大利亚证券交易所现行的清算系统CHESS，目的是提高证券结算的效率、降低系统运营成本和投资者交易成本。

（3）新加坡证券交易所：新加坡证券交易所参与了由新加坡金融管理局和新加坡银行业协会共同发起的金融科技项目Ubin，旨在探索利用分布式账册技术变革证券和支付的清结算处理基础设施。2020年7月，新加坡金融管理局宣布该项目的全部五个阶段顺利完成，成功验证了区块链用于跨境结算支付处理的可行性。

（4）香港交易所：香港交易所在其2018年发布的《金融科技的运用和监管框架》中分析了区块链在证券交易结算、私募股权和资产再抵押等三大业务上的应用。2020年，为满足国际机构投资者日益增长的陆股通交易需求，香港交易所基于智能合约开发了北向交易结算加速系统Synapse。

（5）上海证券交易所：上海证券交易所推出了"上证链"，这是一个基于"云链一体化"的区块链服务平台，提供一站式区块链服务，实现区块链网络的快速部署和业务模式的快速落地。该平台覆盖日志存证、信息披露监管、证券发行登记、清算结算等领域。

（二）保障证券业务安全连续

区块链技术运用去中心化的节点参与机制，依托强大的服务器构建稳固的点对点网络架构，实现证券业务安全连续。在区块链网络中，参与者之间无须彼此信任，不同的参与方被分配如"发行""投资""记账""监管"等权限，每个参与者都能依据自身的权限在网络中规范操作，并获取真实无篡改的数据，保障交易的公正性与安全性。所有证券业务数据均被记录在一系列通过密码学手段加密的数据块之中，确保信息安全。平台的运行并不会因个别节点的攻击而轻易崩溃，除非受到攻击的节点数量超过一定比例。然而，这样的攻击需要巨大的成本投入，理论上攻击者所能获得的利益将远远不及其所付出的代价，并且随着参与节点的增多，攻击成本也将随之增加。

（三）提高证券市场透明度

在区块链平台中，所有节点都可以参与系统信息录入和验证，每个参与节点都可以同步更新最新的总账本，因而减少了因信息流转时间差而产生的信息不对称问题，保证了金融市场中的参与者享有平等的数据来源和充分的知情权，解决证券领域底层资产不透明的痛点。此外，区块链技术通过时间戳精准记录交易的先后顺序，使每一笔资金和证券的流向都能追溯到源头，使交易变得公开透明，为监管机构提供了极大便利。

（四）化解证券交易风险

区块链技术运用电子签名，能准确验证不同结算参与者的身份，公钥和私钥确保所有交易记录都无法伪造，违法交易行为受到遏制，为各方提供了一个安全、可靠的交易环境。

此外，智能合约使证券交易和结算能够以高度自动化的形式进行，一旦证券交易达成，系统便能同步进行证券和资金的划转，确保交易的顺利进行；若交易未能成功，则证券和资金均不会进行划转。这种机制能够有效降低证券交易中的单方违约风险，为证券交易提供了更为安全可靠的保障。

四、区块链证券的应用案例

（一）纳斯达克私有股权管理平台

1.案例背景

私有股权是指各类非上市公司的股权份额，初创企业股权是私有股权市场的重要组成部分之一。作为监管较松的场外市场的一部分，私有股权交易及交易后处理服务发展相对滞后，股权融资和转手交易涉及很多基于人工和纸质文件的工作，例如企业股东名册需要企业主在纸质笔记本或电子表格上手工登记等。这样一方面效率低下，容易产生人为错误，难以留下审计痕迹；另一方面也无法高效准确地掌握企业股权分布情况。

基于全球资本日益青睐风险投资，初创企业股权市场对提高效率、降低成本的需求逐渐强烈。2015 年，美国知名证券交易所纳斯达克与区块链技术企业 Chain 联合发布私募股权交易平台 Linq。

2.案例内容

基于区块链技术的私募股权交易平台 Linq 采用私有链模式，股票发行者享有数字化所有权。出售私有股权的初创公司可以在系统上查看股份证书向投资者的发放情况、证书的有效性，以及其他信息如资产编号、每股价格等；还可以搜寻证书、查看最近的证书，或查看哪些投资者在企业内持有最多的股份等。

另外，区块链技术的应用能将股权交易结算时间缩短到 10 分钟，并能有效降低股权交易的结算风险。交易双方在线完成发行和申购材料，也能进一步简化文字工作，实现私募证券登记业务电子化、自动化，降低行政风险，减少内幕交易。

2015 年 12 月，区块链技术企业 Chain 成功使用 Linq 平台完成股份发行，成为 Linq平台上首只私募股票。

（二）"区块链 + 股权市场"国家区块链创新应用行业试点项目

1.案例背景及解决痛点

区域性股权市场作为我国多层次资本市场的重要组成部分和扶持中小微企业政策措施的综合运用平台，既是地方重要的金融基础设施，也是促进创新创业和经济转型升级的有力抓手。证监会积极贯彻落实党中央、国务院关于加快区域性股权市场创新发展的决策部署，对多层次资本市场体系作出系统布局，明确区域性股权市场功能定位和发展逻辑，以服务中小微企业为核心，围绕为企业提供综合服务、支持企业创新发展、培育企业规范上市三大功能，加强央地协同，形成持续发现、服务和培育优质企业的良性机制和市场生态。同时，中国证监会办公厅、工业和信息化部办公厅印发《关于高质量建设区域性股权市场"专精特新"专板的指导意见》，对提升多层次资本市场服务专精特新中小企业能力、构建新发展格局、实现经济高质量发展提供有力支撑。

区域性股权市场"一省一市场"的格局，存在着市场规范性不高、数据质量较差、缺乏市场联通等问题，既无法充分利用政策优势，也不能很好地服务中小企业，同时监管层面很难实现穿透式监管。通过构建"中央监管链—地方业务链"双层链金融基础设施,区域性股权市场逐步建立起穿透式监管能力和互联互通发展的服务生态。中央监管链跨链对接地方业务链,制定跨链技术、数据、安全等方面标准,提升地方业务链科技建设和治理水平。同时,中央监管链为地方业务链赋能,提高地方业务链的可信水平,提供跨区域服务和跨市场对接服务。各区域性股权市场在地方业务链的基础上积极开展创新探索,在企业培育、融资服务、股权服务等方面形成了多个有地方特色的业务场景,整体在双层链架构下实现了从中央监管到基础设施支撑再到地方创新探索的良好生态。

2. 案例内容

(1)搭建"中央监管链—地方业务链"双层链金融基础设施。

中央监管链通过跨链机制实现全局范围的逻辑统一,构建全局账本,面向全市场实现统一标准、统一账户、统一身份和统一登记,促进市场高质量、高水平发展。一是中央监管链构建非侵入式通用跨链中台,主动适配地方异构链。二是构建通用跨链互操作体系,支持链上链下全方位互联互通。三是基于区块链构建全领域业务数据模型,实现全生命周期业务状态管理。四是实现可扩展的链外一体化数据存储和自主可控数据授权保护使用。"中央监管链—地方业务链"双层链金融基础设施如图 5-2 所示。

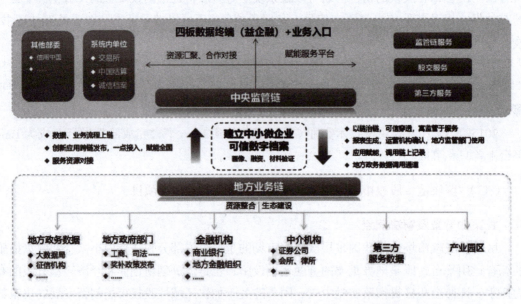

图 5-2 "中央监管链—地方业务链"双层链金融基础设施

(2)搭建赋能服务平台,丰富链上应用。

基于"中央监管链—地方业务链"双层链金融基础设施,证监会建设了赋能服务平台,鼓励各区域性股权市场将其特色服务和创新成果发布,通过跨链方式共享给其他区域性股权市场,实现新型跨链可信服务市场,形成"一点接入,赋能全国"的应用创新模式。赋能服务平台如图 5-3 所示。

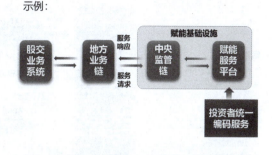

示例：

图 5-3　赋能服务平台

（3）新三板转板数据验证，为多层次资本市场互联互通奠定基础。

基于"中央监管链—地方业务链"双层链金融基础设施和数字化可信体系建设，浙江、江苏、广东、江西、青岛等多个区域性股权市场的地方业务链已与省大数据局、征信公司等进行了系统对接，在企业授权情况下，证监会能够通过地方业务链调用地方政府涉企数据或征信数据，对新三板挂牌材料进行交叉验证。这是实现多层次资本市场数据信息联通的重要一环，既可以提高新三板挂牌企业的信息真实性和挂牌效率，从源头上提高公司质量，减少财务造假、"带病闯关"等问题，也有利于健全完善多层次资本市场有序衔接，进而推动国家数据要素改革和政企数据互通，提高数据生产力对于经济高质量发展和转型的促进作用。

（4）业务合约跨链穿透，提升地方业务规范化水平。

通过设计开发业务智能合约模板，推动山西、河北、甘肃、天津等试点区域性股权市场按照智能合约模板要求完成登记托管、股权和债权融资等业务的链上合约化改造，并保证中央监管链对业务执行过程的穿透。充分发挥区块链数据公开透明、链上记录不易篡改的特点，对业务办理的全流程进行链上存证，提升业务合规性和公信力。地方业务合约跨链穿透如图 5-4 所示。

（5）构建企业数字档案，为企业培育沉淀数据基础。

通过多维度企业数字档案模型建设，形成包含区域性股权市场沉淀企业信息、通过服务及调研走访积累的信息、涉企政务信息及第三方数据等信息在内的企业数字档案，以便更好地对企业进行信用评价和实现惠企政策实施效果追踪，同时促进私募投融资对接，降低投资机构尽调成本，并探索开发交叉验证模型，利用企业数字档案和地方政务数据，对拟上市公司辅导情况、新三板挂牌材料和信披材料的真实性、准确性进行验，为资本市场发行审核提供可信数据参考。企业数字档案及应用场景如图 5-5 所示。

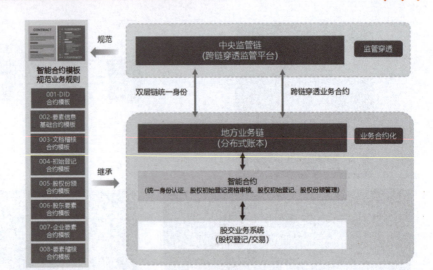

图 5-4　地方业务合约跨链穿透

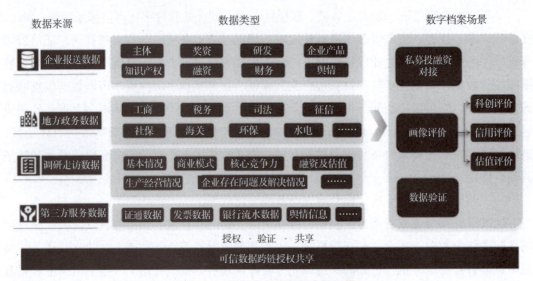

图 5-5　企业数字档案及应用场景

（6）基于双层链架构打造的深证通一体化服务基础设施。

基于"中央监管链—地方业务链"双层链金融基础设施，深圳证券通信有限公司通过区块链技术在各地方业务链上建设了区域股权综合金融服务平台——股交通，根据区域性股权市场业务特点重新设计业务流程并与底层区块链一体化融合，以 SaaS 化的模式向各运营机构提供标准化登记、交易、信息披露等服务，为市场提供基础设施支持。整个平台基于深证金融区块链平台为各地搭建地方业务链，各业务链彼此之间物理隔离，账本独立共识；业务办理核心数据通过智能合约上链，同时与中央监管链对接，业务数据实时上链同步，业务办理全过程进行区块链存证，过程可追溯。

在此基础上，为了打通各市场之间的数据壁垒，促进投资者、服务机构等资源要素的跨区域流通，平台还在基于中央监管链和证券期货业监管大数据仓库建设了"益企融"平台。益企融基于中央监管链获取全市场可信数据，将企业、区域性股权市场、中介机构、投融资信息进行统一发布，同时基于赋能服务平台的投资者统一身份认证服务为市场提供投资者跨地区互认以及权益统一查询服务，在发挥信息集中效应的同时打通各市场间壁垒，提升市场活力。

3. 案例价值与成效

（1）建设可信共享体系，提高存证效力，确保数据安全隐私。上海股权托管交易中心与上海市联合征信有限公司合作首创区域性股权市场基于区块链的分布式数字身份（Decentralized Identity，DID）系统，并引入企业征信服务。DID 系统基于区块链技术的点对点分布式协作特质，支持通过"中央监管链—地方业务链"双层链金融基础设施，构建身份自主可控、数据可信交换的新型数字信任体系，从而创造性地解决跨机构、跨行业身份认证的数据孤岛问题。

（2）推动地方资源整合，赋能高质量发展。截至目前，24 个地区政府共发布 78 项支持政策文件，打通地方 19 类政府部门的数据及 11 类第三方数据，地方企业培育生态初步形成。

（3）加强数据治理，提升市场规范水平。中央监管链技术上已实现业务过程跨链穿透，基于双层链可信数据设计了多维度监管报表，累计查询 4 万余次。数据治理工作统一了市场数据统计口径和标准，实现以链治链和穿透核查验证的目标。

（4）加强创新应用服务建设，推动市场转型。江西、江苏、浙江、山东等区域性股权市场已围绕中小微企业建设企业画像，实现企业精准定位。青岛建立基于链的"政府＋法院＋股交"的联通系统，实现地方股权司法查控全线上办理。湖南联合地方政府部门、监管单位、金融机构打造"湘股交链"综合服务平台。

（5）提升市场综合服务能力和公信力，为市场联通打下坚实基础。目前，基于中央监管链的全国统一登记基本完成，投资者统一编码服务已接入 32 家，累积赋码 304 万户，为市场联通奠定坚实基础。此外，区域性股权市场与新三板的制度型对接安排已落地，正在探索开展地方政务数据交叉验证工作，同时正在推进与中国证券登记结算建立对接机制。

（三）江苏区域性股权市场区块链试点项目

1. 案例背景及解决痛点

2020 年 7 月 7 日，中国证监会发布《关于原则同意北京、上海、江苏、浙江、深圳等 5 家区域性股权市场开展区块链建设试点工作的函》，原则同意了江苏省区域性股权市场参与区块链建设试点工作。

区域性股权市场作为多层次资本市场的塔基，是国家性战略新兴产业壮大的重要培育平台，是高质量公司聚集地和蓄水池。经过近几年的发展，区域性股权市场在规范培育企业发展、拓宽中小微企业的直接融资渠道方面发挥了重要作用，但也存在一些问题，如市场分散，企业数据不透明、不可信，难以监管，机构对企业不信任等。为解决或缓解上述问题，江苏股权交易中心牵头搭建了江苏省区域性股权市场区块链试点平台，汇集基础信息、政务、经营发展数据等，运用区块链等技术解决联盟生态接入、数据信任问题，目前已汇聚服务企业工商基础数据、股权信息、经营异常、失信、司法、专利和评级数据，形成数字档案，构建了基于区块链的企业数据可信体系，助力企业培育和发展跟踪，建立机构、企业间信任纽带。试点平台按照证监会监管链数据模型实现数据统计、稽核规则分析和监管报送等功能，完成主体、信披和监管等 9 大类数据上链，助力提升监管效能。

2. 案例内容

江苏省区域性股权市场区块链试点平台业务流程上链展示如图 5-6 所示。江苏省区域性股权市场区块链试点平台可实现以下功能。

（1）利用区块链不易篡改等技术特征推动与市场监督、法院、税务等部门的数据联通，运用区块链等技术建立信息共享、隐私保护和互信机制，搭建中小企业信息管理平台，通过有效的数据共享、数据汇聚融合，形成企业画像，对企业进行标签化管理，为企业提供有针对性的服务，改善服务的深度和广度。

（2）拓展区域内银行、投资/服务机构，打造基于区块链的区域性股权市场投融资可信生态体系，解决或缓解企业数据汇聚和互信、服务生态建立、融资难融资贵等痛点。

（3）试点项目助力提升监管效能，借助区块链技术，可促进区域性股权市场形成有效统一，推动场外市场建立统一的信息报送标准、穿透式监管标准等系列标准的行为和规范。在监管报送时，通过地方股交中心区块链系统直接对接证监会监管链的形式，完成跨链的互联互通，共同提升地方业务链的科技与业务治理水平，寓监管于服务。

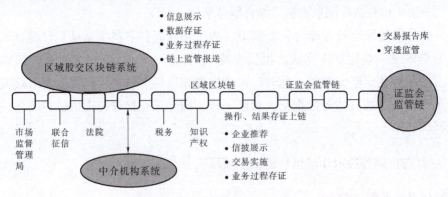

图 5-6 江苏省区域性股权市场区块链试点平台业务流程上链展示

主要业务场景如下：

（1）江苏区域性股权市场已实现挂牌展示业务、托管业务上链，并在企业进行挂牌展示业务过程中链上自动获取工商基本信息，提高了数据准确性。

（2）江苏股交运用注册制吻合指数、科创属性评级工具对 1 万多家挂牌展示企业进行了评测，汇聚数据辅助入板审核、企业分层、服务对接。

（3）通过链上存证，打造可信投融资生态。江苏股交与证监会赋能服务平台、深证通 V-Next 平台对接，为企业提供路演服务。

（4）已在项目储备方面和系统建设方面做好前期准备工作，提前开发了基于区块链的私募基金项目包括转让意向申报、双层披露、行情展示、协议成交等功能。

（5）江苏区域性股权市场区块链系统实现了与证监会监管链跨链联通，与监管链报表平台成功对接，江苏区域性股权市场统计数据按时通过区块链平台跨链报送。

3. 案例价值与成效

（1）积极争取政策支持，吸引高质量企业进场。江苏省政府将区块链试点列入江苏省数字经济发展三年行动计划，江苏财政厅出台了普惠金融发展专项支持政策，政策落地和实施提升了企业入场积极性。区块链服务平台在江北新区已汇集上链政策 30 多条；企业申报后，财政部门在链上查看企业申报信息、链上数据和企业画像。平台上的企业已超过 15 000 家，相较试点前增长了约 50%，吸引 5 692 家高新技术企业进场，试点成效凸显。

（2）实现数据互联互通，把好企业入场审核关。企业仅需输入企业名称或统一社会信用代码，便自动调用企业工商信息回填，减少了 28 个字段手工填报，提升了信息填报效率。通过企业名称和统一社会信用代码查询企业政务、征信信息，核实企业违规、涉诉等情况，加强企业风险监测。

（3）研制和落地数字化评价工具，推动多场景运用。江苏股交研发和使用注册制吻合指数测算了 9 701 家挂牌展示企业，运用科创评价服务等工具对企业"把脉问诊"，帮助江苏天辰智能装备有限公司获得专属信贷产品 500 万元；通过走访南京超旭节能科技有限公司，链上出具企业科创属性报告，成功协助企业获得银行 1 000 万元资金支持。目前已测算服务了 1 093 家科创型企业，合作银行参考评测结果为 368 家企业提供授信逾 16 亿元。

模块二　区块链在保险业中的应用

案例引入

基于区块链的商保"零感知理赔"服务

2023 年 7 月，杭州市民朱女士成为浙江大学医学院附属邵逸夫医院（下称浙大邵逸夫医院）区块链商保"零感知理赔"服务首批受惠患者。"叮咚"，随着手机短信提示音响起，朱女士惊喜地发现，她刚办理好浙大邵逸夫医院的出院手续，还未出院门，一笔 13 000 多元的保险赔付款就打到她的银行卡中了，她不需要在医院和保险公司之间来回跑了。

这种快速理赔的实现，得益于浙大邵逸夫医院在全国率先开展的基于区块链的商保"零感知理赔"服务。过去，商保理赔由于环节多、理赔周期长的问题一直备受诟病，如今通过区块链技术，商保理赔可实现"一站式"服务，患者无须理赔报案、无须提交材料，就医时系统自动报案，理赔从申请到结算全程在线完成，就医完成后理赔即刻到账。

该项服务依托浙大邵逸夫医院的电子病历医疗链应用与行业性区块链底层技术平台——"保交链"，医院与保险公司以"节点"形式接入区块链中，在获得合法授权的前提下，对患者的身份信息、医疗记录、交易信息进行实时加密互信验证，实现相关数据信息的安全存储和传输，信息调阅行为上链全程留痕可追溯，采用分布式账本记录保单信息、医疗费用信息，确保信息不可篡改。在患者就医的同时，通过智能合约，实现医疗费用全程在线自动理算，真正实现"零材料、零跑腿、零等待、零感知"商保理赔到账。

党的二十大报告提出，增进民生福祉，提高人民生活品质，推进健康中国建设，促进医保、医疗、医药协同发展和治理。基于区块链开展商保"零感知理赔"服务，有助于医院、医保和保险公司构建全新的数据共享信任机制，优化服务流程，提高保障效率，减轻患者负担，彰显民生福祉。同时，它也将在"医疗—医药—医保"三医联动中发挥重要作用，助力完善多层次社会医疗保障体系。

思考： 你体验过区块链保险理赔吗？传统保险业务有哪些痛点？

随着经济的发展和民众生活水平的提高，我国保险业显示出巨大的市场发展潜力。从保费收入规模看，2022年，我国保险保费收入达6 978.06亿美元，占全球保费收入的10.3%，位列全球第二；从保险密度看，2022年我国保险密度为489美元，低于全球平均水平（853美元）；从保险深度看，2022年我国保险深度为3.9%，低于全球平均水平（6.8%）。这都体现出我国保险业仍具有广阔的提升空间。

随着现代移动互联技术的进步，保险作为重要的金融服务行业之一，在成本与效率、信息安全等方面还应优化。将区块链中的共识机制、智能合约、分布式账本等技术应用于保险领域，可以加快保险合同的履行，提高保险公司赔付精准度和资金配置效率，促进保险产品研发，有利于充分建立保险互信，塑造安全、公开、普惠的保险形象。麦肯锡研究报告显示，保险业在各行业区块链应用场景中占比22%，位居第一。

一、保险公司主要业务流程

保险是指投保人根据合同约定，向保险人支付保险费，保险人对于因合同约定的可能发生的事故所造成的财产损失承担赔偿保险金责任，或者被保险人死亡、伤残、疾病或达到合同约定的年龄、期限等条件时承担给付保险金责任的商业保险行为。保险公司主要业务流程如图5-7所示。

图5-7　保险公司主要业务流程

（一）保险产品开发定价

保险产品开发是指保险公司基于自身发展需要和保险市场的实际需求及其变化状况，创造新的保险产品或对现有产品进行改良、组合的过程或行为。其中往往包括保险产品设计、保费率厘定、保险期限及赔付方式确定等多个环节。

（二）保险产品营销

保险产品营销是指保险公司以保险这一特殊商品为客体，以消费者对这一特殊商品的需求为导向，通过一系列策略和活动，将保险商品转移给消费者，以满足其转嫁风险的需求，并实现保险公司长远经营目标的过程。这个过程主要涵盖市场调研、与客户接触、销售谈判、确定保险方案、成交签约等多个环节。

（三）保险承保

保险承保是保险人对愿意购买保险的单位或个人（即投保人）所提出的投保申请进行审核，作出是否同意接受和如何接受的决定过程。它主要包括核保、作出承保决策、缮制单证、复核签章、收取保费等环节。

（四）保险资金运用

保险资金运用是保险企业在经营过程中，将积聚的各种保险资金部分用于投资或融资，使资金增值的活动，其主要目的是盈利。

（五）保险理赔

当承保的保险事故发生后，保险单受益人提出索赔申请，保险公司会根据保险合同的规定，对事故的原因和损失情况进行深入调查，并在确认无误后进行赔偿。

二、传统保险业务的痛点

（一）业务效率问题

微课：
传统保险业务的
痛点

传统的保险业务，由于承保和理赔的流程烦琐、耗时较长、效率低下，严重影响用户体验。

对于保险承保，以汽车保险为例，主要包括以下环节：①投保人向保险公司提交车险申请；②保险公司对投保人提交的资料进行审核；③保险公司核实车辆信息的真实性和准确性；④保险公司根据审核结果和风险评估结果，决定是否接受投保；⑤保险公司将核保结果通知投保人；⑥签发保单并收取保费；⑦承保中心数据归档。

对于保险理赔，以汽车保险为例，汽车保险理赔流程如图5-8所示，主要包括以下环节：①车主及时向保险公司报告事故或损失；②保险公司进行查勘和定损，评估车辆损失程度并确定修理方案和费用；③保险公司审核车主递交的索赔单证；④保险公司对赔案进行审查核定；⑤赔案经过编号后，保险公司会将赔款支付给被保险人。

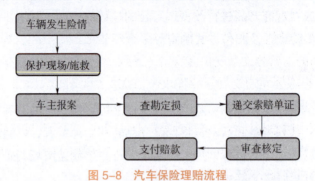

图 5-8　汽车保险理赔流程

一般情况下，由于以上承保和理赔环节基本是人工实现的，因此工作人员在收集信息和审核单证的过程中，不仅效率低下，还容易出现操作失误。

（二）信息不对称问题

传统保险业务，由于长期的信息不对称，导致出现以下三个问题。

1. 欺诈比例高

保险欺诈不仅侵蚀保险公司利润，还损害其他保险客户的合法权益。保险欺诈主要包括故意虚构保险标的、编造未曾发生的保险事故、编造虚假的事故原因或者夸大损失程度、故意造成保险事故等。根据国际保险监督者协会的测算，全球每年有 20%~30% 的保险赔款涉嫌保险欺诈，损失金额约 800 亿美元，且作案人员专业化、团伙化，手段智能化，资金巨额化等特征明显，反保险欺诈形势严峻。其中，车险是保险欺诈的重灾区，在保险欺诈中占比高达80%，保险公司每年都需要投入大量的资源用于保险反欺诈工作，但成本高、效率低、收效差。

欺诈比例高的原因主要在于保险企业在承保和理赔过程中，由于缺乏数据，往往需要向第三方机构获取信息。以健康险为例，一个投保人在购买健康险时，保险公司需要调查投保人的社保记录、医疗记录等数据以对投保人的真实情况进行评估，而这些信息分布在医院和其他保险企业等不同的数据库中，因此保险企业需要接入医院系统、人工检索医疗数据或向第三方数据机构购买信息，工作量大，运营成本高，且无法保证数据的真实和完整。

2. 风险定价难以实现

传统保险产品的开发和定价主要依赖大数定律，通过模型精算得到合理定价。但由于传统保险企业掌握的数据有限，数据类型和数据样本差异巨大且缺乏更新反馈，往往无法满足保险产品精准定价和快速开发的需求。若保险产品不能根据每个投保人的风险水平进行精准定价，将降低投保人保险购买意愿。

3. 客户合法权益难以保障

客户在面临理赔流程时，由于缺乏相关保险知识，即使对保险条款和处理结果存在疑虑，也难以对保险公司的处理结果进行有效质疑，在维权过程中处于弱势地位，难以保障自身合法权益。

（三）信息安全问题

无论是对保险公司还是对投保人来说，信息安全都是亟需重视的问题，直接影响保险业声誉。投保方信息一般都归保险公司所有，保险业掌握着大量的投保方信息，一旦遭受黑客攻击，则会导致大量信息丢失，使保险业声誉和企业品牌形象受损。例如，2021年法国安盛保险在亚洲的运营分支遭受黑客攻击，导致企业和个人用户数据泄露；2021年美国保险业巨头CNA金融公司遭受勒索软件攻击；2024年美国联合健康保险旗下技术部门遭到黑客攻击，波及连锁和独立药店，使业务运营中断。在我国，目前互联网保险信息泄露问题比较严重，原中国银行保险监督管理委员会发布的《关于开展互联网保险乱象专项整治工作的通知》也提出重点整治互联网保险中用户信息泄露问题。基于此，解决信息安全问题已成为确保公司利益不受侵犯的当务之急。

（四）中介渠道问题

传统的保险业务非常依赖中介机构与中介人参与。我国的保险渠道主要有直销渠道、代理人渠道、银保渠道、互联网销售渠道、电销渠道和团险渠道等。近几年，在代理人改革的大背景下，银保渠道重新占据重要地位。相关数据显示，2022年我国银保渠道保费收入占寿险保费收入比例接近50%，银保渠道成为保险公司的支柱渠道。然而，有保险公司为了获取银行的代销名额，给予银行高额手续费甚至额外给银行柜台人员或客户经理销售激励或者回扣，导致银保渠道手续费过高，不仅造成保险公司极大的经营压力，而且引发了市场乱象。针对保险公司以高手续费换取保费规模的问题，2023年国家金融监督管理总局向多家保险公司下发《关于规范银行代理渠道保险产品的通知》，对银保业务手续费等问题进行规范，其中要求保险公司细化完善费用结构，列示佣金上限，而且报给国家金融监督管理总局手续费用的取值范围和使用规则需要跟实际使用保持一致。

基于以上存在的痛点，传统保险业务亟须应用新技术来优化业务流程，提升服务质量和效率，增强市场竞争力，推动行业的转型升级。

三、区块链技术优化保险业务

（一）区块链的去中心化特征提升保险业务效率

区块链技术的去中心化特征，使保险企业在销售、承保、理赔等关键业务环节不再依赖中心化的中介机构，有利于简化业务流程。智能合约的使用，有助于实现关键业务环节的自动化，降低运营成本。

微课：
区块链技术优化
保险业务

在保险销售环节，区块链技术的应用可以使客户在自助销售平台上购买所需产品，不再需要层层上报，实现保险认购去中介化。在保险承保环节，投保人的投保申请将直接发送到区块链平台，平台根据区块链上分布储存的信息判断投保人是否符合投保要求，缩短以往人工传送、受理、审核、反馈等的复杂流程。在保险理赔环节，保险公司与投保人建立的保险合同以智能合约的形式上传到区块链中并预设触发机制，发生相对应的事件就可以自动获得理赔，不再需要理赔专员审查每项索偿，赔付过程的自动化大大缩短了保险公司的赔付时间，提升了赔付效率，减少了人为操作失误。以车险理赔为例，将车辆行车传感记录仪记录的信息通过车联网技术保存在区块链平台中，上传的记录不可篡改。若发生交通事故，车辆数据实时提交给事故认证平台，核验后马上发放理赔款。根据 IT Services Group 的研究，在汽车保险行业，保险公司使用智能合约，可以减少约 13% 的运营和理赔处理费用。2023 年我国汽车保险保费大约为 9 000 亿元，即使按照 10% 计算，减少的费用也达到了 900 亿元。

（二）区块链透明可信特征缓解信息不对称

区块链是一个多方参与的分布式账本，将区块链技术运用于保险业务，一方面，投保方信息变得公开透明，保险公司可以随时查询和追踪这些信息，在保证信息安全的前提下降低保险勘察难度；另一方面，投保人作为节点也可以实时知悉保险核保与理赔流程，提升投保人对保险行业的信任度，塑造公开透明的保险新形象。

以车险为例，将车主、保险公司、修车厂、交通管理部门等作为节点公平参与到区块链平台中，构建一个车辆信息共享平台，实现车险相关信息的准确查询与真实验证。在车辆损坏后，修理厂会将定损结果以文字和图片信息的形式上传到区块链平台，保险公司和用户都可以查阅和监督。若修理厂夸大定损结果，这一结果将成为骗保的证据。此外，定损后汽车在修理过程中，若需要更换配件，车辆配件制造商已提前将配件防伪信息上传到区块链，保险公司和用户都可以查证、溯源，确保配件质量，杜绝以次充好现象。此外，通过区块链平台，节点数据上链可以实现行业内和相关行业的互联互通，共享重复投保、重复理赔等风控信息，提高保险企业精准定价和风控能力。

（三）区块链不可篡改特征保障数据安全

区块链数据结构、分布式储存机制、加密算法等技术保证了数据不可篡改。只要投保方向保险公司投保并确认，保险合同会按时间顺序记录在区块链中，一旦确认就无法更改，授权方需要使用密钥访问合同内容和用户私人数据，保证数据不会被窃取和违规使用。此外，由于区块链的分布式存储机制，这份保险合同的数据不仅存储在保险公司的服务器上，还分布在网络中的多个节点上。这意味着即使保险公司的服务器受到攻击或出现故障，其他节点上的数据副本仍然可以保持完整，确保数据的可用性。

（四）区块链技术为保险创新提供可能

区块链技术应用于保险行业，能够为行业注入新的生命力，为保险创新提供更多可能。例如区块链平台的信息共享，使用户信息、保单信息、理赔案件等能够通过区块链永久储存起来，产品开发和定价人员能够根据这些数据进行全面风险评估，更好地开发客户需要的产品，实现精准定价，实现产品创新。

此外，智能合约的应用，也使保险理赔机制得到创新。以寿险为例，大部分寿险公司的终身寿险合同中包含责任免除条款，其中规定，客户若进入战争、军事冲突、暴乱或武装叛乱地区导致被保险人身故或身体高度残疾，保险合同终止。但在目前技术下，保险公司无法完全了解客户是否曾进入战争、暴乱等合同中规定的区域。若将区块链技术运用于保险行业，保险公司将客户信息上传到区块链后，地理位置定位功能会随时记录用户位置并上链，用户一旦进入战争区域，保险合同根据免责条款自动终止。这一创新不仅降低了保险公司的理赔风险，还提升了客户体验和信任度，为保险行业带来了更高效、透明和可靠的服务。

区块链作为解决保险创新"最后一公里"问题的关键技术和工具，在未来必须加大研究和开发投入，但也需要意识到，区块链与任何一种技术一样，都不是万能的，应选择最契合区块链技术逻辑的典型场景加以应用，并与其他相关技术（如大数据、物联网、生物识别、智能终端等）密切结合，解决行业痛点，致力于利用区块链为行业实际取得实质性突破，孕育全新商业模式。

四、区块链保险的应用案例

（一）"蚂蚁金服"保险理赔

1. 案例背景

长期以来，健康保险理赔存在资料审核复杂、理赔流程烦琐等痛点。患者即使在就医时通过电子钱包完成支付，也仍然需要提交许多纸质理赔材料，与理赔专员见面，或前往保险公司在当地的线下门店，并至少等待 10 个工作日才能获得赔款。健康保险理赔耗时长，给患者带来极大不便，基于此，蚂蚁金服于 2018 年年末推出了一个基于区块链的票据系统，极大地提升了理赔效率。

2. 案例内容及成效

在该系统中，医院、蚂蚁服务后端、保险公司等利益相关方都以"共识节点"的形式接入区块链中，即时同步数据和信息流。共识节点的设计旨在确保多个参与方在网络中的高可靠性，即网络中的基本分布式"单元"，并遵照特定的协议或算法达成一致（或共识）。只要支持区块链的基础设施（即信号基站、Wi-Fi 带宽、LaaS 云配置等）运行良好，就可以在几秒钟内完成保险理赔的处理和验证。蚂蚁金服理赔流程如图 5-9 所示。

当患者前往医院时，只需携带已安装支付宝应用的智能手机。一旦患者完成治疗并付款，医院就会将电子发票开具至支付宝平台上的"发票管家"小程序，供患者即时查看。只需同意保险条款和条件，理赔流程就会自动启动，患者将在约 5 秒内收到报销款项。

从医院的角度来看，防篡改的发票可以直接在区块链上生成并发布，无须担心验证过程是否可靠。验证结果可被支付宝接收，并供其他共识节点进行信息同步。

从蚂蚁区块链的角度来看，这就像一个链上客观中立的第三方，负责验证及同步必要的数据信息，连接重要的利益相关方。依赖于区块链本身不可篡改、可存证、可信流转的机制，蚂蚁区块链可充分消除该生态内其他参与方的信任顾虑。对于蚂蚁金服之外的各参与方来说，医疗票据流通过程中由于不信任而产生的交易摩擦、时间和人力成本得以充分降低，生态系统的多样性也将大大丰富。

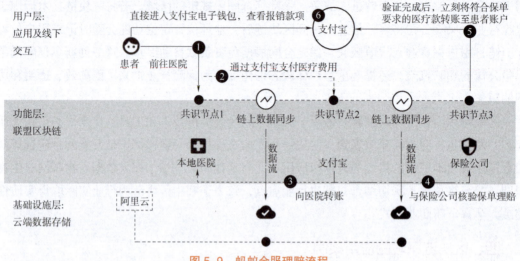

用户层：
应用及线下
交互

功能层：
联盟区块链

基础设施层：
云端数据存储

图 5-9　蚂蚁金服理赔流程

从保险公司的角度来看，发票在生成时就运用区块链进行跟踪同步，用高效的自动化识别技术替代烦琐的核验流程。这样就可以从源头杜绝超标理赔、虚假理赔、发票欺诈等问题。只需等待患者同意和系统响应，即可立即进行理赔资金划拨。

（二）全球首个航运保险区块链平台 Insurwave

1. 案例背景

航运保险在保险业务中占据着重要地位。航运保险生态链较为复杂，往往涉及跨国业务。由于参与方众多，导致信息传输用时较久、各类文件和复印件繁多、交易量大、对账困难。例如，航运保险需要将所有纸质合同从一个港口运送到下一个港口，通过审核后签署。这些业务特性均可能导致数据透明度降低，加大合规与精准风险敞口管理的难度。

针对航运业务面临的痛点，安永会计师事务所与区块链专业公司 Guardtime 创建航运保险区块链平台 Insurwave。Insurwave 是全球首个航运保险区块链平台。

2. 案例内容及成效

Insurwave 航运保险区块链平台旨在为航运保险业提供端到端的各项工作提供便利。该平台将保险客户、保险经纪、保险公司和第三方机构通过分布式分类账户相连。分布式分类账户不仅包含了客户信息、风险类别和风险敞口等，也包含了保险合同相关信息。区块链平台功能包括：创建并维护源自多方的资产数据；将数据与保险合同相关联；接收信息，并就对定价或业务流程产生影响的信息作出响应；联结客户资产、交易和支付信息；获取并验证最新的客户通知和损失数据。

这一平台体现了保险科技在转变与提高保险公司运营效率和风险管控水平、减少成本、改善用户体验方面的巨大潜力。保险公司可以利用这一区块链平台，提高数据透明度、减少手动数据输入、降低对账难度及行政成本，以提高效率、增加利润。

（三）中国人寿寿险再保险交易平台

1. 案例背景

再保险，又被称为"保险的保险"，是保险公司把自身承担的风险部分或全部转嫁给其他保险公司，以达到分散风险、稳定经营的目的。对保险企业而言，是为防止因同一类风险的集中突发而产生很大的资金风险。再保险企业会为保险企业提供保险，为保险企业分担潜在的风险。

传统的再保险交易中存在诸多痛点。一是在交易过程中，再保险交易原始保单数据及理赔数据由直保公司掌握，再保险机构很难获取再保险合同中的逐单信息，交易双方信息不对称，存在道德风险。二是目前再保险合同签订多为邮件往来，高度依赖人工反复沟通协调，交易多为手工统计，存在操作风险。三是再保险理赔涉及的客户、经纪人、再保公司的数据流量很大，核对流程复杂，索赔处理漫长，交易成本高。

面对以上痛点，2022 年中国人寿寿险公司联合中国人寿再保险有限责任公司共同搭建了再保险交易平台，全力助推公司再保险业务数字化转型。2022 年 4 月 24 日，已完成首单个单临分签约，这也是中国人寿寿险公司首次以区块链技术应用为载体，与再保公司进行的个人临分申请、询价、报价及承保等业务全流程操作。

2. 案例内容及成效

再保险区块链的定位是联盟链，可运用于财产险合约再保险、财产险临分再保险、人身险合约再保险、人身险临分再保险和转分保等业务场景，以下以个单临分交易场景为例。

在平台内，直保公司可以直接发布再保险需求，再保公司直接在交易平台上进行内部核保流程，从发布需求到协商过程中所涉及的数据、文件、信息和邮件等都会加盖时间戳，自动记录到公有账本中，核保完成后自动回复直保公司核保意见。再保险区块链具有以下优点。

（1）流程节点更清晰，沟通更高效。上链前，个单临分公司与外部交易进程无法及时掌握，而通过区块链技术，各流程节点展现清晰，如果临分申请单内容有所修改，相关方立即可见，分公司也可实时了解处理进度，方便就临分单内容及时沟通，使处理更加高效。

（2）沟通过程可回溯，处理更透明。上链前，直保公司与再保公司间的沟通信息记录无法进行完整保存。通过区块链技术，直保公司与再保公司可在区块链上及时进行沟通，且沟通过程可回溯、可查询，相关记录得以完整保存，使处理流程更加清晰、透明。

（3）数据资料可加密，信息更安全。上链前，资料传输及交易结果主要依赖手工处理。上链后，资料分类传输，通过区块链获取及发送。区块链是共享的分布式账本，可进行数据加密，交易外机构无法识别，且可以避免单点或局部崩溃导致数据损坏，也可防止数据被篡改，从而保护客户信息，进一步提升再保数据的安全性。上链前示意如图 5-10 所示。

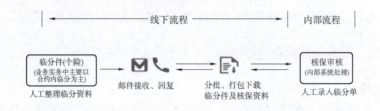

 临分报送时效慢、跟踪难，资料处理烦琐，格式不规范，手工录入系统

图 5-10　上链前示意

（4）业务资料规范化，流程更标准。上链前，业务资料的规范程度有待提升。上链后，临分单、投保资料等更为规范，可以降低直保公司与再保公司的沟通成本，减少沟通流程，进一步推进个单临分交易的标准化与规范化。上链后示意如图 5-11 所示。

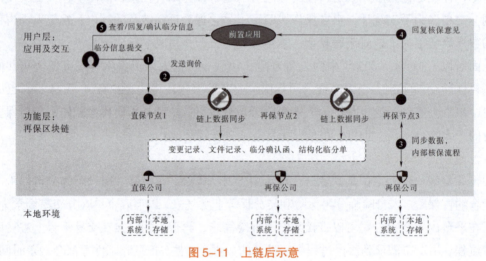

图 5-11　上链后示意

（来源：新华财经，人身险再保险区块链技术发展与未来展望 .2022-05-17.）

 **直通大赛**

> **"一带一路"暨金砖国家技能发展与技术创新大赛**
> **"数字金融应用"赛项（二）**
>
> **赛项内容介绍**
>
> 　2024 年高职组竞赛内容包括金融职业素养竞赛单元（占总比分 40%）、金融综合技能竞赛单元（占总比分 26.67%）和数字金融业务竞赛单元（占总比分 33.33%）三部分。其中金融职业素养包括业务素养模块与职业技能模块，职业技能模块包含字符录入、货币防伪与鉴别部分。
>
> 　1. 金融职业素养竞赛单元（1 200 分）：本模块考核选手对大数据、人工智能、区块链等信息技术的应用和金融专业知识的掌握情况，以及对金融基本操作技能的掌握情况。金融职业素养包括"业务素养"和"职业技能"。"业务素养"内容主要括金融业务

基础知识、金融业务法律基础、金融从业人员职业行为准则、金融科技基础知识等，涵盖业务操作相关的基础知识。"职业技能"主要包括字符录入、货币防伪与鉴别部分。本竞赛单元由参赛选手独立完成。

本单元比赛时长65分钟（含单项间隔时间）。其中"业务素养"竞赛单元时长30分钟，"职业技能"竞赛单元每单项时长10分钟。

2. 金融综合技能竞赛单元（800分）：本模块主要考核选手在数字货币、普惠金融、绿色金融等智慧金融背景下银行、证券、保险等金融业务处理技能，本竞赛单元分岗位操作，主要包括大堂经理岗、综合柜台岗、客户经理岗、理财经理岗等。参赛选手赛前自由分配岗位且竞赛选手需独立完成竞赛任务。

本单元比赛时长120分钟，由团队4位选手分工协作完成，选手岗位在赛前由团队自由分配。

3. 数字金融业务竞赛单元（1 000分）：本模块竞赛内容根据不同金融科技应用场景的工作岗位设计竞赛任务。针对每个竞赛单元参赛选手需要分别担任不同角色，以团队成员分工协作方式共同完成，主要考核参赛选手对数字金融业务场景的专业技能掌握情况。包含大数据金融业务、区块链金融业务、支付业务数字化、银行业务数字化、证券业务数字化、保险业务数字化、金融科技业务创新、数字金融业务监管等方面专业技能掌握情况。本竞赛单元要求参赛选手分别担任团队角色（选手可自由分配任务角色）。

本单元比赛时长180分钟，由团队4位选手合作完成。

 素养园地

《保险科技"十四五"发展规划》解读

2021年中国保险行业协会发布《保险科技"十四五"发展规划》，这是保险行业首次发布保险科技领域中长期专项规划，首次形成保险科技的指标体系。

《保险科技"十四五"发展规划》提出保险科技"十四五"发展目标：到2025年，我国保险科技发展机制进一步完善，保险与科技深度融合、协调发展，保险科技应用成效显著，我国保险科技发展居于国际领先水平。具体来看，要进一步加大保险科技投入，推动实现行业平均保险信息技术投入占营业收入比率超过1%。其中，大中型保险公司保险信息技术投入占比超过1%，小微型保险公司占比超过1.8%。优化组织架构和人才队伍，推动行业信息科技人员数量占正式从业人员数量比率超过5%。要实现以上目标，需要分步具体落实。

首先，需要保障数字化转型投入。加大对云计算、大数据、人工智能、区块链等数字技术在保险价值链中的场景应用投入，建设敏捷高效可复用云计算平台底座；挖掘区块链在各险种承保理赔反欺诈、产品溯源、业务数据流通等场景的应用价值；推动物联网技术应用，研发和推动车险新产品的创新；探索使用隐私计算技术，促进多方数据的协同计算和价值共享。

其次，需要稳步加大科技创新投入。运用新技术创新保险产品，改善定价模式，围绕客户需求向上下游医疗健康、养老服务、汽车服务、金融服务等产业延伸。此外，大力发展普惠性保险业务，围绕乡村振兴、中低收入人群、小微企业等特殊保险需求，更精准地设计和提供一系列成本低、可获得性高的普惠保险产品和服务。

最后，持续加大科技人才投入。形成具有科技特点的量化指标考核体系，加大考核结果应用，创新差异化、市场化晋升及薪酬体系。

知识巩固

项目五交互式
测验及参考答案

一、单项选择题

1.（　　）是一个将区块链应用于私募股权交易管理的平台。

A. SWIFT

B. Linq

C. R3

D. Hyperledger

2. 关于传统证券业务中的数据孤岛问题，以下说法正确的是（　　）。

A. 各环节数据账本由不同机构独立维护，信息共享程度高

B. 市场参与者可以主动审计数据的真实性、准确性和完整性

C. 数据透明度低，市场参与者只能被动信任中心化机构

D. 数据孤岛问题不影响市场的正常运行

3. 投保人为降低保费或获得更高保险金额，有可能刻意隐瞒对自己不利的信息，增加保险公司的风险评估难度，这属于保险当中的（　　）问题。

A. 信息泄露

B. 风险暴露

C. 信息不对称

D. 工作效率

4. 相较于传统保险理赔模式，以下（　　）不是区块链解决方案的优势。

A. 降低骗保风险

B. 提高协作效率

C. 自动理赔

D. 造成摩擦成本

5. 证券是指各类记载并代表一定权利的（　　）。

A. 商品凭证

B. 法律凭证

C. 货币凭证

D. 资本凭证

二、多项选择题

1. 现有证券交易和清结算模式存在的问题包括（　　）。

A. 交易执行与清算延迟

B. 对手方风险

C. 清算不同步

D. 无须保留储备金

2. 相较于传统证券交易的清结算方式，区块链解决方案的优势有（　　）。

A. 节省中间人费用

B. 降低操作风险

C. 降低对手风险

D. 减少证券交易数据体量

3. 当前保险索赔流程存在的问题包括（　　）。

A. 用户体验不佳

B. 中间人费用损耗

C. 第三方数据来源零散

D. 存在骗保风险

4. 区块链技术在保险行业的应用方向有（　　）。

A. 保险销售

B. 保险核保

C. 保险理赔

D. 保险推广

5. 在保险领域中，区块链技术的应用主要体现在（　）方面。

A. 承保与核保流程优化

B. 风险控制与反欺诈

C. 客户关系管理与营销

D. 实时数据共享与透明度提升

三、判断题

1. 区块链应用于美股交易和清结算中，将取代中央证券登记机构的作用。　　　　（　　）

2. 目前，互联网保险信息泄露问题比较严重。　　　　（　　）

3. 保险行业中一直存在信息不对称的问题。　　　　（　　）

4. 区块链技术与保险行业有很高的契合度。　　　　（　　）

5. 区块链技术可以完全替代传统保险领域的所有业务流程，从而提高效率和安全性。

（　　）

四、简答题

1. 简述区块链技术如何解决证券行业中市场透明度低的问题。

2. 简述区块链技术如何解决保险行业中理赔效率低的问题。

**实训拓展**

实训名称	区块链技术在证券和保险领域的应用模拟训练
实训目的	（1）了解证券和保险业务存在的行业痛点。 （2）熟悉区块链技术在证券和保险应用中使用到的相关技术。 （3）掌握区块链在证券和保险业务中的应用方法和业务流程
实训准备	（1）登录知链科技"区块链金融创新实训平台"。 （2）掌握证券和保险业务及流程。 （3）明确证券和保险业务中各角色的主要任务
实训内容	1. 区块链在证券中的应用 （1）选定角色 　如图5-12所示，本项目分为四个角色，分别为基金管理人、基金托管人、基金投资人、监管机构。学生根据情况，选定各自角色，并承担不同任务。  <div align="center">图5-12　"选定角色"示意</div> （2）生成私钥公钥 　按照私钥公钥生成示意（如图5-13所示），生成私钥公钥。  <div align="center">图5-13　私钥公钥生成示意</div>

（3）结合"基金管理人"角色业务流程示意（如图5-14所示），各个角色，按照分工，完成不同的业务操作。

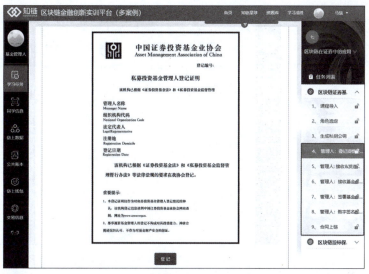

图5-14　"基金管理人"角色业务流程示意

四个角色依次完成以下操作任务：

● 基金管理人：登记资格证书—接收 & 发送加密证书—接收基金合同—签署基金合同—数字签名加密—合同上链。

● 基金托管人：发送证书验证申请—零知识证明—签署基金合同—数字签名加密—合同上链。

● 基金投资人：接收基金合同—签署基金合同—数字签名加密—合同上链。

● 监管机构：查看基金管理人资格证书—查看基金合同。

2.区块链在保险中的应用（商业保险实验）

（1）选定角色

如图5-15所示，本项目分为四个角色，分别为投保人、保险公司、保险经纪人、监管机构。学生根据情况，选定各自角色，并承担不同任务。

图5-15　"选定角色"示意

实训内容

（2）生成私钥公钥

按照私钥公钥生成示意（如图5-16所示），生成私钥公钥。

图5-16　私钥公钥生成示意

（3）结合"投保人"角色业务流程示意（如图5-17所示），各个角色，按照分工，完成不同的业务操作。

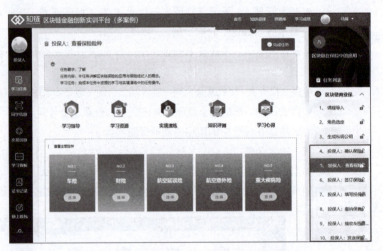

图5-17　"投保人"角色业务流程示意

四个角色依次完成以下操作任务：

● 投保人：确认保险经纪人—查看保险险种—签订保险建议书—填写投保书—缴纳保费—接收＆签署合同—发送保险合同。

● 保险公司：确认主营险种—确认合作关系—解密资格证书—签约保险经纪人—发送投保书—确认保费收入—发送保险合同—接收保险合同—生成保险单—合同上链。

● 保险经纪人：登记资格证书—确认投保客户—选择保险公司—发送加密证书—确认保险公司—介绍保险产品（线下向投保人介绍）—起草保险建议书—接收＆发送投保书—确认佣金收入—接收＆发送合同1—接收＆发送合同2。

实训内容	● 监管机构：监管资格证书—监管交易费用—监管保险合同。 3.区块链在保险中的应用（航空延误险） （1）进入区块链航空延误险实验 航空延误险实验示意如图5-18所示。  图 5-18　航空延误险实验示意 （2）结合航空延误险实验各角色任务流程（如图5-19所示），各个角色，按照分工，完成不同的业务操作。 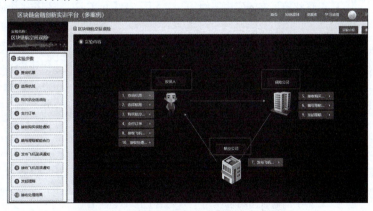 图 5-19　航空延误险实验各角色任务流程 三个角色依次完成以下操作任务： ● 投保人：查询机票—选择航班—购买航空延误险—支付订单—接收飞机延误通知—接收处理结果。 ● 航空公司：发布飞机延误通知。 ● 保险公司：接收购买保险通知—编写理赔智能合约—发起理赔
注意事项	（1）小组实行组长负责制，做好分工，小组成员积极配合。 （2）合理利用检索工具，选择可靠的资料来源，注意资料的时效性和客观性。 （3）在小组交流过程中保持尊重与包容的态度，对不同的观点和意见进行开放性的讨论
训练成果 展示	每组均需要进行展示，要求清晰、准确地表达本组的观点和分析内容，同时能够回答其他组的提问

学习评价表

知识巩固与技能提高（40分）	得分：

计分标准：

得分 =2分 × 单选题正确个数 + 3分 × 多选题正确个数 + 1分 × 判断题正确个数 + 5分 × 简答题正确个数

学生自评（20分）	得分：

计分标准： 初始分 =2分 ×A的个数 + 1分 ×B的个数 + 0分 ×C的个数

得分 = 初始分 ÷ 22×20

专业能力	评价指标	自测结果	要求 （A. 掌握；B. 基本掌握； C. 未掌握）
解析区块链技术在证券业中的应用	1. 证券行业主要环节 2. 传统证券业务的痛点 3. 区块链技术优化证券业务 4. 区块链证券的应用案例	A□ B□ C□ A□ B□ C□ A□ B□ C□ A□ B□ C□	能够掌握证券行业主要环节和传统证券业务的痛点，能分析区块链技术如何优化证券业务，能列举区块链证券的应用案例
解析区块链技术在保险业中的应用	1. 保险公司主要业务流程 2. 传统保险业务的痛点 3. 区块链技术变革优化保险业务 4. 区块链保险的应用案例	A□ B□ C□ A□ B□ C□ A□ B□ C□ A□ B□ C□	能够掌握保险公司主要业务流程和传统保险业务的痛点，能分析区块链技术如何优化保险业务，能列举区块链保险的应用案例
职业素养思想意识	1. 服务人民，造福社会 2. 树立创新思维 3. 善于沟通，团结合作	A□ B□ C□ A□ B□ C□ A□ B□ C□	职业素养、思想意识得以提升，德才兼备

小组评价（20分）	得分：

计分标准： 得分 =10分 ×A的个数 + 5分 ×B的个数 + 3分 ×C的个数

团队合作	A□ B□ C□	沟通能力	A□ B□ C□

教师评价（20分）	得分：

教师评语	
总成绩	教师签字

项目六　区块链供应链金融

学习目标

知识目标：

- 了解什么是供应链金融，掌握其主要模式。
- 了解供应链金融的主要痛点。
- 掌握区块链供应链金融应用的业务流程。
- 了解区块链供应链金融的应用。

能力目标：

- 结合实际，能分析区块链在供应链中的应用特点。
- 理解区块链供应链金融针对传统供应链金融的解决方案。

素养目标：

- 通过了解区块链技术在供应链金融领域的实际应用，培养开放性思维，提升创新意识。
- 通过介绍区块链在供应链金融中的实际案例，提升学以致用的能力，培养正确的价值导向和高尚的精神品质。

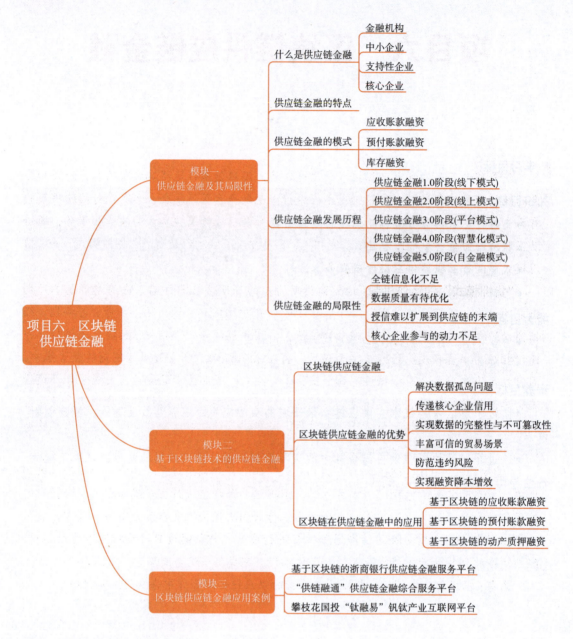

- 项目六 区块链供应链金融
  - 模块一 供应链金融及其局限性
    - 什么是供应链金融
      - 金融机构
      - 中小企业
      - 支持性企业
      - 核心企业
    - 供应链金融的特点
    - 供应链金融的模式
      - 应收账款融资
      - 预付账款融资
      - 库存融资
    - 供应链金融发展历程
      - 供应链金融1.0阶段(线下模式)
      - 供应链金融2.0阶段(线上模式)
      - 供应链金融3.0阶段(平台模式)
      - 供应链金融4.0阶段(智慧化模式)
      - 供应链金融5.0阶段(自金融模式)
    - 供应链金融的局限性
      - 全链信息化不足
      - 数据质量有待优化
      - 授信难以扩展到供应链的末端
      - 核心企业参与的动力不足
  - 模块二 基于区块链技术的供应链金融
    - 区块链供应链金融
    - 区块链供应链金融的优势
      - 解决数据孤岛问题
      - 传递核心企业信用
      - 实现数据的完整性与不可篡改性
      - 丰富可信的贸易场景
      - 防范违约风险
      - 实现融资降本增效
    - 区块链在供应链金融中的应用
      - 基于区块链的应收账款融资
      - 基于区块链的预付账款融资
      - 基于区块链的动产质押融资
  - 模块三 区块链供应链金融应用案例
    - 基于区块链的浙商银行供应链金融服务平台
    - "供链融通"供应链金融综合服务平台
    - 攀枝花国投"钛融易"钒钛产业互联网平台

模块一 供应链金融及其局限性

案例引入

海尔布局供应链金融

随着移动互联网和大数据技术的飞速发展，海尔创造性地将其丰富的客户资源和庞大的经销商数据网络与中信银行或平安银行等金融平台深度融合，形成银行授信决策的有力支撑。这种跨界合作，不仅发挥了银行在资金、业务及技术方面的专业优势，还借助互联网的力量，将产业与金融紧密相连，共同打造了针对经销商的"货押模式"和"信用模式"两种互联网供应链金融服务。

"货押模式"的运作机制：经销商借助海尔的日日顺B2B平台，向海尔智慧工厂发出采购订单。随后，经销商向银行支付订单金额的30%作为预付款。在资金筹备期，经销商向海尔供应链金融提出货押融资申请，海尔供应链金融将相关信息提交给银行，并建议相应的融资额度。银行审核无误后，将剩余70%的款项支付至经销商的监管账户，同时指示海尔财务公司根据该笔资金安排工厂生产。成品生产完成后，发送至日日顺物流仓库进行质押管理。当经销商需要提货时，向海尔供应链金融提交赎货申请，并支付剩余货款至银行。在收到全额货款支付后，海尔供应链金融通知日日顺仓库解除货物质押，并安排物流配送至经销商或通知其自行提货。

"信用模式"的运作机制：在"信用模式"下，经销商通过平台向海尔提交当月的预订单，以表明其采购意向。海尔智慧工厂根据这些预订单进行生产规划。基于经销商的信用记录和经营状况，海尔供应链金融与银行共同决定提供全额资金支持，并直接支付给海尔财务公司。财务公司随即通知工厂进行发货，货物通过日日顺物流送达经销商。经销商在收到货物后，将货款支付至合作银行，完成整个交易闭环。

思考：根据以上案例，分析企业与银行的供应链金融合作中存在的主要问题。

一、什么是供应链金融

供应链金融（Supply Chain Finance，SCF）是金融机构将核心企业与其供应链的上下游企业联系在一起，以真实贸易为基础，对上下游企业提供的综合性金融服务。供应链金融对于提升链上的运营效率和整体竞争力，打造可持续发展的产业生态圈具有重要的促进作用。在我国经济转型升级期，对于"产融结合、脱虚向实"，发展新质生产力，实现金融端供给侧结构性改革，供应链金融起到了重要的推动作用。

微课：
什么是供应链
金融？

供应链金融的核心是围绕核心企业，充分发挥核心企业与上下游企业各自的相对优势，使上下游企业的资金流和物流更易于管理，通过多维度获取信息，把单个企业的不可控风险转化为供应链企业整体的可控风险，最大限度地控制风险，实现总体效用最大化。早期供应链上的金融服务主要涉及支付、托收等结算功能业务。由于链上占主导地位的是核心企业，基于自身的需求往往延长上游付款账期、缩短下游收款账期，于是，逐渐演变出了票据、保理、信用证等既有结算又有融资功能的业务。

在供应链金融中，参与主体主要有金融机构、中小企业、支持性企业，以及在供应链中占优势地位的核心企业。供应链金融流程如图6-1所示。

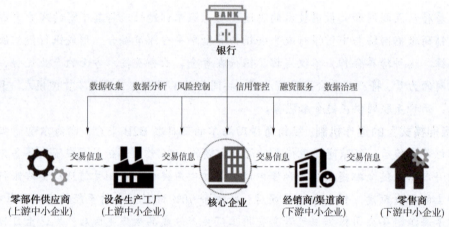

图6-1　供应链金融流程

（一）金融机构

金融机构在供应链金融中为中小企业提供融资支持，通过与支持性企业、核心企业合作，在供应链的各个环节，根据预付账款、存货、应收账款等动产进行"量体裁衣"，设计相应的金融服务。金融机构决定供应链金融业务的融资成本和融资期限。

（二）中小企业

在生产经营中，受经营周期的影响，预付账款、存货、应收账款等流动资产需要占用大量的资金。而在供应链金融模式中，中小企业可以通过货权质押、应收账款转让等方式从银行取得融资，把企业资产盘活。

（三）支持性企业

支持性企业是供应链金融的主要协调者，一方面为中小企业提供物流、仓储服务，另一方面为银行等金融机构提供货押监管服务，搭建银企间合作的桥梁。对于参与供应链金融的物流企业而言，供应链金融为其开辟了新的增值业务，带来了新的利润增长点，为物流企业业务的规范与扩大带来了更多的机遇。

（四）核心企业

供应链中规模较大、实力较强，能够对整个供应链的物流和资金流产生较大影响的企业为核心企业。供应链作为一个有机整体，中小企业的融资瓶颈会给核心企业造成供应或经销渠道的不稳定。

在供应链金融中，核心企业往往可以依靠自身优势地位和良好信用，通过担保、回购和承诺等方式帮助上下游中小企业进行融资，维持供应链稳定性，使自身发展壮大。

> **思考：** 根据以下场景，讨论分析，银行接到融资申请时会如何操作。
>
> **场景模拟：** 同学们分别扮演银行、核心企业、一级供应商和二级供应商。核心企业从一级供应商采购了价值500万元的商品，而一级供应商又向二级供应商采购了380万元的商品。在这个过程中，核心企业和一级供应商均选择了赊账的方式，即所谓的"白条"，账期设定为半年。
>
> 随着时间的推移，月底时分，一级供应商和二级供应商都面临现金流紧张的问题。为了缓解资金压力，他们分别拿着核心企业和一级供应商开具的白条，向银行寻求融资支持。

二、供应链金融的特点

供应链金融，相较于传统金融模式，其显著优势在于风险管理的精细化和授信机制的灵活性，特别在针对中小企业的服务上，展现出了独特的价值。通过供应链金融的介入，中小企业的资金流得到了优化，提升了企业日常运营管理效率与能力。通过票据的拆分与流转，将核心企业的信用传递给中小企业，实现产品赋能。而传统金融融资，则关注企业和业务本身。

在传统金融模式下，我国中小企业在融资过程中面临着诸多挑战，如融资门槛高、担保机构稀缺、企业综合实力不足、有效担保物缺乏等。在供应链金融模式下，银行直接授信给核心企业，而核心企业的上下游企业能依托核心企业的良好资信，以及货物动产的有效利用，降低融资门槛、拓宽融资渠道。对于链上的支持性企业，如物流企业，也迎来了新的发展机遇。通过与银行的紧密合作，物流企业能够深化物流金融服务，进一步拓展客户资源，实现服务价值的提升。而对于核心企业而言，它们在这个过程中不仅仅是融资的参与者，更是金融服务的提供者，从而获取一定的收益。传统金融与供应链金融的对比如表6-1所示。

表6-1　传统金融与供应链金融的对比

类型	传统金融	供应链金融
对比	1. 银行主要面向大企业，从不关注供应链及交易流程。 2. 很少关注上下游中小企业。 3. 客户群体相对较少，业务也相对较少，金融产品相对单调	1. 集物流运作、商业运作和金融管理于一体。 2. 将供应链中的买方、卖方、第三方物流及金融机构紧密联系在一起。 3. 实现了运用供应链管理盘活资金，利用资金推动产业链、供应链升级

类型	传统金融	供应链金融
对比图示	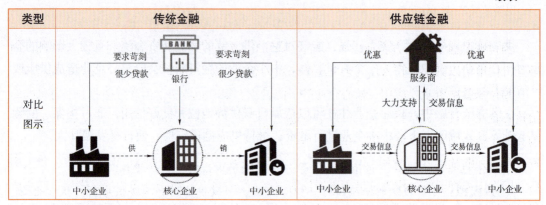	

三、供应链金融的模式

(一)应收账款融资

应收账款融资是指企业为取得运营资金，以卖方与买方签订真实贸易合同产生的应收账款为基础，将应收账款有条件地转让给专业融资机构，并以合同项下的应收账款作为第一还款来源的融资业务。

应收账款融资主要应用于核心企业的上游融资，通常供应商需要发货来实现物权的转移促使合同生效，同时需要告知核心企业，得到核心企业确权。供应链中的供应商是债权融资需求方，以核心企业的应收账款单据凭证为质押担保物，核心企业充当债务企业，对债权企业的融资进行增信或反担保。供应商运用应收账款融资可以获得销售回款的提前实现，加速流动资金的周转。此外，在无追索权的模式下，供应商可以实现资产出表，优化资产负债表，缩短应收账款的周转天数，实现商业信用风险的转移。供应链金融中的应收账款融资如图 6-2 所示。

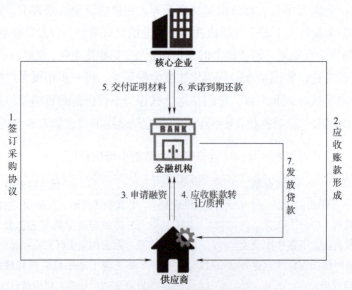

图 6-2 供应链金融中的应收账款融资

（二）预付账款融资

预付账款融资是买方企业以买方与卖方签订真实贸易合同产生的预付账款为基础，向融资机构申请以其销售收入作为第一还款来源的融资业务，融资机构控制着买方的提货权。

预付账款融资主要应用于核心企业的下游融资。核心企业属于生产型企业，下游采购商给核心企业下订单，需要预先支付订单全额，核心企业收到货款后再进行生产，此时如果采购商缺少资金则无法签订订单。在这个基础上，金融机构介入到供应链环节中，给采购商融资，预付采购款给核心企业。生产完成，核心企业发货给金融机构指定的仓储物流，货入库后立即设定质押监管，作为金融机构授信的担保，仓储物流根据金融机构的出库指令逐步放货给采购商。如果下游采购商违约，则需要由核心企业协助金融机构处理货物，收回资金，再还款给金融机构。供应链金融中的预付账款融资如图 6-3 所示。

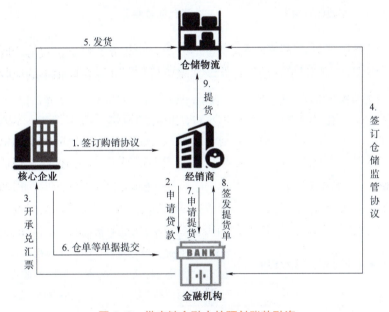

图 6-3 供应链金融中的预付账款融资

（三）库存融资

库存融资又称存货融资，主要是指以企业库存的货物为担保，金融机构以存货控制为基础，面向卖方提供的融资。它包括现货融资和仓单融资两大类，现货融资又分为静态抵（质）押融资和动态抵（质）押融资，仓单融资分为普通仓单融资和标准仓单融资。库存融资能缓解卖方在途物资及库存产品占用的资金，降低库存资金的占用成本。金融机构在收到中小企业融资业务申请时，一般会考察申请企业的库存稳定情况、交易对象及整体供应链的综合运作状况，以此作为授信决策依据。

库存融资模式更适用于存货量大、库存周转慢的企业。对于货品类别而言，考虑到货品质押的管理和价值波动风险，标准品（价值更易评估）、能够识别到件的物品（防止货品被恶意掉包）更适用于采用该模式。供应链金融中的库存融资如图 6-4 所示。

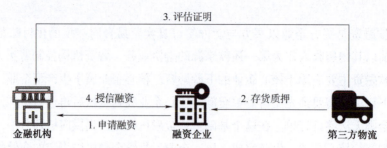

图 6-4 供应链金融中的库存融资

供应链金融三种模式对比如表 6-2 所示。

表 6-2 供应链金融三种模式对比

业务场景	应收账款融资	预付账款融资	库存融资
金融产品	正反保理、应收租赁款质押融资、票据类融资	保税仓融资、先票（款）后贷融资、担保提货融资	静态抵（质）押融资、动态抵（质）押融资、普通仓单融资、标准仓单融资
权益性质	正反保理、应收账款融资、票据类融资	保税仓融资、先票后货融资、担保提资融资	仓单质押融资、现货质押融资等
融资用途	盘活现金流	分批次付款，获得提货权	盘活在途物资及库存占用的沉淀资金
融资企业	上游供应商	下游采购商	上下游企业
主导方	核心企业	核心企业	物流公司
风控重点	核心企业的反担保作用	核心企业承诺对未被提取的货物进行回购，并将提货权交由金融机构控制，第三方仓储对货物进行评估和监管	企业历史交易情况和供应链运作情况调查，第三方物流对质押物的验收、价值评估与监管

四、供应链金融发展历程

近年来，供应链金融领域的理论与实践创新频繁，供应链金融发展历经了五个阶段：1.0 阶段（线下模式）、2.0 阶段（线上模式）、3.0 阶段（平台模式）、4.0 阶段（智慧化模式）和 5.0 阶段（自金融模式）。

（一）供应链金融 1.0 阶段（线下模式）

供应链金融 1.0 阶段称为传统供应链金融时代，采用以人工授信审批为主的"1+N"模式，即银行根据核心企业"1"的信用支撑，完成对一众中小微企业"N"的融资授信支持。这种线下模式依赖业务人员对行业和核心企业的经验判断，银行不好把控存货数量的真实性，很难去核实重复抵押的行为，经营过程中存在各种操作风险。

（二）供应链金融 2.0 阶段（线上模式）

供应链金融 2.0 阶段把传统的线下供应链金融搬到了线上，通过网络技术的集中封闭管理，实现流程的线上化操作。通过电子化等技术手段对接供应链核心企业及上下游参与企业的 ERP 端口，银行与供应链参与者共同合作提供融资服务，银行可以随时获取核心企业和产业链上下游企业的仓储、付款等各种真实的经营信息，主要的技术突破在于互联网及动产质押。

线上供应链金融服务模式主要包括两类：一类是单个核心企业主导的 N+1+N 模式；另一类是单个银行主导的 1+N+N 模式。单个核心企业主导的 N+1+N 模式中，在核心企业的配合与参与下，银行等金融服务机构可以低成本地获得批量客户，核心企业为"1"，两个"N"分别指以银行为代表的多种金融服务机构和供应链上下游中小企业群。这种模式的优势在于有产业控制力，可以快速落地；劣势在于产业规模有限，难以规模化盈利。单个银行主导的 1+N+N 模式中，银行为"1"，两个"N"分别指多个核心大企业和供应链上下游中小企业群，即一家银行与数个核心大企业组成战略联盟，它跳出了单一产业供应链条的局限，将融资范围扩大到需要融资服务的中小企业所在的所有供应链网络中。这种模式的劣势在于，大企业为规避风险，不会将产业链聚焦一家银行，银行业很难在单一行业无限投放规模。虽然这两种服务模式各有优缺点，但线上供应链金融已经能够高效率地完成多方在线协同作业，提高了作业效率。

（三）供应链金融 3.0 阶段（平台模式）

供应链金融 3.0 阶段是平台商业模式中构建的金融服务，是一种基于电商模式的金融形态，以平台化为显著特征，银行、供应链参与者及平台的构建者凭借互联网技术深度介入。平台经济以独特的"双边效应"，结合"互联网＋"的长尾效应，成为整合商流、物流、资金流"三流合一"的信息平台，银行在平台模式下可获得与交易相关的丰富信息。出现去中心化的质变，成为 N+N+N 模式，即"N"个金融服务机构，"N"个核心企业，"N"个供应商。这一阶段的供应链金融生态圈不再局限于单个供应链，而是呈现开放的特点，形成产融结合的新型商业模式。它可以有效整合供应链平台的各个环节，形成以供应链金融为中心的集成解决方案。此外，它还可以构建信用体系和支付体系，链条上的各成员能够以此获得融资产品和相关的衍生产品。

（四）供应链金融 4.0 阶段（智慧化模式）

在 4.0 阶段，供应链金融来到了跨界合作共赢的时代，将搭建跨产业、跨区域、跨部门，与政府、行业协会、资本等深度联盟，互联网、大数据、云计算等相互融合的金融生态平台。业务模式趋向去中心、实时、定制、小额，产品则以数据质押为主，借助物联网、人工智能、大数据、区块链等技术，实现了供应链和营销链全程信息的集成和共享。在这一阶段，供应链金融会真正服务于各类主体，提升供应链的运营效率，推动商业生态发展，智慧化实现供应链生态的可视化、智能化、自动化、透明化，利用高新技术，产生金融生态，从而实现有机、有序、有效发展的产融体系。

（五）供应链金融 5.0 阶段（自金融模式）

供应链金融 5.0 阶段，以"自金融＋区块链票据"为核心。自金融是主体之间直接投融资的行为，其前提是信息对称和信息处理成本不高；区块链票据是一种适用于虚拟环境、具有弱中心化的金融价值交易工具，被称为权益证明，是数字票据的雏形。这一阶段，供应链金融基于区块链架构来构建产业链数字资产交易平台及模式，将核心企业的参与模式、区块链的信用创新机制、票据交易的高效性等进行组合创新，具有数字票据、产融结合、综合服务、战略驱动等显著特点。在这一架构下，融资便利性与交易成本将比智慧化模式前进一大步。

供应链金融发展的五个阶段如表 6-3 所示。

表 6-3　供应链金融发展的五个阶段

阶段	供应链金融 1.0	供应链金融 2.0	供应链金融 3.0	供应链金融 4.0	供应链金融 5.0
	线下模式	线上模式	平台模式	智慧化模式	自金融模式
商业模式	传统供应链金融线下模式，以核心企业的信用为支持	供应链金融线上化，ERP 对接供应链的上下游各参与方	通过互联网技术的深度介入，打造一个综合性的大服务平台	行业细分，去中心、实时、定制、小额，渗透到整个管理运营环节	主体之间直接投融资，数字票据作为权益证明
提供主体	银行	银行、供应链参与者	银行、供应链参与者、平台构建者	银行、供应链参与者、互联网金融	核心企业、区块链节点企业
技术突破	不动产抵押、信用评级	互联网、动产抵押	云计算、数据风控建模	数据质押、物联网、人工智能、大数据	数字票据、区块链

 **案例延伸**

平安银行赋能供应链　提升消费内生动力

在数字化浪潮的推动下，消费者的线上购物热情持续高涨，这也促使各大企业纷纷调整战略，深度布局消费产业链供应链。然而，面对"双十一"的电商狂欢节和当前火热的直播带货，对于电商平台上的众多中小微企业来说，这既是展示自我、扩大市场份额的宝贵机会，也是一场关乎资金流转、库存管理等多方面的严峻考验。特别是那些规模有限、资金储备不足的小微企业，在备货、旺季销售、预付等关键阶段，资金压力尤为突出，稍有不慎便可能陷入资金与货物的双重困境。

　　为了解决这一难题，平安银行紧跟科技潮流，将物联网、大数据、AI（人工智能）、区块链等前沿技术融入供应链金融产品的设计中，为海量中小微企业提供了前所未有的金融支持。通过深度渗透到消费品供应链的各个环节，平安银行不仅缓解了这些企业的融资困境，还为其从备货到收款的整个交易流程提供了强有力的资金保障。

　　在"交易场景＋数据信用"的新模式下，平安银行推出了**订单贷**产品，专为供应链上游企业量身打造。该产品充分考虑了供应商与核心企业之间的长期合作关系和交易数据，通过场景数据实现增信，帮助供应商提前回笼资金，从而实现金融服务的效益最大化。同时，针对下游经销商的采购融资需求，平安银行创新推出了**订货贷**，无须核心企业承担担保、回购等责任，直接为经销商提供用于日常采购的流动资金，确保整个供应链的资金链顺畅无阻。

　　在"货"的层面，平安银行同样展现了其创新实力。针对第三方仓储场景，平安银行推出了"货权管理＋数字化监控"模式，让商户可以通过银行认可的电商物流仓作为监管仓库，以经销商拥有的货权进行质押融资。此外，通过保兑仓模式，平安银行还能在预付款阶段就介入融资，帮助商户提前锁定货源，从而减轻旺季囤货带来的资金压力。

　　如今，平安银行的供应链金融服务已经覆盖电商商户的上游备货、中游物流、下游销售及电商平台支付结算的全交易流程。作为金融机构的佼佼者，平安银行凭借其资金成本、风控经验、产品组合等多方面的优势，为供应链上下游企业提供了包括结算、融资、财资管理、避险等在内的系统化服务，确保整个供应链的高效、稳定运行，为消费市场的持续回暖提供了坚实的金融支持。

五、供应链金融的局限性

　　供应链金融有明确的商业逻辑，依靠核心企业的信用解决全链中小企业融资问题，供应链金融的出发点并非为核心企业提供直接的信贷支持，而是为大量上下游节点企业提供节点信用，帮助中小企业隔离经营风险和财务风险。区别于大数据信用分析，金融机构不再以财务报表、网络数据对企业做信用评价，而是根据核心企业的黏性、交易历史、链内地位、市场能力及供应链管理的效率等评估中小企业信用。由于供应链金融还处于发展的初级阶段，核心企业对全链渗透能力不足，无法将信用传递到二级以上的供应商企业，所以金融机构很难进行授信放贷，而且供应链末端企业较多，信息化水平较差，造成监管成本较高，这些问题导致核心企业参与度不足、中小企业发展缓慢，阻碍供应链的发展。供应链金融的主要问题集中体现在以下几个方面。

微课：
传统供应链金融存在的主要问题

　　思考：根据以下资料分析，供应链金融在运营中存在的主要问题是什么。

　　某北方省份，其奶业规模居全国前列，发展奶业供应链融资有较好的现实基础。从该省银行业奶业供应链融资情况看，截至2022年4月末，融资总额达到11.22亿元。从融资投向看，饲草种植和加工业0.26亿元、奶牛繁殖和养殖2.05亿元、乳制品加工和制造业 7.95 亿元、奶业经销商和分销商 0.95 亿元；从融资期限看，均为一年内短期融资。开展该类业务的主要机构有国有大型商业银行、全国性股份制银行的省级分行，这些银行多利用信息技术采取"线上融资"。

　　例如，某国有大型银行某某分行与乳品制造企业的上游牧场合作开展供应链金融业务"e信通"。其运作逻辑为国内保理业务形式，核心企业通过向上游供应商在线签发付款承诺函，供应商签收，再拆分转让、申请融资（融资期限 40 天左右）或持有等操作，解决核心企业上游存量供应商融资需求。

（一）全链信息化不足

　　核心企业和各级供应商都拥有自己的 ERP 系统，没有统一标准和平台，存在信息不对称现象，各企业的业务数据很难快速接入供应链中，存在严重的数据壁垒。因此，金融机构很难通过数字信息获得有效的放款依据。同时，支付结算不能自动完成，存在大量不稳定因素，核心企业凭借其主导地位，拖延付款时间，各级供应商存在违约行为，金融风险较大，全链资金流转效率较低。

（二）数据质量有待优化

　　供应链金融的数据来自各级供应商和分销商的业务系统，由于缺乏有效监督和统筹，单据造假比比皆是，金融机构需要大量操作成本核对单据和保证单据的真实性，且不准确的信息会引发牛鞭效应，随着供应链的传递逐渐放大影响。例如，在供应链融资中，如果核心企业不配合开展尽职调查，则购销合同、销售订单、增值税发票、发货单等相关单据，只能由融资企业提供，若相关证据均来自融资企业，则会出现很多伪造单据的情况，由此会产生大量坏账。

（三）授信难以扩展到供应链的末端

　　一个核心企业的上下游会聚集成百上千家中小企业作为其供应商或者经销商，由于传统商票不可拆分，在传统供应链金融模式中，核心企业的良好信用背书只能提供给与之交易的一级供应商或经销商，缺乏扩展能力，所以二级、三级乃至末端的大量中小企业因为缺少与核心企业的直接交易行为，无法获得核心企业的信用支持。此外，各企业使用的 ERP 系统不统一，大多数中小企业的信息化程度较低，没有可供分析或可及时传输的数据，导致金融机构难以核实企业交易信息的真伪，授信难度较大。

（四）核心企业参与的动力不足

　　负债率较高、现金流压力较大的核心企业对于供应链金融的需求较为迫切，而负债率较低、现金流充足的优质核心企业参与供应链金融的动力不足。供应链金融的有序发展得力于核心企业的实力和支持，缺少优质核心企业的积极参与，银行业务难以开展。

　　综上所述，供应链数字化的整体水平决定了能否整合交易量信息，使多级交易链上的采购、销售信息达到透明、可信、可追踪的授信标准。但金融级别的安全性和业务标准，同时要求交易真实性的证明、信息达到无法篡改，且形成证据链的要求，是当前供应链面临的技术难题。金融科技的迅速发展为供应链技术问题的解决提供了思路，供应链金融亟须一种颠覆式的创新技术来解决现有技术与行业模式的问题。

模块二　基于区块链技术的供应链金融

案例引入

数字供应链金融驱动产融新生态

2024年《政府工作报告》提出，大力推进现代化产业体系建设，加快发展新质生产力。充分发挥创新主导作用，以科技创新推动产业创新，不断塑造发展新动能新优势，促进社会生产力实现新的跃升。近年来，国内各家银行积极利用创新技术和平台，推动供应链金融服务的全面升级，为产业链上下游企业提供了强有力的金融支持。

在国有大型银行中，中国农业银行推出了"农银智链"供应链金融平台，中国建设银行构建了"BCTrade区块链贸易金融"平台，中国工商银行则通过精准识别产业链中的瓶颈，建立了包含三大应用场景、六种产品及六个工具的全方位数字供应链金融产品体系，全面覆盖企业上下游的各类融资需求。中国银行针对产业链上游融资需求推出了"中银智链·融易信"平台，并在冷链及山东等重点产业领域分别建立了专属平台。在大型股份制商业银行领域，平安银行与招商银行等金融机构成为数字供应链金融领域发展的佼佼者。平安银行作为国内供应链金融的先行者，不仅打造了支付结算融资一体化服务模式，还自2019年起实施了"星云物联计划"，在多个产业领域落地创新项目，累计支持实体经济融资额超过8 000亿元。招商银行围绕供应链与交易链，构建了端到端的产业互联网金融服务闭环，推出了投商行一体化的产业互联网供应链金融4.0版本。浙商银行利用区块链、物联网、大数据等前沿技术，打造了"行业化＋嵌入式"的数字供应链金融服务模式，截至2023年9月末为近30个行业提供了差异化解决方案，累计投放资金超过4 190亿元，服务核心企业超过2 200家，惠及上下游客户超3.2万户。

数字供应链金融为银行业提供了将金融服务深度融入产业系统的契机，打破了金融服务与产业生态之间的隔阂，促进了产业资产与金融资金的快速对接，为构建产融一体化、双向赋能的生态机制奠定了坚实基础。

思考：结合案例资料，分析区块链技术如何助力供应链金融实现更广泛的融资覆盖和更深的信用渗透。

一、区块链供应链金融

区块链技术采用多方维护共同写入的分布式账本技术，将供应链上的合同、单据、发票等多种信息分享给具有权限的企业，利用 P2P 网络将核心企业及上下游企业、金融机构等连在一起，解决供应链金融信息无法传递、数据无法存证、鉴权等问题。密码学技术的引入使得每个参与者都具有各自的身份证书，区块链账本中的内容可追溯但不可篡改，任何有权限的参与者对账本的操作都会被记录。共识机制确保了链上共同协作的节点达成安全、有效、民主的一致性认识，从而代替或升级传统的供应链金融平台，并通过区块链建立基于技术的多方信任供应链体系。基于区块链的供应链管理技术特点如图 6-5 所示。

图 6-5　基于区块链的供应链管理技术特点

二、区块链供应链金融的优势

传统供应链金融业务场景下的痛点，限制了供应链金融业的创新与发展，区块链等新兴技术的出现，为解决这些痛点提供了新的可能。区块链技术的不可篡改、链上数据可溯源等特性，适用于多方参与的供应链金融业务场景。区块链技术能确保数据可信、互认流转，传递核心企业信用，防范履约风险，提高操作层面的效率，降低业务成本。区块链技术对供应链金融业务的推动表现在以下几个方面。

（一）解决数据孤岛问题

区块链技术采用分布式账本结构，使所有参与节点共同维护一份完整的数据库。这打破了传统集中式数据库形成的壁垒，使供应链金融中的各个参与方，如供应商、制造商、分销商、金融机构等，都能直接访问和共享数据。这种去中心化的结构有效解决了数据孤岛问题，实现了数据的互联互通。

 知识链接

数据孤岛，是数据间缺乏关联性，数据库彼此无法兼容。企业发展到一定阶段，出现多个事业部，每个事业部都有各自数据，事业部之间的数据往往都各自存储、各自定义。每个事业部的数据就像一个孤岛一样无法（或者极其难）和企业内部的其他数据进行连接互动。我们把这样的情况称为数据孤岛。

　　专业人士把数据孤岛分为物理性和逻辑性两种。物理性的数据孤岛指的是，数据在不同部门相互独立存储，独立维护，彼此间相互孤立，形成了物理上的孤岛。逻辑性的数据孤岛指的是，不同部门站在自己的角度对数据进行理解和定义，使得一些相同的数据被赋予了不同的含义，无形中加大了跨部门数据合作的沟通成本。

（二）传递核心企业信用

　　区块链技术可以将核心企业的信用拆解，通过共享账本传递给整个链条上的供应商及采购商。核心企业可在区块链平台登记其与供应商之间的债权债务关系，并将相关记账凭证逐级传递。该记账凭证的原始债务人就是核心企业，在银行或保理公司的融资场景中，原本需要去审核贸易背景的过程，但在区块链平台就能一目了然。此外，核心企业的付款承诺可以在多级供应商之间流转，有助于解决供应商之间的三角债问题。通过登记在区块链上的可流转、可融资的确权凭证，核心企业信用能沿着可信的贸易链路径传递，解决了核心企业信用不能向多级供应商传递的问题。

（三）实现数据的完整性与不可篡改性

　　区块链技术利用哈希算法和时间戳等手段，确保每个区块数据的真实性、完整性和不可篡改性。在供应链金融业务中，这意味着交易数据、物流信息、融资记录等关键信息一旦上链，就无法被私自修改或删除。这不仅确保了数据的准确性，还提高了数据的可信度，使供应链金融中的各方能够基于共同认可的数据进行决策和操作。

（四）丰富可信的贸易场景

　　在区块链架构下，系统可对供应链中各参与方的行为进行约束，进而对相关的交易数据整合并上链，形成线上化的基础合同、单证、支付等结构严密、完整的记录，以佐证贸易行为的真实性。银行的融资服务可以覆盖到核心企业及其一级供应商之外的供应链上的其他中小企业。在构建丰富可信的贸易场景的同时，大大降低了银行的参与成本。

（五）防范违约风险

　　智能合约是区块链上合约条款的计算机程序，在满足执行条件时可自动执行。智能合约技术使企业债权在供应链上的流转都被区块链记录下来，加上区块链的不可篡改性，具有强可信度。一旦核心企业付款，智能合约就可以自动清算。此外，信用在区块链上传递的不衰减特性，使得核心企业的信用可以被多级节点企业应用。智能合约的加入，确保了贸易行为中交易双方或多方能够如约履行义务，使交易顺利可靠进行。机器信用的效率和可靠性，极大地提高了交易双方的信任度和交易效率，并有效地管控履约风险，是一种交易制度上的创新。

（六）实现融资降本增效

在目前的赊销模式下，上游供应商存在较大的资金缺口，对资金的渴求度较高，往往以较高的利息、较短的贷款周期从民间等途径获得融资。在区块链技术与供应链金融的结合下，上下游的中小企业可以更高效地证明贸易行为的真实性，并共享核心企业信用，在积极响应市场需求的同时满足对融资的需求，从根本上解决供应链上"小微融资难、融资贵"的问题，实现核心企业去库存的目的，并达到优化供给侧的目标，从而提高整个供应链上资金运转的效率。

传统供应链金融与区块链供应链金融对比如表 6-4 所示。

表 6-4　传统供应链金融与区块链供应链金融对比

类型	传统供应链金融	区块链供应链金融
信息流转	数据孤岛明显	全链条贯通
信用传递	仅到一级供应商	可达多级供应商
业务场景	核心企业与一级供应商	全链条渗透
回款控制	不可控	封闭可控
中小企业融资	融资难、融资贵	更便捷、更低价

区块链技术能释放传递核心企业信用到整个供应链条的多级供应商，提升全链条的融资效率，丰富金融机构的业务场景，从而提高整个供应链上的资金运转效率。

三、区块链在供应链金融中的应用

区块链技术应用于供应链融资中，主要体现在三个方面：应收账款融资模式、预付账款融资模式和动产质押融资模式。由于供应链金融的业务特点，区块链在供应链金融中的应用，主要以联盟链的形式打造，依托区块链信息不可篡改与一定程度透明化的特点，实现核心企业信用在链上的分割与流转。其中，供应链金融平台作为服务提供方，

微课：
基于区块链的应收
账款融资

负责提供供应链信息、客户信息等基础信息，并协助核心企业发行可以在链上流通的数字资产凭证；核心企业作为最终付款人，提供融资的还款来源；金融机构作为资金方，负责对接相应风险偏好的客户，为供应链上的各级企业融资。区块链供应链联盟的主要参与方如图 6-6 所示。

图 6-6　区块链供应链联盟的主要参与方

（一）基于区块链的应收账款融资

构建基于区块链的应收账款融资，可以有效提升应收账款融资效率，解决多级供应商资金流问题。具体做法是将供应链核心企业、各级供应商、金融机构等参与方的信息在区块链上登记，实现供应链授信的可信化；构建一种多级贯通的融资机制与信用机制，实现供应端融资的多级化贯通；借鉴区块链技术中 UTXO（未花费交易输出）记账模型和智能合约技术，对每个数字权证进行无限溯源，保证每笔资金的拆分和流转有据可查，实现供应链权证流转化；结合数字签名技术和分布式账本技术，打通金融机构、核心企业、多级供应商等交易各方的联系渠道，将权证确权、权证流转、权证融资、融资授信、融资还款等流程进行线上操作，实现供应链流程线上化，实现信用与价值的链上传递。

这种模式实现的关键在于结合区块链技术将有用的资产进行数字化，采用数字票据的形式进行质押和交易，采用分布式记账进行数字票据的确权、拆分、流转和溯源，使数字资产具有不易被篡改、共识验证等特征，从而形成一种新的信用机制。

1. 实现形式

核心企业和一级供应商首先签订供货合同，由于核心企业不愿立即支付，核心企业开具应付账款给一级供应商，区块链供应链平台向核心企业确认应付账款是否上链，得到核心企业的确认之后，平台将核心企业的应付账款转化为数字债权凭证，上链流通的数字债权凭证可拆分、可流转、可持有到期、可融资。区块链下的供应链融资采用的是数字化凭证，运用数字签名存证，具有不可篡改、可追责的特点。

各级供货商可以将数字债权凭证拆分转让一部分给上一级供应商作为货款，也可以选择持有部分凭证待核心企业兑付应付账款后将凭证变现，还可以利用数字债权凭证到金融机构进行融资，因为数字债权凭证的债务人是核心企业，所以各级供应商都可以享受到核心企业的优质信用，更容易获得较低成本的融资。核心企业兑付账款后，资金方和各级供应商都可以凭其持有的数字债权凭证获得相应的款项。基于区块链的应收账款融资模式如图 6-7 所示。

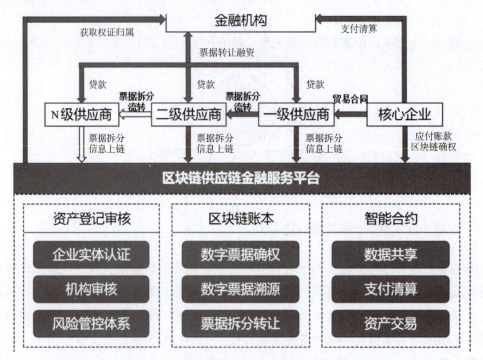

图 6-7　基于区块链的应收账款融资模式

基于上述模式，通过数字债权凭证的流通，实现了核心企业到末端供应商的信用穿透。供应链上的小微企业可以依托核心企业的优质信用进行融资。金融机构也可以通过区块链平台追溯到供应链上的每家企业，了解其在供应链中的地位和权益，对其债权进行有效风险评估，为之融资。区块链的应用能够解决传统供应链金融中的诸多问题并为各方带来便利。

2. 影响

（1）对金融机构的影响。

解决辨伪难题，减少风控成本。在传统的供应链金融模式下，银行或其他金融机构不了解贸易信息本身的真实性，需要投入大量的人力物力验证贸易信息的真伪，从而增加了额外的风控成本。在区块链供应链金融模式下，交易各方通过将交易信息上链，由区块链多节点认证，确保核心企业、供货企业及资金供给方每笔交易的真实性，从而有效降低了金融机构的风控成本。

解决资金闭环问题，使金融机构回款有保障。利用区块链的智能合约技术，能够保证交易自动化强制执行，贸易回款直接划至金融机构账户，解决了金融机构的信贷资金闭环问题。

拓展业务范围，获取更多小微企业客户，提高金融机构的收益。作为供应商或经销商的小微企业，对流动资金的需求往往很高，但由于信用评级较低，无法获得银行融资，银行也损失了来自小微企业的收益。利用区块链供应链金融平台，金融机构可以方便地开展小微企业业务，因为小微企业持有的债权凭证来自核心企业优质信用债权的拆分。此外，金融机构向小微企业发放融资贷款的利率，仍然以小微企业的资信评级为主，可以向小微企业收取比核心企业更高的利率，但同时融资贷款风险并没有提高，因为底层资产仍然是核心企业的债务。

（2）对核心企业的影响。

改善核心企业的现金流和资产负债表。核心企业延后支付货款的目的是改善自身的现金流和资产负债情况，而对于供应链上游的供应商而言，则需要承担较大的资金周转压力，其对核心企业债期的长短也较为敏感。区块链供应链金融模式，可以让供应商方便地转让和拆分数字债权，获得融资，缓解供应商的资金周转压力，从而降低其对核心企业债期长短的敏感性，核心企业可以更方便地根据自身现金流和资产负债表的需求调整债期。

缓解核心企业与供应商的关系，实现双方共赢。核心企业在这种模式中仍然处于相对重要的地位，应收账款的数字化和上链需要核心企业的确认。供应商依赖核心企业的优质信用，可以有效地降低其融资成本，核心企业也不必担心债期的问题，两者实现共赢，从而改善核心企业与供应商之间的关系。

（3）对融资企业（尤其是中小企业）的影响。

各级供应商可以依托核心企业的信用享受低成本的金融服务，解决融资难题，降低融资成本。对于一级供应商而言，能够盘活应收账款，用核心企业应收账款支付自己的供应商，减少自身资金需求；对于中小供应商（二、三级供应商等）而言，能够依托核心企业信用获得融资，显著降低融资成本。

 **案例延伸**

京行 e 链通

北京银行不断提速线上供应链金融服务效率，整合供应链金融资源，创新推出"京行 e 链通"，构建"1+3+N"供应链金融服务体系。

"1"个核心，即以与价值链主企业和谐共生为核心；"3"个产品体系，即供应链金融 e 账户、e 结算、e 融资三大产品体系；"N"代表 N 个行业解决方案、N 个场景金融服务。北京银行围绕企业产、供、销全生命周期，为供应链客户提供融资支持、账户管理、支付结算等全方位服务。通过供应链全场景一体化、线上线下全渠道、本外币一体化、境内外全覆盖的综合产品体系，赋能全产业链各环节全场景发展。2023 年北京银行供应链金融投放超千亿元，服务价值链主达百个，核心企业超千家，链上企业超万户，实现"一家做全国"的链上服务体系。

北京银行通过打造"产品多维、生态闭环、建圈强链"的数字供应链金融生态，拓宽全链服务边界。创新研发数字化风控产品"订货贷""采购贷"，通过"行业数据＋订单数据＋发票数据＋交易数据"建模，实现产业链上下游客户线上自动授信，实现主体信用到数据信用的全产品链投放。跨境供应链金融方面，北京银行升级线上产品及场景平台布局，上线网银"e 单证"、"e 保函"、"e 融资"、GPI 全球汇款追踪服务等功能、对接外管货物贸易监测平台、中国贸易金融跨行交易区块链平台（CTFU）、TradeGo 大宗商品区块链平台和数字外管跨境业务区块链平台等，构建跨境金融共享服务圈。

（二）基于区块链的预付账款融资

供应链金融是典型的多主体参与、信息不对称、信用机制不完善的场景，与区块链技术有天然的契合性，区块链技术应用于预付账款融资也具有诸多优势。

（1）基于不可篡改的特征，解决预付账款融资中的信息透明度问题。区块链具备可溯源、共识和去中心化的特性，是"令人信任的机器"。区块链上的数据都带有时间戳，加上分布式账本本身所具备的优势，即使链上某个节点的数据被修改，也无法篡改整个链上的数据。理论上，区块链能够提供绝对可信的环境，减少银行等金融机构的资金端风控成本，解决银行对于信息安全及信息透明度的担心问题。

（2）基于资产数字化的特征，实现预付账款融资的多层级信用传递。众所周知，信用是金融的核心，融资主体间信用的高效传递是供应链金融的关键痛点，实体经济发展中所面临的中小企业融资难、融资贵的问题，其关键突破点在于打通信用流转，以实现资产盘活。在区块链的基础上，参与供应链金融的业务主体可以共同维护预付账款的数字票据，这种票据在公开透明、多方确认的区块链环境下，可以进行一定的拆分和流转。通过预付账款数字票据模式，整个商业体系中的信用将变得可传导、可追溯，大量原本远离核心企业、无法融资的下游中小企业被纳入预付账款融资的服务范畴，获得融资机会，极大地降低了中小企业的资金成本。

（3）基于去中心化和智能合约的特征，实现多主体高效合作。区块链作为一种分布式账本，为各个利益主体提供了平等协作的平台，降低了机构间信用协作的风险和成本。链上信息可追踪又不可篡改，多个机构之间数据实时同步并可实时对账。同时，通过智能合约控制供应链流程，可有效减少人为交互，提高运作效率。智能合约自动执行，可减少人为操作失误。在区块链平台上，传统的预付账款融资业务手续得到高效处理，下游企业融资的及时性大大提高。基于区块链的预付账款融资模式如图6-8所示。

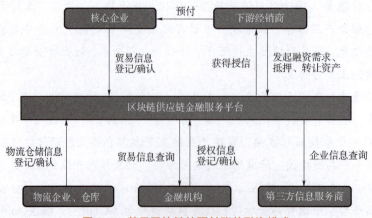

图6-8　基于区块链的预付账款融资模式

（三）基于区块链的动产质押融资

依托物联网技术，动产质押融资业务的实体流、信息流和资金流做到了三流合一。

（1）建立物流、资金流与信息流的全程可视追溯体系。从供应链管理服务入手，比如溯源、追踪、可视化等，将物流、资金流和信息流整合到一起，在此基础上从事金融服务。建立透明供应链，区块链保存完整数据，使不同参与者具有一致的数据来源，而不是使用分散的数据，保证了供应链信息的可追溯性，实现了供应链透明化。由于整体透明度的提高，行业风险极大降低，参与各方均从中受益。区块链在动产质押融资中，主要是货权的确认和流通审计。依托区块链技术，大宗货物出入库记录可以实时查看，多方经手货物的所有权、质权、监管权可以很好地确认，从而有效提升了交易透明度，方便金融机构基于交易发票、库存资产等金融工具进行放款。其中抵押资产的价值在链上实时更新，从而有助于建立一个可靠、稳定的供应链金融生态系统。

（2）建立以区块链技术为核心的动产质押融资交易平台。对于买卖双方而言，一切交易均通过交易中心线上交易来完成，由交易中心负责协调货权转移和货款支付，相当于在买卖双方之间加入了一个独立的第三方公信机构，不付完货款，交易中心不会向仓库发出货权转移指令，避免贸易中打白条、拖欠货款、三角债频发的情况。供应链交易平台要利用区块链等信息技术，整合融资信息、商流信息、物流信息和资金信息，实现交易全程数据可视化。一方面，供应链成员的信息实现共享。供应链成员的信息经过授权认证后进行一定程度的共享，使供应链金融参与主体之间能及时获取所需的信息。另一方面，建立供应链金融担保物的监控机制，对担保物的流动和安全性进行实时的监控和管理。交易平台在贸易过程中则要做好货权转移、货款支付的监督管理工作，以及交收服务工作和物流服务。同时，针对已进入指定交收仓库的货物，对接资金方开展仓单融资业务，解决客户资金需求。

（3）将区块链技术应用于仓单管理。仓单管理是目前区块链在动产质押方面最适用的领域之一。基于区块链技术开发的，集仓单签发、转让、质押融资、交易、清算、提单等功能于一体的综合性仓单平台，具有仓单签发、仓单转让、质押融资及高效提单取货等功能，能够为大宗商品交易提供进、出口融资和内外贸综合联动的系统性服务方案。长期以来，传统仓单交易信息存在数据造假、易篡改、可信度低等问题，导致仓单重复质押等情况频发。将区块链仓单作为行业标准并进行推广，商品入库同步产生数字仓单，货物的数量规格及照片等信息都会被写入区块链，解决仓单可信度问题。同时，利用区块链仓单"多副本共同记账"的特点，实现多方见证，保证仓单信息的一致性与可信度，能够有效规避风险，规范仓单质押业务，避免仓单重复质押问题。利用区块链技术进行的动产质押融资，可以使交易上下游的利益得到保证，各方对交易的可信度也得到极大提升，从而减少了传统模式的交易环节，提升了业务的安全性、合规性和时效性。

模块三　区块链供应链金融应用案例

一、基于区块链的浙商银行供应链金融服务平台

（一）案例背景及解决痛点

为了解决产业链业务中普遍存在的应收应付账款问题，帮助实体企业盘活资产和资源、减少外部融资、降低财务成本，提升服务实体经济成效，浙商银行牵头搭建了基于区块链的浙商银行供应链金融服务平台，由此利用区块链技术信息共享可信、不可改、不可抵赖、可追溯的技术特征，将企业供应链中沉淀的应收账款改造成为高效、安全的线上化的"区块链应收款"。中小企业在收到区块链应收款后，不仅可以向上游供应商进行支付，还可随时转让给银行进行融资变现。这能够有效缓解企业融资难、融资贵问题，降低企业负债，推动普惠金融的发展。

（二）案例内容介绍

基于区块链技术，通过对产业链垂直行业贸易背景材料、金融资产流转情况等信息的存证，小微企业应收账款转化为"区块链资产"，并支持资产在链上跨机构流转。银行机构及监管部门根据授权访问调用链上数据。基于区块链的浙商银行供应链金融服务平台业务流程如图6-9所示。

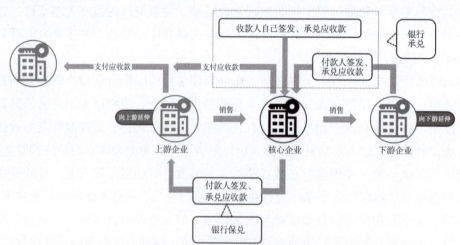

图6-9　基于区块链的浙商银行供应链金融服务平台业务流程

供应链金融服务平台主要业务流程如下：

（1）实体企业在供应链金融服务平台进行注册并开户，平台签发并生成区块链身份凭据。

（2）核心企业按照不同业务模式（应收款等），基于身份凭据，依托真实贸易流程，开具浙商链上票据凭证（占用授信），并附加对应链上不可变贸易背景凭据。

（3）持有链上票据的融资需求企业，在平台上向金融机构发起融资或票据转让申请。

（4）金融机构根据链上票据与背景凭证进行审批，通过后放款至融资需求企业，票据权属链上更新至金融机构。

（5）金融机构可按需对链上票据进行打包转让或二次融资等。

（6）上述票据流转通过区块链智能合约完成，贸易要素均作为合约数据字段进行持久化存储，可验可信。

该平台以实体企业在产业链供应链上下游的应收、应付账款为切入点，应用区块链技术，将企业供应链中沉淀的应收账款改造成为高效、安全的线上化"区块链应收款"。平台拥有完备合规的数字金融账户管理体系，通过操作企业实体账户联动区块链链上映射账户，为企业客户提供区块链应收款的签发、承兑、保兑、偿付、转让、质押等功能，帮助企业降负债、降成本、增效益。

（三）案例价值及成效

该平台应用区块链分布式记账的特性，结合多方安全计算技术，在核心企业与金融机构之间共享产业链企业真实贸易信息，依托核心企业的信用，消除金融机构与产业链企业间存在的信息不对称，解决信任问题。利用区块链技术提升金融机构间、金融机构与核心企业间、金融机构与产业链企业间的业务协同效率，通过实时数据流实现快速风控决策，提升金融机构放款效率。

在服务实体企业方面，基于符合金融特性的区块链技术平台的应收款链平台、仓单通、场外交易平台等，帮助企业盘活企业应收款和仓单等资产、加快供应链资金周转，成功解决了融资难题。

在服务零售客户和同业客户方面，通过对供应链上下游生产经营活动进行分析、抽象、整合，创新采购、仓储、销售、分期还款、存量资产盘活等多场景服务，打造"一点授信、链式流转、多处受益"的全新供应链金融模式。

截至 2023 年 6 月末，供应链金融服务平台已实现供应链金融业务数据上链超数百万笔，累计提供融资近 4 000 亿元，服务核心企业数千家，延伸服务上下游客户近 3 万户。

二、"供链融通"供应链金融综合服务平台

（一）案例背景及解决痛点

随着全球经济的不断发展，传统的供应链金融模式已经无法满足快速变化的市场需求，烦琐流程和高成本堵住了中小型企业的融资渠道。如何以更加广泛深刻的数字变革赋能经济发展？如何优化融资增信？如何做好信息共享、高效对接等配套工作，更好满足中小企业的融资需求？这些已经成为供应链上各参与方都必须解决的重大课题。

所幸随着信息时代的快速发展，数据的可信共享成为产业链和供应链优化升级的关键挑战之一，区块链技术的诞生，帮助供应链上企业与金融机构实现资金流、信息流和物流的高效对接，不仅为解决数据开发开放和安全流通使用提供了一种新路径，也为产业链和供应链的优化升级注入了新的活力。

2020年4月，习近平总书记在陕西考察时提出要"围绕产业链部署创新链，围绕创新链布局产业链，推动经济高质量发展迈出更大步伐"。为贯彻习近平总书记重要讲话精神和八部委工作部署，西安纸贵互联网科技有限公司和西安金融电子结算中心在中国人民银行陕西省分行的指导和分行营业管理部的管理下，设计开发"供链融通"供应链金融综合服务平台（以下简称"供链融通"平台）。

平台重点解决属地"政银企"之间信息不对称，基层人民银行货币政策工具无法直达供应链属企业，基层人民银行货币政策工具运用过程中面临人工压力和业务瓶颈，业务流程的规范化和标准化程度尚不够等问题。传统信息化业务系统，面临数据跨多部门协同效率低、数据溯源链路不清晰、存在一定的履职风险等问题，所以在传统信息化的基础上考虑引入区块链技术实现数据的可追溯、防篡改、去中心化等特性，解决多参与方之间的数据安全流转及数据的可信共享。

（二）案例内容介绍

"供链融通"平台积极开放，与多种金融服务类平台进行对接，以产业链、供应链为服务方向，以商业汇票为发力点，直连属地金融机构，全力打造全新供应链金融生态圈，实现各类供应链金融市场主体"四个连接"，即连接银行业机构、连接担保等非银机构、连接供应链金融平台、连接省内核心企业。同时，通过区块链技术实现交易数据的实时记录，提高了交易的效率。入驻平台的金融机构能得到融资企业的交易数据，这些交易信息可以得到安全保证，避免企业数据泄露。另外，传统货币政策工具支持实体企业模式固化，而属地政府及各委办局重点支持名单又是涉密数据，无法直接与互联网共享，区块链技术的加持使数据传递具有可溯源性及高安全性，有效控制了履职风险。"供链融通"平台业务流程如图6-10所示。

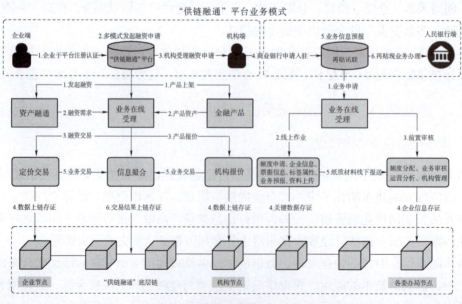

图6-10 "供链融通"平台业务流程

"供链融通"供应链金融综合服务平台的整体业务流程如下：

（1）"供链融通"企业端通过官网注册、认证完成入驻，同时访问、使用完整的平台服务。"供链融通"机构端通过完成签约并获取机构邀请码，完成系统入驻。

（2）由企业端发起融资诉求，针对机构端发布的不同类别产品资产信息选择融资诉求。

（3）机构端受理融资申请，根据企业端融资需求进行报价，由企业端选择价格提供方，在线发起通过报价。机构（商业银行）协同企业线下完成票据业务交易并进行线上反馈。

（4）完成贴现业务（"供链融通"前端）流程后，商业银行通过申请入驻再贴讯联（"供链融通"后端），商业银行在线推送至再贴讯联。

（5）商业银行申请再贴现金额，通过业务信息预报方式登录再贴讯联进行线上作业，包括对企业信息、标签属性、额度申报等作业进行预报。

（6）属地人民银行依据商业银行报送再贴现申请，办理再贴现业务。

其中，企业端/机构端业务流程如下：

（1）企业通过"供链融通"平台发起融资需求；机构通过"供链融通"平台上架不同类型金融产品。

（2）融资需求业务数据开始在线受理；依据不同业务划分，其中包括高端制造、军工等类型，产品资产进行线上受理。

（3）依据机构端融资交易报价情况进行融资交易；对企业端融资需求进行产品报价。

（4）将融资交易定价数据及关键业务数据进行上链存证；将机构报价数据及关键业务数据进行上链存证。

（5）与选择最终的报价机构端进行业务交易；与选择最终的融资企业进行业务交易。

（6）完成交易结果的上链存证。

其中，商业银行/人民银行业务流程如下：

（1）商业银行通过"供链融通"平台后端再贴讯联申请再贴现业务。

（2）商业银行完成线上作业，包括对申请额度的填报、企业信息、票据信息、标签属性等关键数据进行线上作业。

（3）人民银行发起前置审核，对填报的申请额度、业务等信息进行额度分配、前置审核。

（4）对商业银行线上作业关键数据进行上链存证；同时对人民银行接收到的各委办局企业信息等关键数据上链存证。

（5）由商业银行完成线下纸质材料报送至人民银行。

（三）案例价值与成效

"供链融通"供应链金融综合服务平台，不仅确保属地金融数据、政务数据在传输、存储过程中的安全，同时提高了属地委办局、属地人民银行、金融机构、链属企业之间的业务联通效率。

区块链技术特性的应用提升了人民银行陕西省分行再贴现业务前置审核"穿透式"引导管理模式，实现了"关口前移，直达企业"的目的。目前已接入金融机构通过平台实现融资 3 235 笔，实现融资金额累计 140.84 亿元，综合融资成本 2.7%，最低 1.6%，有效拓宽了辖区产业链创新链企业票据融资渠道，并降低了融资利率，缓解了货币政策工具运用过程中的人工压力，打破了业务瓶颈，大幅提升了业务流程的规范化和标准化。平台上线试运行以来，已累计审核商业汇票 3.1 万张，审批再贴现业务规模超 500 亿元，资金使用直达高效、导向精准、安全合规。

属地人民银行在获取政务数据、支持企业名录方面做到数据的安全可信存储、流转、统计分析及监管。该业务模式已完成搜集和整理 8 类逾 3 000 家企业支持名录，精准服务科创板上市企业、"专精特新"企业、高端制造、军工等重点领域，其中与属地科技部门创设的"科创票链通"模式，获得人民银行总行金融市场司高度肯定，被国务院引荐在全国范围内复制推广。

三、攀枝花国投"钛融易"钒钛产业互联网平台

（一）案例内容介绍

"钛融易"钒钛产业互联网平台（以下简称"钛融易"平台）由攀枝花市国资委下属的攀枝花国投集团携手中国网安、中金支付合力打造，于 2020 年 9 月 30 日正式上线运行，交易产品有钛精矿、铁精矿、钛白粉、钛渣、海绵钛、钛锭、钛铸件等，是国内首个构建钒钛全产业链服务体系的产业互联网平台。"钛融易"平台是打造以钒铁产业为核心，拓展仓储物流和金融服务两大业务板块的 B2B 全供应链服务平台，也是全国首家将区块链技术全流程嵌入、全应用场景支持的产业互联网平台。

"钛融易"平台的建成有效降低了企业的融资成本和生产成本，提高了企业的经济效益，并逐步实现钒钛资源整合与价值提升，推动钒钛产业链延伸，打造钒钛产业集群；平台基于大数据分析，为钒钛生产企业、贸易商、下游用户三大类客户提供钒钛产业链一体化服务，并以此为目标推进钒钛交易结算中心、仓储物流中心、信息数据中心、金融服务中心、智能制造中心五大中心建设，搭建钒钛全产业链服务体系，整合产业资源、促成产业协同、打造产业生态，实现产业数字化转型，以提高效率，降低能源占用，促进企业在供应链上的绿色转型。"钛融易"平台业务流程如图 6-11 所示。

（二）案例价值与成效

截至 2022 年 12 月，平台用户数已有 91 户，交易额已达到 36.32 亿元。该平台基于区块链技术，实现了实名认证、电子合同签署、产品质量、仓储物流交易结算、金融服务、产品交付、内部审批等全流程区块链存证，建立起可信业务数据链、可信资产运营链、可信行为证据链，突破供应链金融信任机制的关键难题，解决各方信任问题。在用户的订单交易过程中，平台全程对相关交易信息（包括但不限于订单信息、合同信息、物流信息、付款信息）进行区块链取证留存。

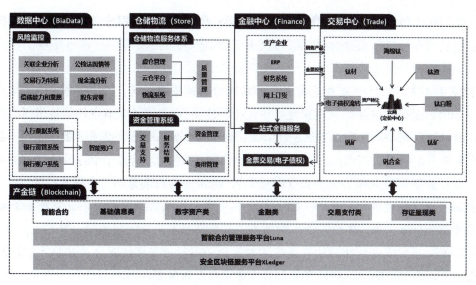

图6-11　"钛融易"平台业务流程

"1+X"区块链系统应用与设计（中级）证书

　　国内区块链企业对于区块链人才的需求从2018年开始呈上升趋势，不仅仅是技术人才，运营人才、管理人才、社区运营人才等方面也存在大量缺口，亟需区块链产业人才的培养。区块链系统应用与设计职业技能等级证书（中级）定位于区块链系统应用设计和分析，主要面向区块链系统应用操作员、区块链行业产品经理等岗位。

　　考试采用上机考试形式，由理论知识和实操考试两部分组成，考试总时长不超过2个小时，理论考试与实操考试两部分成绩均在70分以上的学员可以获得相应级别的职业技能等级证书。理论考试为闭卷考试，题型分为单选题（25道）、多选题（15道）和判断题（10道），每题分值均为2分，合计100分。实操考试题目数量为25道，试题形式包括画布分析、案例分析、真链操作等。

　　从考试内容看，区块链系统应用与设计职业技能等级（中级）证书考试主要分为三个模块：模块一为"区块链系统业务设计"，分值占比为20%，包括用户需求分析、上链业务分析和系统业务分析；模块二为"区块链系统应用运营"，分值占比为40%，包括上链数据运营、系统应用监控和系统应用运维；模块三为"智能合约设计"，分值占比为40%，包括业务分析、合约设计和合约诊断。

区块链引领供应链金融革新：青年学生的机遇与挑战

　　在信息时代的浪潮下，数据的可信共享成为推动产业链和供应链转型升级的关键所在。区块链技术的崛起，为供应链上的企业与金融机构提供了全新的解决思路，实现了资金流、信息流和物流的高效对接。它不仅为数据的开发、开放与安全流通提供了新途径，更为整个产业链和供应链的革新注入源源不断的活力。

2020年4月，习近平总书记在陕西考察时指出，要"围绕产业链部署创新链，围绕创新链布局产业链，推动经济高质量发展迈出更大步伐。"要实现这一目标，金融的支持不可或缺，特别是要确保产业链供应链的优化升级，维持工业经济的平稳运行。

同年9月，中国人民银行、商务部等八部委联合发布《关于规范发展供应链金融　支持供应链产业链稳定循环和优化升级的意见》，提出一系列政策要求与措施，旨在引导供应链金融助力产业链的优化升级，服务国家战略布局。在政策的指引下，各地积极响应，大力发展科技金融，为实体经济注入新活力。当然在技术应用的过程中，我们也面临着诸多挑战。首先是监管合规性，区块链技术的应用必须符合法律法规，确保业务的合法性。其次是业务流程的适配性，如何在复杂的业务流程中有效整合区块链技术，实现与现有流程的和谐共生。最后，数据标准化也是不容忽视的一环，如何确保数据的一致性和可互操作性，是区块链技术在供应链金融中发挥作用的关键。

展望未来，区块链技术在供应链金融领域的应用前景广阔。随着技术的不断发展和完善，我们可以预见，区块链技术将在供应链金融中发挥更加重要的作用，为整个产业链和供应链的革新注入更加强大的动力。

青年学生作为新时代的生力军，应当积极拥抱这一变革，不断提升自己的专业素养和实践能力。同时，要关注区块链技术在其他领域的应用前景，如物联网、智能制造、数字版权等，以拓宽自己的视野和思路。此外，区块链技术作为一个新兴领域，充满了无限的可能和机遇。青年学生应当勇于尝试、敢于创新，将区块链技术与自己的专业领域相结合，开发出具有实际应用价值的创新项目。这不仅有助于提升个人的职业竞争力，也有助于推动整个行业的进步和发展。

总之，区块链技术为供应链金融领域带来了革命性的变革，也为青年学生提供了广阔的舞台和机遇。青年学生应当积极拥抱这一变革，不断提升自己的专业素养和实践能力，为未来的职业发展和社会进步做出更大的贡献。

知识巩固

一、单项选择题

1.供应链金融是依靠（　　）的信用解决全链中小企业融资问题。

A.一级供应商

B.下游销售商

C.上游供应商

D.核心企业

2.依托物联网技术，动产质押融资业务的实体流、信息流和（　　）做到了三流合一。

A.物流

项目六交互式
测验及参考答案

B. 商流

C. 资金流

D. 服务流

3. 区块链＋应收账款的应用价值是（　　）。

A. 企业信息孤岛

B. 解决核心企业信用不能跨级传递的问题

C. 为中小企业提供了全新的融资渠道

D. 解决中小企业融资难、成本高的问题

4. 区块链在供应链金融中的应用，主要以（　　）的形式打造，依托区块链信息不可篡改与透明化的特点，实现核心企业信用在链上的分割与流转。

A. 联盟链

B. 公有链

C. 私有链

D. 侧链

5. 区块链技术采用（　　）结构，使所有参与节点共同维护一份完整的数据库。这打破了传统集中式数据库形成的壁垒，使得供应链金融中的各个参与方都能直接访问和共享数据。

A. 溯源

B. 分布式账本

C. 透明

D. 不可篡改

二、多项选择题

1. 关于供应链金融，以下说法正确的有（　　）。

A. 集物流运作、商业运作和金融管理为一体

B. 将供应链中的买方、卖方、第三方物流及金融机构紧密联系在一起

C. 实现了运用供应链管理盘活资金、利用资金推动产业链、供应链升级

D. 关注企业和业务本身

2. 供应链融资的应用场景包括（　　）。

A. 应收账款融资

B. 预付账款融资

C. 库存融资

D. 不动产质押融资

3. 与传统供应链金融相比，区块链供应链金融的优势体现在（　　）。

A. 可达多级供应商

B. 回款不可控

C. 数据孤岛明显

D. 中小企业融资更便捷、低价

4. 库存融资主要包括（　　）。

A. 现货融资

B. 存货融资

C. 仓单融资

D. 不动产融资

5. 传统供应链金融的局限性，体现在（　　）。

A. 全链信息化不足

B. 授信难以传递到末端

C. 上下游企业动力不足

D. 数据质量不高

三、判断题

1. 在供应链金融的三种模式中，融资的主导方都是核心企业。　　　　　　（　　）

2. 在预付账款融资中，融资企业是上下游企业。　　　　　　　　　　　（　　）

3. 仓单管理是目前区块链在动产质押方面最适用的领域之一。　　　　　（　　）

4. 在供应链金融 2.0 阶段，出现去中心化的质变，成为 N+N+N 模式，即"N"个金融服务机构，"N"个核心企业，"N"个供应商，这一阶段的供应链金融生态圈不再局限于单个供应链，出现开放的特点，成为产融结合的新型商业模式。　　　　　　　　（　　）

5. 基于区块链的应收账款融资，通过数字债权凭证的流通，实现了核心企业到末端供应商的信用穿透。　　　　　　　　　　　　　　　　　　　　　　　　　　　（　　）

四、简答题

1. 对比传统供应链金融与区块链供应链金融，简述区块链供应链金融的优势。

2. 简述区块链技术在供应链融资中的三种主要模式。

🔶 实训拓展

实训名称	区块链供应链金融模拟训练
实训目的	（1）掌握区块链技术在供应链金融中的应用。 （2）理解区块链驱动下的供应链金融创新，及其带给企业的价值与社会意义。 （3）能够分析区块链技术在供应链金融应用中的优势及存在的问题
实训准备	（1）登录知链科技"区块链金融创新实训平台"。 （2）确定角色分配：核心企业、一级供应商、二级供应商。 　核心企业：班级 20 个人，前面模块成绩排行榜第一名自动成为 1 个核心企业，班级 40 个人产生 2 个核心企业，班级 60 个人产生 3 个核心企业。 　一级供应商：1 个核心企业下面产生 3 个一级供应商。班级 20 个人产生 3 个一级供应商，班级 40 个人产生 6 个一级供应商，班级 60 个人产生 9 个一级供应商。

实训准备	二级供应商：1个一级供应商下面产生2~6个二级供应商。 （3）分析区块链供应链金融业务流程（如图6-12所示），明确每一个角色应完成的任务 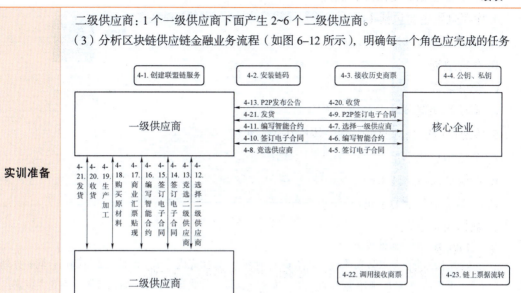 图6-12　区块链供应链金融业务流程
实训内容	1.通过三个项目，体验传统融资业务的运作及存在的主要问题 （1）融资贷款实验。 按照融资贷款实验流程（如图6-13所示），依次完成"申请企业贷款卡—提交授信申请书、营业执照、公司章程等资料—征信查询—授信调查报告—部门经理、支行行长、分行评审员审核—评审大会—申请贷款加急—签订授信贷款合同"等19个步骤。  图6-13　融资贷款实验流程 （2）商票贴现实验。 按照商票贴现实验流程（如图6-14所示），依次完成"商业汇票贴现的条件—签署保贴协议—签订购销合同—生产加工—发货—接收汇票—签订采购合同—申请贴现—收贴现金额"等9个步骤。

189

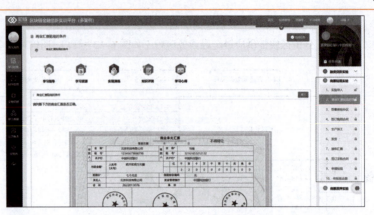

图 6–14　商票贴现实验流程

（3）商票质押实验。

按照商票质押实验流程（如图 6–15 所示），依次完成"承兑汇票—签订购销合同—办理商票质押拆分—购买原材料—生产加工—发货—行业痛点总结—解决方案"等 8 个步骤。

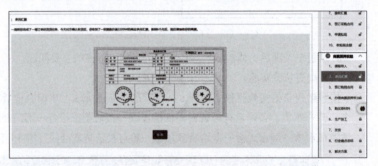

图 6–15　商票质押实验流程

2. 区块链供应链金融实验

（1）创建联盟链。

按照创建联盟链示意（如图 6–16 所示），依照流程，填写资料依次完成"创建联盟链—安装链码"。

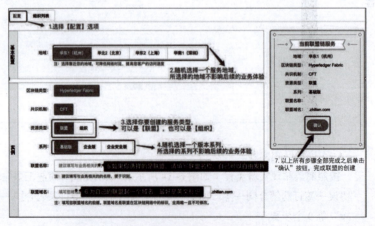

图 6–16　创建联盟链示意

实训内容

（2）以上游供应链融资业务为例，完成区块链供应链融资。

按照区块链供应链融资实验流程（如图6-17所示），合约哈希、区块哈希示意（如图6-18所示），依次完成"接收历史商票—公钥、私钥—核心企业签订电子合同、编写智能合约—核心企业选择一级供应商—竞选供应商—核心企业与一级供应商签订电子合同——级供应商与核心企业签订电子合同——级供应商编写智能合约——级供应商选择二级供应商—竞选二级供应商——级供应商与二级供应商签订电子合同—二级供应商与一级供应商签订电子合同—二级供应商编写智能合约—商业汇票贴现—购买原材料—生产加工—收货—发货—智能合约调用接收商业汇票"等21个步骤

实训内容

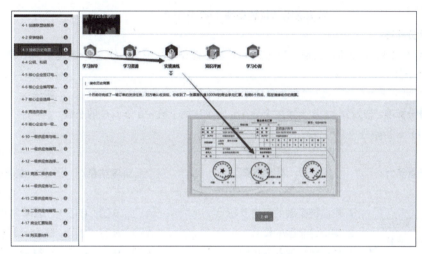

图 6-17　区块链供应链融资实验流程

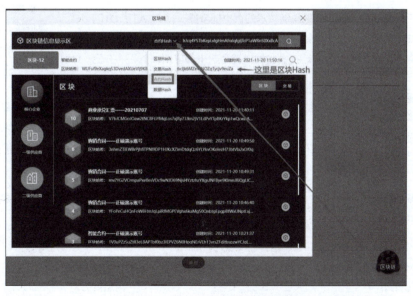

图 6-18　合约哈希、区块哈希示意

续表

注意事项	（1）每一条供应链组成一个小组，由核心企业负责，引导小组成员积极配合。 （2）模拟训练过程中，学生应遵守区块链技术规范，按要求完成各自实训项目体验。 （3）注意保护个人隐私和账户安全，不要泄露个人信息和支付密码
训练成果 展示	（1）各小组进行竞争 PK，按照先后顺序完成供应链上的货款结算，并进行排名。 （2）核心企业代表供应链各成员汇报模拟实训结果，并分析区块链技术在供应链金融中的应用及优势

学习评价表

知识巩固与技能提高（40分）			得分：
计分标准： 得分 =2 分 × 单选题正确个数 + 3 分 × 多选题正确个数 + 1 分 × 判断题正确个数 + 5 分 × 简答题正确个数			

学生自评（20分）			得分：
计分标准：初始分 =2 分 ×A 的个数 + 1 分 ×B 的个数 + 0 分 ×C 的个数 得分 = 初始分 ÷26×20			

专业能力	评价指标	自测结果	要求 （A. 掌握；B. 基本掌握； C. 未掌握）
分析供应链 金融及其 局限性	1. 供应链金融的概念及特点 2. 供应链金融的模式 3. 供应链金融发展历程 4. 供应链金融的局限性	A□ B□ C□ A□ B□ C□ A□ B□ C□ A□ B□ C□	能够掌握供应链金融的概念及特征，掌握供应链金融的三种模式，掌握传统供应链金融的主要问题
基于区块链 技术的 供应链金融	1. 基于区块链技术的供应链金融 2. 区块链技术化解供应链金融痛点 3. 区块链技术在供应链金融中的应用	A□ B□ C□ A□ B□ C□ A□ B□ C□	掌握区块链技术如何解决供应链金融的痛点；掌握区块链技术在供应链金融中应用的三种主要模式
掌握区块链 供应链 金融的应用 案例	1. 浙商银行供应链金融服务平台 2. "供链融通"供应链金融综合服务平台 3. 攀枝花国投"钛融易"钒钛产业互联网平台	A□ B□ C□ A□ B□ C□ A□ B□ C□	根据案例，能够分析区块链技术在供应链金融中的应用优势及问题
职业素养 思想意识	1. 提升创新意识 2. 培养开放性思维 3. 培养高尚的精神品质	A□ B□ C□ A□ B□ C□ A□ B□ C□	职业素养、思想意识得以提升

小组评价（20分）			得分：
计分标准：得分 =10 分 ×A 的个数 +5 分 ×B 的个数 +3 分 ×C 的个数			
团队合作	A□ B□ C□	沟通能力	A□ B□ C□

教师评价（20分）	得分：
教师评语	
总成绩	教师签字

第三部分
区块链金融监管与未来发展

项目七　区块链金融风险与监管

学习目标

知识目标：

- 了解区块链金融的主要风险类型。
- 了解全球主要国家对区块链金融的监管政策。
- 掌握国内关于区块链金融风险管理的政策措施。

能力目标：

- 结合区块链技术应用，能分析不同金融业务场景下区块链金融的风险。
- 理解金融监管沙盒机制。

素养目标：

- 通过学习区块链技术在金融业中的应用，能够客观地看待新兴技术，了解其优势及风险，增强风险意识和法律意识，树立创新精神和探索精神。
- 通过对区块链金融国内外监管政策的分析，加深对国际金融环境变化的认识，提升辩证看待问题的能力。

思维导图

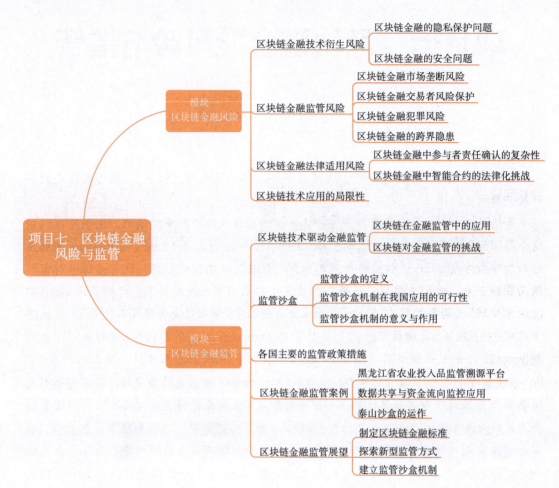

项目七　区块链金融风险与监管

模块一　区块链金融风险

- 区块链金融技术衍生风险
  - 区块链金融的隐私保护问题
  - 区块链金融的安全问题
- 区块链金融监管风险
  - 区块链金融市场垄断风险
  - 区块链金融交易者风险保护
  - 区块链金融犯罪风险
  - 区块链金融的跨界隐患
- 区块链金融法律适用风险
  - 区块链金融中参与者责任确认的复杂性
  - 区块链金融中智能合约的法律化挑战
- 区块链技术应用的局限性

模块二　区块链金融监管

- 区块链技术驱动金融监管
  - 区块链在金融监管中的应用
  - 区块链对金融监管的挑战
- 监管沙盒
  - 监管沙盒的定义
  - 监管沙盒机制在我国应用的可行性
  - 监管沙盒机制的意义与作用
- 各国主要的监管政策措施
- 区块链金融监管案例
  - 黑龙江省农业投入品监管溯源平台
  - 数据共享与资金流向监控应用
  - 泰山沙盒的运作
- 区块链金融监管展望
  - 制定区块链金融标准
  - 探索新型监管方式
  - 建立监管沙盒机制

模块一 区块链金融风险

 案例引入

> **Polygon 上白帽黑客事件**
>
> 　　这是一次发生在 Polygon 链上的被盗事件，其实不能叫"被盗"，因为它造成的实际经济影响也很小。
>
> 　　事情是这样的：两个黑客发现了 Polygon 的原始代码有严重的漏洞，他们可以利用这个漏洞盗取所有在 Polygon 上的原始 token（代币），也就是 Matic（由 Polygon 网络发行的加密数字货币）。最初，两个黑客想到"现在，我们发达了呀，这可是海量财富"，然而冷静下来，他们又想到"如果全都盗了，那么这事儿就闹大了，我们盗的 token 都没地方变现"。两个黑客在"to hack or not to hack"（译为"侵入还是不侵入"）间犹豫了很久……最终，这两位"善良"的黑客在 Immunefi 上提交了 Polygon 的漏洞，告诉 Polygon 的运营方并帮助其在随后的 block（区块）中做了技术升级，把漏洞修复了。Polygon 方给了这两位白帽黑客 346 万美金的 bounties（悬赏）作为奖励，以表彰他们发现漏洞但不 hack（侵入）的"善举"。可以说，这也是截止到目前，在区块链领域发现漏洞最高的奖励金了。
>
> 　　这其实是一起很严重的事件！如果两个黑客当时没有多方权衡利弊，直接盗走原始 token，Polygon 可能从那时起就消失在众人眼里，而区块链技术需要发展的底层逻辑也可能被动摇。不过所有参与者，都是这个囚徒困境中的一员，谁又不是呢？
>
> 　　**思考：**结合以上资料，分析区块链技术存在的主要风险。

　　区块链技术发展得如火如荼，其在金融领域的应用潜力巨大，与此同时，它所创造的全新金融基础设施对中心化的金融生态体系也造成了一定的冲击。加之当前对区块链领域的监管体系不完善、相关法律法规不健全、缺乏市场准入门槛等因素的存在，区块链金融面临的风险依旧很多。

一、区块链金融技术衍生风险

（一）区块链金融的隐私保护问题

　　区块链的匿名机制在一定程度上保障了交易的安全，使金融市场蓬勃发展。但是区块链的公开机制却使金融交易信息保护存在一定的困难。随着区块链技术的广泛应用，区块链面临的安全威胁和挑战也越来越多。区块链不

微课：
区块链金融
风险

依赖中心节点，诸如参与用户的地址和交易金额等交易记录常常在区块链上公开，便于节点验证、存储交易内容并达成共识，因此存在用户隐私泄露的风险。各个区块链节点的安全性能和对抗信息泄露的能力不一，这更增加了数据隐私泄露的风险。区块链中各种程序的缺陷也使区块链系统面临巨大的安全风险。

在早期的区块链数字货币应用中，数字货币以交易链的形式从一个用户钱包转移到另一个用户钱包，交易记录公开于区块链系统中且不需要额外的保护措施，其所依赖的加密协议有效防止了"双花"问题的出现。但区块链共享账本的公开性使攻击者可以借助数据分析技术跟踪用户交易流并窃取交易记录等数据。而在数字网络不断发展的环境下，区块链的分布式系统架构使链上所有节点都拥有完整的交易记录副本，潜在攻击者可通过分析单个节点获取交易资金、交易参与方和交易关联性等隐私信息。

 知识链接

市场主要的加密货币

随着区块链技术的发展，越来越多的加密货币进入市场。下面将介绍10个目前主流的加密货币。

1. 比特币（Bitcoin）：比特币是第一个区块链技术应用的加密货币，它由匿名的中本聪提出，并于2009年发布。作为最早的数字货币之一，比特币在全球范围内得到广泛认可。

2. 以太币（Ethereum）：以太坊是一个去中心化的智能合约平台，使用ETH（以太币）作为其加密货币。以太坊支持开发者创建和发布智能合约应用，使其成为最受欢迎的加密平台之一。

3. 莱特币（Litecoin）：莱特币是比特币的衍生货币，它比比特币确认交易更快，并且采用不同的加密算法。莱特币被广泛接受，并在加密货币市场中被认为是比特币的一种替代选择。

4. 瑞波币（Ripple）：瑞波币是一个数字货币和支付协议，旨在实现低成本的国际汇款。瑞波币的目标是与全球银行和支付系统整合，为交易提供更快速和便宜的解决方案。

5. 比特币现金（Bitcoin Cash）：比特币现金是比特币的一种分叉币，于2017年诞生。它旨在解决比特币交易速度和费用的问题，并提供更高的可扩展性。

6. 量子链币（QTUM币）：量子链币是量子链（Quantum Blockchain）上发行的代币，2017年11月在全球范围内首次发行。量子链是首个基于UTXO模型的POS智能合约平台，它是将真实商业社会与区块链世界连接建立的一个智能合约平台。

7. 波场币（TRON）：波场币是一种基于区块链技术的去中心化的数字货币，创立者旨在通过智能合约和代币化实现内容创作者和用户之间的直接互动，从而建立全球性去中心化的娱乐生态系统。波场币可用于交易、抵押、治理，以及游戏和娱乐。

8. 门罗币（Monero）：门罗币是一个着重于隐私保护的加密货币，通过使用特殊的加密技术确保交易的完全匿名性。

9. 纳币（Nano）：纳币是一种快速、无手续费的加密货币。它旨在提供易于使用且可即时交易的数字支付解决方案。

10. 旷工币（NEO）：旷工币是 NEO 区块链平台的原生代币。NEO 币主要用于网络上的交易费用和共识机制的参与，支持 DAPP 开发、智能合约、分布式共识、数字身份验证等，被誉为中国以太坊。

此外，区块链中的通信隐私主要涵盖各节点在通信过程中产生的隐私内容，包括通信数据内容与流量情况等。区块链通过中继转发模式进行通信，初始节点将相关信息转发给邻近节点，邻近节点再将信息传播给自己的邻近节点，以此类推，直到信息能够传播到网络中任一节点。区块链网络中传播的数据一般为明文数据，攻击者突破某个节点后可以直接读取其传播的各种信息。所以，如果攻击者发现信息传播的始发节点，就能够通过始发节点的 IP 信息与其窃取到的交易信息进行关联，进而解码匿名地址信息，获取真实用户信息。

在现实生活中，区块链安全事件层出不穷。2018 年，IOTA 重大盗币事件的发生为区块链应用层的隐私性及安全性敲响了警钟，此次事件造成了 1 140 万美元的损失。经调查发现，IOTA 为用户在线生成密钥的 Trinity 钱包插件存在漏洞，攻击者通过攻击 Trinity 钱包插件，不断收集用户生成的密钥种子，结合分布式拒绝服务攻击阻止受害者收回资金。同时，被攻击者的账户身份信息及交易信息也被攻击者轻松获得，利用这些敏感信息，攻击者可以将区块链系统中的账户信息与现实生活中的用户身份信息进行关联，从而导致严重的隐私泄露问题。2020 年 2 月，IOTA 加密货币最终关闭了整个网络。2020 年 6 月，在交易过程中主要用于存储、管理和销售加密货币的加密钱包 Ledger 遭到窃取，100 万份 Ledger 客户个人信息的数据库在黑客论坛上被公布，这些被泄露的信息包括 Ledger 硬件钱包购买者的电子邮件、实际地址和电话号码等。

（二）区块链金融的安全问题

区块链技术的安全性存在一定风险。尽管区块链技术本身是安全的，但这并不意味着区块链上的应用程序和智能合约也是安全的。一些黑客或者不法分子可能利用区块链技术的漏洞来进行攻击，从而导致区块链上的资产被盗或者被破坏。区块链金融交易中，若交易双方主体将交易信息储存于区块链上，而黑客所攻击的并不是区块链，而是交易双方主体，那么在不知情的情况下依赖错误信息进行交易，并将数据储存在区块链上，将使区块链因不可篡改所获得的交易安全变得不可靠。不仅如此，区块链节点之间的差异化存在，也为攻击区块链系统创造了条件。此外，区块链技术下，通过竞争获取记账权，一些活跃的节点将处理大量事务，从而导致这些节点的数据生成集中。换言之，若节点掌握 51% 的算力，那么就有可能篡改交易信息。另外，对于节点安全维护的成本投入，也会影响攻击的方式。虽然在比特币等区块链金融交易场所上有自卫机制，但这并不能阻止区块链系统遭受攻击。具体来说，它包括数据存储安全与系统安全问题。

1. 数据存储安全

典型的区块链系统与传统中心化系统和传统分布式系统不同，区块链系统中的节点须利用数据冗余来保证数据的不可篡改性，所以区块链网络中的各个节点均须备份所有存储数据。节点除了存储所有历史数据，还需要存储新增数据，此外节点还可能存储同一数据的不同版本。随着时间的推移，区块链系统上数据的高度冗余给各个节点带来严重的内存负担。当区块链网络中需要存储的数据超过大部分节点的存储容量时，会降低恶意节点"作恶"的难度，无法保证区块链的不可篡改性和可靠性，这就可能给区块链系统带来安全问题。

2. 系统安全问题

系统安全是区块链安全的根本，包括共识算法安全、加密算法安全、智能合约安全等，对应着三种类型的攻击，即51%攻击、加密算法攻击和智能合约攻击。

（1）51%攻击。对于工作量证明算法（PoW），51%攻击是指某个拥有全网50%以上算力的"矿工"可以攻击整个区块链系统。由于这个"矿工"可以生成绝大多数的区块，他可以通过故意制造分叉来实现"双重支付"，或者通过拒绝服务的方式来阻止特定的交易或攻击特定的钱包地址。当独立的个人或组织（恶意黑客）收集超过一半的哈希值并控制整个系统时，就会发生51%攻击，而这对整个系统来说可能是灾难性的。一旦51%攻击发生了，攻击者之外的其他节点不会承认攻击者生成的链条，整个网络中的币可能变得一文不值。所以，从攻击者利益的角度来看，51%攻击很难发生。这种攻击一般更可能发生在链生成的早期阶段，但不适用于企业或联盟链。

（2）加密算法攻击。区块链的安全性依赖密码学加密算法的强度。多数区块链操作会使用密码学中的哈希算法。例如，区块之间通过区块头哈希值进行连接，交易地址通常由哈希操作产生。哈希256算法是区块链最常使用的，但仍可能受到长度扩展攻击。攻击者可以利用长度扩展攻击在原始数据的后面附加一些自定义数据，进而改变消息的哈希值。

（3）智能合约攻击。智能合约本质上是运行在区块链上的程序，由开发人员编写。由于目前以太坊等区块链系统的智能合约漏洞防范措施不够完善，安全意识一般的合约开发者很可能开发出包含致命漏洞的智能合约。

 案例延伸

KuCoin 牛市被盗事件

KuCoin是一家2013年成立于新加坡的加密货币交易所，有多种token交易。2020年9月，正值加密货币牛市，黑客盗取了KuCoin最活跃的几个热钱包，总计2.38亿美元的资产被转移，这是截至当时被盗数额最高的一次。

虽然 KuCoin 及时暂停了网站上的交易，但还是造成了损失。在那之后的几个月里，KuCoin 做了详尽的调查，通过"司法保护""合约升级"等方式降低可操作性风险。KuCoin 之前有通过保险机构做加密货币丢失的保险。其 CEO 在接受采访时特别强调损失可以被保险公司弥补，让投资者、交易员的资产得以保全。

二、区块链金融监管风险

（一）区块链金融市场垄断风险

1. 不同链上的垄断协议

当前，区块链金融业务广泛应用于区块链的联盟链和私有链。不同于完全去中心化的公有链，联盟链与私有链在没有完全开放的前提下，准入权和管理权等被某些主体控制，使得它们拥有该链上超然的地位。也正因为如此，区块链金融上的机构能够对该链交易拥有绝对控制权，并时刻掌握交易内容与信息。若用户体量不断扩大，区块链金融项目控制者或许将成为超越国家主权的组织。不仅如此，利用原先应用市场软件为基础，区块链金融控制者甚至可以将垄断协议内置区块链内，逐步扩大适用范围，以增强自身的全球化竞争能力。由 Facebook 所发布的加密货币项目 Libra 就是最好的例证。Facebook 与 USV、Xapo 等金融机构、区块链公司、支付机构联合组成 Libra 协会，利用各自原有应用市场予以支持，力图快速成为国际货币和全球性支付工具。2019 年，欧盟反垄断机构开始对 Libra 展开调查，认为其可能不公平地对待其竞争对手。迫于监管压力，多家机构退出 Libra 协会。该项目最终无法继续。

此外，区块链金融并不是单单应用于许可型区块链（联盟链、私有链），有的还应用于非许可型区块链（公有链）。如果说在许可型区块链上还可以进行反垄断监管，那么在完全去中心化的非许可型区块链上进行反垄断监管，则是一个难点。虽然公有链本身的存在大大降低了垄断行为的产生，但是公有链上工作量证明机制的存在为垄断行为的产生提供了可能。算力的强弱与区块链上的记账权、数字代币的获取息息相关。实力强劲的市场经营者可以通过算力垄断来使自己获取更多的区块链资源，这对于反垄断规制来讲是一个新的考验。

2. 合并集中经营问题

不仅仅局限于区块链金融中的金融机构，任意区块链生态系统中的企业一旦进行合并都有可能对现有竞争秩序产生影响。例如，基于工作量共识机制管理下的加密货币和权益证明机制管理下的加密货币，一旦大量"采矿权"被同一人所控制，在合并协同效应下，会导致"挖矿者"自身竞争力增强。加密数字货币交易所之间的合并，经营数字钱包，就是最好的例证。2013 年以来，众多合并事项在加密货币领域发生，超 50% 的并购事项发生在加密货币交易所。为扩大自身规模，掌握区块链金融市场的绝对地位，经营者集中现象频频发生，引发了人们对区块链金融领域的反垄断担忧。这些现象的出现更对金融监管提出了挑战。若监管不及时，这一问题会对区块链金融市场自由竞争产生影响。

（二）区块链金融交易者风险保护

区块链技术在金融领域的应用由来已久，但人们也发现，基于区块链的交易不适合当前各国的监管制度。现有法律体系缺乏对区块链金融交易者的有效保护。监管措施的出台缓慢和对区块链等技术的盲目屈从导致大量交易者利益受损。特别是在区块链金融领域，根据有关报告，有80%的ICO（Initial Coin Offering，首次币发行）属于欺诈。我国否认比特币货币属性并且禁止ICO，但是对于比特币的虚拟财产属性并不否认。针对比特币交易等行为并没有做出任何具体的监管措施。监管层面的不确定性，使交易者利益保护受损。如果加密货币交易平台停业，交易者将蒙受损失。可以说，高水平的监管有利于保护交易者，促进经济发展，但是对新兴事物的监管必然也会造成对其的打压，阻碍其发展创新。

知识链接

首次币发行（ICO），源自股票市场的首次公开发行（IPO）概念，是区块链项目首次发行代币，募集比特币、以太币等通用数字货币的行为。

ICO是一种区块链行业术语，是一种为加密数字货币或区块链项目筹措资金的常用方式，早期参与者可以从中获得初始产生的加密数字货币作为回报。ICO所发行的代币，可以基于不同的区块链。常见的是基于以太坊（Ethereum）和比特股（BTS）区块链发行，由区块链提供记账服务和价值共识，实现全球发行和流通。

1. 消费者投诉机制失效

随着金融科技的飞速发展，构建一个高效且公正的消费者投诉机制显得尤为关键。传统的金融机构通过构建投诉响应机制，不仅提升了客户忠诚度，也夯实了长期合作的基础。然而，在非许可型区块链领域，由于其固有的去中心化特性，缺乏中心化管理机构的参与，在交易过程中出现的资金问题难以有效解决。这种完全开放、无固定验证者的交易环境，使监管机构的监管工作变得异常艰难。

数字货币交易平台作为区块链技术在金融领域的一大应用，虽然提供了一定的集中化服务，但其在运营中仍然面临着诸多挑战。特别是其完全去中心化的运营模式，与现有法律制度存在冲突，这也使非许可型区块链金融支付系统的发展前景受到质疑。相反，具备强制监管的许可型区块链金融模式，由于其更符合法律规范和市场需求，有望成为未来发展的主流。

2. 智能合约前置条款的争议

在区块链金融交易中，智能合约的应用虽然为交易双方提供了自动执行的可能，但也带来了一系列包括争端解决机制在内的一揽子条款的设置问题。在金融机构方面，利用智能合约确保付款，而在交易者方面，需要确保的是自动执行合约，以达到交易的对称性与公平性。

目前，许多区块链金融机构在提供智能合约服务时，其前置条款往往存在诸多争议。

以数字货币交易平台为例，部分平台在用户协议中规定了争议解决的方式，但这种方式往往对交易者不利。例如，Bitstamp 标准用户协议中交易者纠纷必须由英国法院解决，而 Coinbase 在其争议解决条款中要求 5 500 欧元或者 5 000 英镑以上的争议均应交由伦敦国际仲裁法院（LCIA），若进行的仲裁程序使用语言为英语，则各方无权再根据 Coinbase 的用户协议对裁决提出上诉。这无疑增加了交易者的维权成本。此外，一些平台还单方面修改隐私政策，并以此为由限制用户访问数字钱包，这严重侵犯了交易者的合法权益。

这些不公平的前置条件不仅损害了交易者的利益，也影响了区块链金融的健康发展。因此，构建一个公平、透明、合理的智能合约前置条款体系，对于促进区块链金融的可持续发展具有重要意义。

（三）区块链金融犯罪风险

区块链技术因其匿名性特征，在金融基础设施领域中为犯罪行为的滋生提供了土壤。尽管交易记录保持公开透明，但交易参与者的身份却隐藏在匿名面纱之下，这种特性使得某些人能够利用它进行非法活动，如洗钱和走私。犯罪分子借助区块链加密货币的特性，巧妙地隐藏自身行踪，并通过声称交易的非金融性质来为自己的非法行为辩护，频繁实施洗钱和进行金融诈骗等。从价值传输的视角来看，这凸显了区块链在满足隐私保护需求时所展现的负面效应。以 2013 年的"丝绸之路"网站事件为例，作为全球最大的黑市，该网站利用比特币的去中心化特性大肆进行洗钱、非法融资和非法交易，涉案资产高达 26 000 比特币。此次事件引发了国际社会的广泛关注，使得各国开始正视比特币的潜在风险，并逐步加大对区块链应用中反洗钱现象的监管力度。

据统计，从 2009 年到 2018 年，仅通过比特币就涉及了约 25 亿美元的洗钱活动。此外，由于区块链技术的新颖性，利用它进行诈骗的事件也屡见不鲜。例如，在 2014 年发生的美国首例比特币证券诈骗案中，得克萨斯州人 Trendon Shavers 利用比特币策划了庞氏骗局，导致至少一半的投资者在短短一年内损失了全部比特币投资。

这些犯罪行为不仅损害了区块链技术的声誉，也引发了社会对区块链技术的广泛质疑。因此，加强区块链金融领域的法律监管、确保技术的健康发展，已成为当务之急。

（四）区块链金融的跨界隐患

区块链金融作为技术与金融的深度融合产物，其跨界特性给监管部门带来了前所未有的挑战。首先，从技术的角度看，区块链技术的引入为金融行业带来了革命性的变化，但与此同时，这也要求监管部门必须拥有足够的技术知识储备，以应对这种技术带来的新型风险。然而，现实中许多监管机构的人员对区块链技术及其在金融领域的应用并不十分熟悉，这无疑增加了监管的难度。其次，区块链金融的跨界特性还体现在与金融业务的高度融合上。在区块链技术的助力下，证券、银行、保险等传统金融业务之间的界限变得模糊，它们之间的融合关联越发紧密。例如，智能合约的兴起使合同执行变得更加自动化和智能化，但这同时也需要法律与技术的紧密配合，以确保合约的合法性和有效性。这种多方面的跨界使区块链技术在金融领域的应用变得十分复杂，也为监管部门带来了极大的挑战。

此外，区块链金融的跨界特性还带来了其他方面的隐患。一些不法分子可能会利用区块链技术的匿名性和去中心化特性进行非法活动。同时，区块链技术的复杂性和创新性也使监管部门在监管过程中可能会遇到一些难以预见和解决的问题。

知识链接

许可链与非许可链

按照权限的不同，区块链可以分为许可链（Permissioned Blockchain）和非许可链（Permissionless Blockchain）。

联盟链和私有链属于许可链，意味着并不是任何人都可以自由加入网络，而是需要一定的权限许可才可以作为一个新的节点加入。联盟链的许可权掌握在多个节点之中，私有链的许可权掌握在单一节点之中。公有链属于非许可链，所有人都可以作为网络中的一个节点，而不需要任何人给予权限或者授权。

三、区块链金融法律适用风险

（一）区块链金融中参与者责任确认的复杂性

在当前的区块链金融体系中，许可链占据主导地位，然而，对于区块链金融参与者的责任确认，我们仍然面临诸多挑战和困难。在这一体系中，节点是不可或缺的核心元素，金融交易者、金融监管者都扮演着节点的重要角色。然而，与非中心化的互联网架构存在显著差异的是，虚拟化的非许可型区块链使交易主体与节点之间的对应关系变得模糊不清。

区块链中的节点被赋予了技术上的"人格化"特征，但这一特性在真实金融交易主体的确认上作用有限。掌控节点运行的服务器可能归属于单一金融机构，也可能是多家金融机构的联合。更为复杂的是，当前法律尚未明确规定区块链金融必须依赖许可链。因此，在非许可链环境中，任何主体都能够进行交易，且在匿名机制的保护下，仅凭私钥即可完成交易，这使金融交易当事人的民事行为能力确认变得异常困难。这一系列的复杂因素给区块链金融参与者责任的明确界定带来了极大的挑战。

（二）区块链金融中智能合约的法律化挑战

技术革命对现有法律制度造成了严重的挑战。智能合约作为区块链核心技术之一，改变了各行业的现状。在法律领域，智能合约可以大大缩短诉讼时间，并减轻用户的风险，而在金融领域可以通过实施智能合约自动化来提高效率。但是，智能合约的应用也产生了一系列问题，对现有相关合同法律法规造成了挑战。虽然目前世界各国现有法律规定都将智能合约定义为一种程序代码，将其与相关合同法律法规紧密相连，但是由于智能合约固有的独特性和复杂性，很难辨别它们在传统合同法的法律框架中的位置和方式。

在区块链金融场景中，智能合约的"到期自动执行"特性被寄予厚望，以控制"违约风险"。人们普遍认为，通过预设违约条件的编码，智能合约能够自动执行，从而弥补违约行为给受侵害方带来的损失。然而，智能合约作为一种计算机合约，其"能否撤销"的问题，即合约效力问题，成为一个关键挑战。

智能合约实际上是一个存储在区块链中的小型计算机程序，其"自动执行"的原理类似于储蓄账户绑定信用卡到期自动还款。区别在于，由于区块链的分布式账本特性，智能合约的代码一旦写入，便具有不可篡改、不可撤回的特性。这意味着，尽管智能合约能够杜绝违约情况的发生，但它并不能排除合约在创立之初可能存在的重大误解等情况。一旦出现需要撤销合约的情况，几乎难以实现，除非有超过50%的节点同意撤销该合约并创建新的分叉区块，但这在实践中极为困难。因此，智能合约的法律化问题亟待解决。

四、区块链技术应用的局限性

区块链技术在推进数字化进程中展现了巨大的潜力，但其可扩展性却成为一个不容忽视的风险因素。由于区块链的设计初衷是确保数据的不可篡改性和去中心化特性，其处理能力相对有限，导致在面临大规模应用时，可扩展性成为一大挑战。随着区块链技术的广泛应用，这一局限性越发凸显，对其在各个领域的应用构成了限制。

区块链技术的性能问题同样值得关注。在处理交易时，区块链网络的每个节点都需要对交易进行验证和记录，这导致交易数量的增加会加大整个网络的负担。特别是在公有链中，如比特币所采用的竞争性共识机制（如PoW），进一步加剧了性能瓶颈。为了提升区块链的性能，分片技术成为一种常见的解决方案。分片技术通过将区块链网络划分为多个独立的片区，每个片区独立处理交易，有效提升了整个网络的扩展性和处理效率。以太坊的分片技术便是一个成功的案例，它通过将网络拆分为多个链片，实现了交易的高效处理。

此外，区块链的容量问题也不容忽视。随着交易量的增长，区块链的大小不断膨胀，给节点带来了更高的存储需求。对于公有链而言，这可能导致参与者的存储成本上升，同时增加了对高性能硬件的依赖。为了应对容量挑战，业界提出了多种解决方案。其中，侧链技术通过将部分交易转移到侧链处理，有效减轻了主链的负担。另外，采用更高效的存储技术，如数据压缩、索引和分布式存储等，也能提高存储效率。此外，探索使用更先进的硬件设备，如固态硬盘等，也是提升区块链存储容量和性能的有效途径。

模块二　区块链金融监管

 **案例引入**

螳螂捕蝉 黄雀在后——被打掉的币圈知名项目

Plus Token 传销案　2017 年，国内 ICO 迎来了最火爆的元年，但也是这场狂欢的最后一年。涉案犯罪分子以区块链为幌子创建 Plus Token 钱包不断进行传销，并于 2018 年 5 月 1 日，正式上线 APP，设立了最高市场推广团队——盛世联盟社区。通过微信群、互联网、不定期组织的会议、演唱会及旅游等手段不断传销。项目宣称拥有并不存在的"智能狗搬砖"功能，要求用户支付价值 500 美元以上的数字货币作为入门门槛，方可享受"智能狗"带来的收益。此外，它将会员体系分为普通会员、大户、大咖、大神、创世五个等级，涉及智能搬砖收益、链接收益和高管收益等三种回报方式，不断吸引人们入场。

项目鼎盛时，注册用户高达 269 万，代理层级更是高达 4 000 层，参与者遍布全球。令人咋舌的是，所谓的创始人甚至参加了巴菲特的晚宴拍卖，试图以此炒作。然而，当所有人都沉浸在致富的梦境中时，项目方却悄然跑路，甚至在转账时区块链地址中会留下嚣张的备注："Sorry, we have run."（对不起，我们跑路了。）此时，投资者才如梦初醒，悔之晚矣。

AOFEX 交易所暴雷案　对于币圈老玩家来说，AOFEX 交易所想必都不会陌生，这是曾经号称取得英国虚拟货币运营监管资质的"纯英伦血统"交易所。然而就是这么一个"地地道道的老牌"交易所，却在 2021 年 12 月 10 日突然无法登录，这是怎么一回事呢？

原来，在 2021 年"924 通知"（《关于进一步防范和处置虚拟货币交易炒作风险的通知》）下发后，国内开始陆续清退交易所，以币安、火币、欧意等海外交易所为例，虽然平台"肉身"在国外，但也依旧开始清退注销中国 KYC 用户。但是仍然有不少交易所，比如 AOFEX 自认为交易量全球前五，又伪装成英国交易所，因此可以"无视"中国政策。这个交易所不仅所有用户基本来自中国，平台"肉身"也在中国，甚至相关主管涉嫌洗钱、掩映、传销等多项罪名。

江苏徐州警方在掌握了该交易所帮助海外诈骗分子洗钱、非法挪用平台用户资金的线索后，立即展开了收网工作，陆续将其负责人控制起来，并打掉了其平台号称在中国的办事处"成都 AOFEX 办事处"（其实该公司就只有这么一个地方，所谓的英国公司，其实是因为目前在英国注册公司的费用是 1 500 元 / 年，只需提供身份证或者护照即可办理）。后续迎接他们的必然是法律的正义审判。

思考：结合以上资料，分析区块链金融监管的意义和作用。

为了规范区块链技术在金融业中的应用，各国需要建立健全现有的监管体系，创新监管方法，管理层需在规范与创新之间寻求平衡。一方面，应实施分类监管策略，以推动优秀创新应用成果的广泛采用；另一方面，在鼓励创新的同时，必须高度重视金融稳定与风险防范，促进业务操作的规范化，确保金融安全，从而支持区块链技术的稳健发展。

一、区块链技术驱动金融监管

（一）区块链在金融监管中的应用

建立有效的市场监管，目的是促进金融市场的透明性、效率性、确定性和稳定性，让开放、自由的市场正常地运作。区块链技术具有去中心化、信任度高、追溯性强、自治度高等特点。去中心化和自治度高意味着区块链作为一种可信任的价值网络，内置了强技术约束，包括共识机制、共享账簿、智能合约等，其中智能合约技术可以自动执行抵押、清算和偿还等，减少交易对手风险和系统风险，这是对原有监管机制中软约束的巨大改进。正是因为区块链的节点由所有利益相关方组成，其实质是让社会共同监管，代替了现在某个中介机构作为担保。可见，区块链所要实现的前景和金融监管的目的在根本上是一致的，即以低成本实现市场的透明性、效率性、确定性和稳定性。

（1）数据记录、存储方式的变化，有利于监管机构快速、有效地调阅资料，提高监管效率。分布式账本的存储方式使每个节点具有相同的备份，最大限度保障了数据的完整性，区块链可以通过验证各个节点中的重要交易信息，例如各节点的账本有没有缺漏、网络节点有没有遭受攻击等，实现对异常记录的自动处理，除此以外，监管人员可以对区块链上的有效信息进行直接且快速的访问、查询，并且可以设置超级节点，在出现问题时，监管人员可以在第一时间进行修正和干预。同时，区块链使用时间戳的方式记录各项交易和操作，这样不仅可以实现数据的溯源与追踪，而且大大提高了监管工作的质量和效率。

区块链还能保护数据安全和数据隐私，因为哈希值无法逆运算，只是一个单向过程。因此，如果原始文档或交易被更改，它将产生不同的数字签名，从而警告网络不匹配。从理论上说，区块链技术降低了欺诈和错误的出现率，而且易于发现这些问题。

（2）完善了权益证明。区块链基于数学原理解决了交易过程的所有权确认问题，保证系统对价值交换活动的记录、传输、存储结果都是可信的。区块链基于加密算法技术，使账户地址的唯一指向性得到保证，在身份核对和验证，以及企业识别凭证等领域均具有一定的应用前景。在区块链系统中，交易信息具有不可篡改性和不可抵赖性。对于需要永久存储的交易记录，区块链是理想的解决方案，可适用于房产所有权、车辆所有权、股权交易等场景。其中，股权证明是目前尝试应用最多的领域：股权所有者凭借私钥，可证明对该股权的所有权，股权转让时通过区块链系统转让给下家，产权明晰、记录明确、整个过程也无须第三方参与。

（二）区块链对金融监管的挑战

区块链技术在金融业的应用将彻底改变数据记录和交易结算等数据金融基础设施的建

立和使用方式，理论上使金融业监管更具"共享经济"和自我智能监管的发展特征。监管机构应该充分利用这种技术提高审计跟踪、汇集报告、降低运营风险等方面的水平。然而，现有监管框架对互联网金融、数字货币等新金融领域仍然做不到有效监管，区块链技术对金融监管行业存在以下四个方面的挑战。

1. 现有监管模式需要更新

随着金融区块链和数字货币的发展，运用大数据技术实现精准监管，以及用中心化的监管模式对接去中心化平台发展，需要监管部门在工作机制、工作方式上进行革新，以满足新的监管要求。另外，金融监管的规则要求加强信息披露，而金融区块链技术的匿名性对历史交易信息进行了加密保护，为跟踪交易链条和寻找相应密钥带来极大困难。同时，金融监管平台与金融区块链对接后，业务数据的可审查性也考验监管部门的技术分析能力。

2. 应对风险能力需要提升

第一，由于区块链交易发生即清算，风险传播速度将大大加快，一旦区块链平台倒闭或遭受黑客攻击，会给相关数字货币造成很大影响。第二，区块链与现有中心化的金融系统对接后，一旦金融区块链系统出现巨大风险，如何迅速进行两者的风险隔离，也考验着监管部门的风险控制能力。第三，由于区块链高度自治的特点和交易的不可逆性，撤销交易、限制交易权限或冻结账户等中心化监管措施与去中心化区块链的整合也是一项系统性工程。

3. 法律责任确定更加困难

相对于传统的互联网应用程序存储在一个特定地点的服务器，去中心化组织直接将数据和应用部署在区块链，不受国家地理边界和司法管辖边界的限制，也不被任何单一的企业、政府机构或个人拥有或控制，因此，很难认定这个去中心化自治组织的创造者，一旦产生某种法律纠纷，受害者几乎不可能从去中心化的自治组织中获得赔偿，现有法律对自治组织的规定也无法彻底关闭相关平台。

4. 改革监管职能

区块链即服务、服务即监管的模式可能会导致监管机构自由裁量权、影响力的下降，以及职能的深刻变革。通过撤并监管系统中不适应科技发展的部分，如传统的证券交易分为交易、清算，监管也是分别进行的，而区块链做到了交易即清算，无疑需要归并监管，这可能将减少监管岗位工作，并提高金融科技、大数据分析等岗位的数量。未来，监管科技将涉及大数据分析、人工智能、云计算和智能合约。例如，监管规则写入智能合约，对智能合约条款的代码需要在云中进行审查，对区块链相关运营商和制造商的行为需要监管，这需要大量新兴的金融科技人才加入监管队伍。

二、监管沙盒

通过分析区块链技术对金融监管的挑战，可以看出区块链有效促进了金融监管，但仍存在模式、风险、法律和职能等方面的问题。随着云计算、大数据、区块链、AI 等信息技术的快速发展，金融科技已成为金融创新的主要驱动力和关键支撑，重塑着金融生态体系。而金融科技的业务模型和应用

微课：
什么是监管
沙盒？

模式十分多样而复杂，监管机制很难同步发展，用滞后的监管机制来管控日新月异的金融科技时，如何平衡风险防控和促进创新之间的关系，成为一大难题。在这样的需求下，监管沙盒应运而生。

（一）监管沙盒的定义

监管沙盒（Regulatory Sandbox），是 2015 年 11 月英国行为金融监管局率先提出的创新监管理念。监管沙盒作为一个受监督的安全测试区，通过设立限制性条件和制定风险管理措施，允许企业在真实的市场环境中，以真实的个人用户与企业用户为对象测试创新产品、服务和商业模式，这样有助于减少创新理念进入市场的时间与潜在成本，并降低监管的不确定性。由此可以看出，监管沙盒是一种金融创新监管的实验场所，既实现了政府的弹性监管，促进了政府与监管对象之间的合作，也为金融机构解决信息不对称等问题及降低合规风险提供明确的政策导向。借助监管沙盒机制，政府在鼓励金融创新的同时，将风险限制在可控范围内，从而促进金融创新和金融监管的互联互通。

这一设计本质上是一种金融创新产品的测试与激励机制，也能保护广大消费者权益，是一个短周期、小规模的测试环境，可以缓冲监管对创新的制约作用。其具体流程总体上可分为申请、评估和测试三步。运作核心包括两方面：一是在既有的监管框架下降低测试门槛；二是确保创新测试带来的风险不从企业传导至消费者。

目前我国区块链发展迅速，2018 年以来成立了大量新项目，如果对其进行"一刀切"式的管控，无疑不利于我国在金融科技领域保持领先地位。因此，在 2017 年 5 月 23 日，我国在贵阳启动了区块链金融沙盒计划，这是我国首个由政府主导的沙盒计划。2019 年 12 月，中国人民银行批复北京市率先在全国开展金融科技创新监管试点，探索构建符合我国国情、与国际接轨的金融科技创新监管工具，引导持牌金融机构在依法合规、保护消费者权益的前提下，运用现代信息技术赋能金融提质增效，营造守正、安全、普惠、开放的金融科技创新发展环境。

（二）监管沙盒机制在我国应用的可行性

1. 监管部门注重监管创新和审慎监管

首先，以金融科技为代表的金融创新正在迅速发展，监管部门已经意识到监管创新的重要性，这为监管沙盒机制的实施提供了有益土壤；其次，我国金融监管体制一直秉持宏观审慎的监管原则，这与监管沙盒机制的理念不谋而合，为金融创新的监管提供了坚实的政策支撑；最后，金融监管机构对监管沙盒模式的积极态度，无疑为未来的监管工作注入了新的活力。

2. 金融科技发展呼唤与之匹配的监管模式

金融科技作为我国金融领域的重要创新，实现了信息技术与金融业的深度融合，对于推进普惠金融战略和优化金融资源配置起到了至关重要的作用。然而，金融科技的快速发展也对监管机构提出了新的挑战。为了防范金融科技创新过程中可能出现的风险，如虚假操作、交易信息安全等问题，我国可以借鉴国外监管沙盒的成功经验，加强金融创新的信用管理，实施动态监管，确保金融市场的健康稳定。

3. 金融创新需要有效监管的法律法规

合规合法的金融监管是金融创新得以健康发展的基石。然而，由于法律法规的滞后性，我国尚未形成专门针对金融创新的有效监管的法律框架。在混业经营的背景下，金融创新风险与金融监管之间的矛盾日益凸显。监管沙盒作为一种创新的监管模式，可以在新产品测试期间适当放宽某些监管规则和法律要求，为金融创新提供更加宽松的环境，同时有助于在相对宽松的金融环境中探索风险防范的最佳路径，对现行法律法规的不足之处进行必要的补充和完善。

 **案例延伸**

我国的金融科技 "监管沙箱"

推进金融科技创新监管试点，又称中国版"监管沙箱"，强化对金融科技创新的引领、护航和孵化作用，可以为金融赋能实体经济高质量发展保驾护航。到2023年年底，"监管沙箱"试点满4周年，金融科技创新监管工具创新应用也进入了"投入—产出"密集期。

伴随着越来越多的项目成果从"入箱"阶段迈向"出箱"阶段，如何在保障安全可控的前提下强化推广应用、形成可复制的商业成果越发引人关注。受访人士分析认为，围绕项目成果相关的评价体系搭建、风控合规管理等，是构建金融科技创新中心的重要基石。

央行各地分行密集披露最新的金融科技创新监管工具创新应用情况。例如，央行上海总部近期披露了3个金融科技创新监管工具创新应用，即浦发银行的"基于隐私计算技术的异常交易监测服务"，上海农商银行的"基于大数据技术的农业产业链融资服务"，以及中国工商银行上海分行和上海市联合征信有限公司的"基于联邦学习技术的普惠融资服务"。金融科技创新监管工具创新应用从申报到结束测试，再到对外推广，需要严格的流程和评价管理。

（三）监管沙盒机制的意义与作用

1. 有利于进一步消除监管壁垒

一方面，监管沙盒凭借新的监管理念可消除监管隔阂，重新衡量政府与市场的关系。既能促进金融创新，又能防控金融风险；既能提高金融监管的有效性，又能为金融创新提供宽松的金融环境。首先，监管者改进了传统事前授权的监管模式。监管者向企业颁发有限的授权，在确保安全的情况下为企业提供创新的机会，同时使沙盒内的风险可控。其次，监管沙盒在测试的同时融入了监管者的事前审核、实时监督、动态评估及对消费者保护的要求，不仅让创新在较大限度内得到测试，而且保证最终进入金融市场的都是真正的创新，同时有效减少了潜在风险的扩散。另一方面，有助于缩减金融创新产品面世的时间。在传统监管模式之下，创新产品因其存在潜在的风险，经常会面临被监管者一再延迟面世的情况。监管沙盒根据创新方案的实际需求适当调整监管规则，给创新创造一个较为明确、宽松的环境。通过沙盒测试的金融创新产品可以在较短时间之内得以面世；金融科技企业可以在沙盒内及时获得监管者和消费者关于创新产品的反馈，有效防范创新带来的风险，为今后拓宽金融市场积累经验。

2. 有利于进一步保护金融消费者

监管沙盒的根本目的是保护消费者的利益，所以一切制度建立的前提都是消费者权益保护。首先，在沙盒测试前期，金融创新机构需向消费者告知测试的具体情形及潜在风险，征求消费者的意见，只有在完全得到消费者同意时方能将其纳入测试，充分保障消费者的自由和知情权。其次，消费者在测试过程中享受与其他客户同等的权利，消费者可随时向参与测试的企业和监管者投诉，消费者的公平交易权得到充分保障。最后，企业和监管者要针对客户建立专门的补偿机制，消费者在公司测试失败后可享受一定的金融服务补偿，获得包括投资损失在内的所有补偿，无须承担任何与测试企业进行交易的风险，保障消费者的求偿求助权。除了传统意义上的消费者知情权、自由权、公平交易权、保密权、安全权及求偿求助权等基本权益保护之外，监管沙盒扩展了金融消费者保护的内涵，更加注重消费者受益，通过降低价格、提高服务质量、互惠交易，增强便利性、可得性。

3. 能打通各金融领域信息孤岛，有利于进一步促进信息共享

监管沙盒主要是以交易数据、流程数据、风险数据等多项数据为核心和驱动的金融科技监管解决方案。监管沙盒测试可以加强各领域统计数据的交流，有助于建立统一规范的监管执行标准，实现标准化的信息共享。同时，各监管部门能以测试企业定期报送的测试情况和反馈信息为基础，积累经验和案例，建立风险预警管理机制，提升监管的有效性、准确性，为适时调整监管政策和措施提供支持。另外，创新企业和监管部门应构建良好的沟通机制，通过信息共享不断完善监管体系，使金融创新更加合规。

4. 平衡区块链行业创新与 ICO 风险的有效监管手段

针对 ICO 实施"监管沙盒"，既可以弥补现有金融监管机制的不足，又可以相对控制风险、保障投资者的利益，是平衡区块链行业创新与 ICO 风险的有效监管手段。对于 ICO 监管如果采取一刀切或者监管过严，势必会影响区块链这个新兴行业的发展与进程。但如果没有监管就会给一些不法分子可乘之机，利用 ICO 传销骗钱、非法集资、洗钱、恶意操纵二级市场代币价格等，损害金融市场秩序和投资者利益。所以，对 ICO 这种新型融资手段要采取审慎性宽容，监管沙盒或许是最好的方式。监管者可以通过颁发有限的执照、授权或登记备案等手段确保 ICO 项目方和众筹平台、交易平台的资质，从而保障投资人的利益。除此之外，在法律许可的范围内，允许这些获得相应资质的企业、平台在一定的空间里试错。

三、各国主要的监管政策措施

（一）英国

英国是最早推出监管沙盒的国家。2015 年，英国金融行为监管局（FCA）推出监管沙盒，

主要包括四个步骤：一是根据企业的规模、产品是否具有创新性、产品和服务能否促进消费者福利的提升来筛选企业；二是根据拟参与企业测试的创新产品和服务，选取合适的消费者，并要求拟参与企业设定消费者保护计划；三是在筛选条件合格的前提下，允许参与实验的企业向客户推出创新产品和服务；四是根据测试结果进行监管政策的制定和完善。

在具体运行过程中，FCA 对监管沙盒设置了明确的测试和加入标准，被允许使用监管沙盒的金融科技企业必须满足五个方面的要求：①创新产品或服务应支持金融服务业发展；②产品和服务的创新性显著；③创新直接为消费者创造价值；④沙盒测试目标明确；⑤企业创新和合规的意愿强烈。可见，FCA 并没有限定企业的类型和规模。同时，在测试时间上，一般为 3~6 个月，测试企业必须找到合适测试的产品和服务，并且企业的客户数量必须足够多，以确保可获得相关的统计数据。

在消费者保护方面，FCA 要求申请企业告知消费者参与测试存在的潜在风险和补偿措施，对测试活动进行适当的披露、保护和补偿。测试的企业必须制定合理的程序，明确风险后，挑选自愿参与的客户，对任何情况导致的客户受损做出及时、公平的赔偿，并对客户退出程序予以适当的安排。在测试过程中，消费者享受英国金融服务补偿计划（FSCS）和金融申诉服务（FOS）的保护。

值得一提的是，为了更好地进行信息反馈和调整规则，FCA 特别设立专人联系制度与测试项目进行沟通，一方面提高了测试机构对监管沙盒及相关监管措施的理解，另一方面也可以及时掌握项目情况和面临的问题，进一步完善监管沙盒规则。

（二）新加坡

新加坡金融管理局（MAS）对申请主体类型的限制较少，希望利用现有或新技术以创新的方式提供金融产品、服务，或优化业务流程的金融机构、科技公司和专门为这些企业提供技术支持或相关服务的企业都可申请。但判断金融科技企业是否适用于监管沙盒测试须满足四方面要求：①申请人进入沙盒后，有能力提供金融技术解决方案；②金融科技解决方案必须是技术创新；③明确界定沙盒测试场景和结果；④明确可预见风险。MAS 强调禁止一切借助监管沙盒名义规避法律、法规监管的行为。

在测试产品或服务方面，MAS 要求：①申请的金融科技项目和新加坡现行的产品或服务不同，需有助于填补相关领域的空白；②申请机构需要在实验室环境下或通过外部机构对项目的可行性进行过尽职调查；③申请项目无法在实验室或其他测试环境下验证其有效性，必须通过监管沙盒来验证；④申请机构在成功通过监管沙盒测试后（一般实验周期 6~12 个月），创新的产品和服务必须首先在新加坡国内开展。

在测试路程上，主要分三步。第一步，申请阶段。申请机构填报申请表，并据此向 MAS 提出测试申请；MAS 对申请机构提交的申请表和相关资料进行审核，并在收到申请后的 21 个工作日内通知项目是否符合进入监管沙盒的原则和要求。第二步，测试阶段。通过审核的项目开始正式测试，具体测试的时间长短可根据申请机构和项目的差异而有所不同。测试期间，申请机构必须告知参与客户该项目为监管沙盒项目。同时，要求测试企业必须具备处理客户查询、信息反馈和投诉的渠道，客户沟通、退出和过渡计划，并事先确定好风险化解计划。如果消费者由于使用监管沙盒内创新产品或服务而遭受损失，必须得到赔偿，且所有参与的机构必须通知客户，确保消费者的知情权。由于监管沙盒处于探索阶段，MAS 允许进入测试阶段的申请机构与其沟通后修改测试的某些内容和项目。第三步，评估阶段。测试结束后，MAS 将对测试结果进行评估并向申请机构进行反馈。测试合格的项目可在更大范围内推广。

为了保证信息共享和有效调整规则，MAS 在 2016 年 6 月公布了《金融科技沙盒监管指引（征求意见稿）》，对公众及业内人士进行了广泛的意见征求，并结合相关意见对申请标准、基本要求等方面的部分条款进行了修订，最终于 2016 年 11 月公布了《金融科技沙盒监管指引》。同时，公布了其间收集的 48 条主要建议及是否采纳的原因，以便公众进一步理解监管沙盒。

（三）中国

区块链技术作为新一轮工业革命中推动产业创新升级的重要技术手段，也因其颠覆性的运作模式及相伴而生的技术风险挑战着原有的监管体系，从而成为各国法律重点规制的对象。我国区块链相关政策的出现可以追溯到 2013 年。2013—2022 年，我国对区块链行业的整体态度从 2013 年时的严厉监管逐步发展为 2015—2017 年时的积极应对，继而发展至目前在各行业积极推动区块链的发展。2020—2022 年，我国将区块链写入了"十四五"计划，旨在推动区块链与各行业的加速融合，加快产业数字化进程。我国区块链行业政策发展历程如图 7-1 所示。

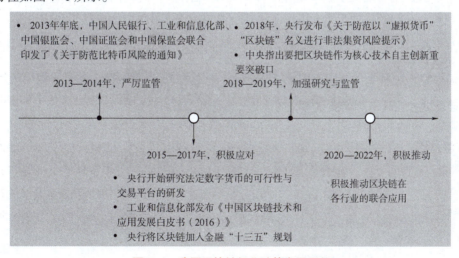

图 7-1　我国区块链行业政策发展历程

资料来源：前瞻产业研究院

在我国，与区块链应用领域的发展轨迹一致，我国对区块链技术的监管也源于对数字货币的监管。

- 2013 年 12 月,《关于防范比特币风险的通知》作为我国首部有关数字货币监管的文件发布。该文件明确否定了比特币的货币地位,将其定性为虚拟商品,并禁止金融机构从事相关业务。
- 2017 年 9 月,《关于防范代币发行融资风险的公告》发布。文件完全禁止了境内的代币融资项目,否定了 ICO 的合法性,将代币发行融资活动定性为涉嫌非法发售代币票券、非法发行证券及非法集资、金融诈骗、传销等违法犯罪活动。
- 2018 年,《关于开展为非法虚拟货币交易提供支付服务自查整改工作的通知》《关于防范以"虚拟货币""区块链"名义进行非法集资的风险提示》等文件陆续发布,均表明国家对于进一步加强管控应用于金融领域的数字货币的决心。
- 2019 年 1 月,《区块链信息服务管理规定》作为首部针对区块链技术的监管法规发布。该规定首次提出了"区块链信息服务提供者"的概念,将其作为监管对象,并规定了网信办等监管机关的职权职责、区块链信息服务使用者的权利与义务、区块链信息服务提供者的权利与义务。
- 2019 年 10 月,《中华人民共和国密码法》颁布,该法覆盖了对区块链底层加密技术的规制,同时,与《中华人民共和国网络安全法》和《互联网信息服务管理办法》两项作为《区块链信息服务管理规定》立法依据的上位网络法相衔接,共同勾勒出区块链技术的规制框架。
- 2021 年 9 月,《关于进一步防范和处置虚拟货币交易炒作风险的通知》发布。该文件再次明确了虚拟货币不具有与法定货币等同的法律地位,彻底禁止了与货币应用相关的区块链技术和场景。

此外,我国出台的关于区块链技术方面的政策措施,具体分为国家层面的政策与地方层面的政策。从国家层面来看,包括区块链行业技术方向政策、区块链行业应用方向政策、区块链行业监管与标准政策,以及区块链行业产业发展政策。从地方层面来看,包括地方层面区块链行业政策。

1. 国家层面政策

- 区块链行业技术方向政策如表 7-1 所示。

表 7-1　区块链行业技术方向政策

时间	部门	文件名称	文件主要内容
2016.10	工业和信息化部	《中国区块链技术和应用发展白皮书(2016)》	总结了国内外区块链发展现状和典型应用场景,介绍了中国区块链技术发展路线图,以及未来区块链技术标准化方向和进程
2016.12	国务院	《"十三五"国家信息化规划》	"区块链"首次被作为战略性前沿技术写入规划
2017.07	国务院	《新一代人工智能发展规划》	促进区块链技术与人工智能的融合,建立新型社会信任体系

续表

时间	部门	文件名称	文件主要内容
2017.08	国务院	《国务院关于进一步扩大和升级信息消费　持续释放内需潜力的指导意见》	提出开展基于区块链、人工智能等技术的试点应用
2018.06	工业和信息化部	《工业互联网发展行动计划（2018—2020年）》	鼓励推进边缘计算、深度学习、区块链等新兴前沿技术在工业互联网的应用研究
2020.11	文化和旅游部	《文化和旅游部关于推动数字文化产业高质量发展的意见》	支持5G、大数据、云计算、人工智能、物联网、区块链等在文化产业领域的集成应用和创新，建设一批文化产业数字化应用场景
2021.06	国务院	《全民科学素质行动规划纲要（2021—2035年）》	推进科普与大数据、云计算、人工智能、区块链等技术深度融合，强化需求感知、用户分层、情景应用理念，推动传播方式、组织动员、运营服务等创新升级，加强"科普中国"建设，充分利用现有平台构建国家级科学传播网络平台和科学辟谣平台
2022.01	国务院	《国务院关于印发"十四五"数字经济发展规划的通知》	建立完善基于大数据、人工智能、区块链等新技术的统计监测和决策分析体系，提升数字经济治理的精准性、协调性和有效性
2024.01	工业和信息化部	《工业和信息化部等七部门关于推动未来产业创新发展的实施意见》	推动第三代互联网在数据交易所应用试点，探索利用区块链技术打通重点行业及领域各主体平台数据，研究第三代互联网数字身份认证体系，建立数据治理和交易流通机制，形成可复制、可推广的典型案例

资料来源：前瞻产业研究院

- 区块链行业应用方向政策如表7-2所示。

表7-2　区块链行业应用方向政策

时间	部门	文件名称	文件主要内容
2017.10	国务院办公厅	《国务院办公厅关于积极推进供应链创新与应用的指导意见》	提出要研究利用区块链、人工智能等新兴技术，建立基于供应链的信用评价机制
2017.11	国务院	《国务院关于深化"互联网＋先进制造业"发展工业互联网的指导意见》	促进边缘计算、人工智能、增强现实、虚拟现实、区块链等新兴前沿技术在工业互联网中的研究与探索

时间	部门	文件名称	文件主要内容
2018.04	教育部	《教育信息化2.0行动计划》	提出积极探索基于区块链、大数据等新技术的智能学习效果记录、转移、交换、认证等有效方式，形成泛在化、智能化学习体系，推进信息技术和智能技术深度融入教育教学过程，打造教育，发展国际竞争新增长极
2019.08	中共中央、国务院	《中共中央　国务院关于支持深圳建设中国特色社会主义先行示范区的意见》	提高金融服务实体经济能力，研究完善创业板发行上市、再融资和并购重组制度，创造条件推动注册制改革；支持在深圳开展数字货币研究与移动支付等创新应用；促进与港澳金融市场互联互通和金融（基金）产品互认；在推进人民币国际化上先行先试，探索创新跨境金融监管
2021.10	国务院	《国务院关于开展营商环境创新试点工作的意见》	推进区块链技术在政务服务、民生服务、物流、会计等领域探索应用
2021.10	中国人民银行中央网信办等五部门	《关于规范金融业开源技术应用与发展的意见》	探索自主开源生态，重点在操作系统、数据库、中间件等基础软件领域和云计算、大数据、人工智能、区块链等新兴技术领域加快生态建设，利用开源模式加速推动信息技术创新发展
2021.11	国务院促进中小企业发展工作领导小组办公室	《国务院促进中小企业发展工作领导小组办公室关于印发提升中小企业竞争力若干措施的通知》	支持金融机构深化运用大数据、人工智能、区块链等技术手段，改进授信审批和风险管理模型，持续加大小微企业首贷、续贷、信用贷、中长期贷数投放规模和力度
2021.11	人力资源社会保障部等	《人力资源社会保障部　国家发展改革委财政部　商务部　市场监管总局关于推进新时代人力资源服务业高质量发展的意见》	实施"互联网＋人力资源服务"行动，创新应用大数据、人工智能、区块链等新兴信息技术，推动招聘、培训、人力资源服务外包、劳务派遣等业态提质增效
2022.08	农业农村部办公厅	《农业现代化示范区数字化建设指南》	加快物联网、大数据、人工智能、区块链、5G等现代信息技术在农业生产领域深度应用
2022.10	国务院办公厅	《国务院办公厅关于印发全国一体化政务大数据体系建设指南的通知》	建设全国标准统一的政务区块链服务体系，推动"区块链＋政务服务""区块链＋政务数据共享""区块链＋社会治理"等场景应用创新，建立完善数据供给的可信安全保障机制，保障数据安全合规共享开放
2023.06	人力资源社会保障部	《数字人社建设行动实施方案》	利用5G、视频、区块链等技术，辅助远程实现工伤事故调查、劳动能力鉴定；全面实现非涉密人社信息系统通过电子社保卡扫码登录

资料来源：前瞻产业研究院

● 区块链行业监管与标准政策如表7-3所示。

表7-3　区块链行业监管与标准政策

时间	部门	文件名称	文件主要内容
2017.01	工业和信息化部	《软件和信息技术服务业发展规划（2016—2020年）》	提出区块链等领域创新达到国际先进水平等要求
2018.03	工业和信息化部	《2018年信息化和软件服务业标准化工作要点》	提出推动组建全国信息化和工业化融合管理标准化技术委员会，全国区块链和分布式记账技术委员会
2019.01	国家互联网信息办公室	《区块链信息服务管理规定》	规范了我国区块链行业发展所发布的备案依据。本次"管理规定"的出台也意味着我国对于区块链信息服务的"监管时代"正式来临
2019.03	国家互联网信息办公室	《国家互联网信息办公室关于第一批境内区块链信息服务备案编号的公告》	公开发布了第一批共197个区块链信息服务名称及备案编号。清单中的公司主要类型有互联网公司、金融机构、事业单位和上市公司等，其中区块链技术平台、溯源、确权、防伪、供应链金融等是重点方向
2019.10	全国人大常委会	《中华人民共和国密码法》	《中华人民共和国密码法》自2020年1月1日起施行。旨在规范密码应用和管理，促进密码事业发展，保障网络与信息安全，提升密码管理科学化、规范化、法制化水平，是我国密码领域的综合性、基础性法律
2019.11	国家发展改革委	《产业结构调整指导目录（2019年）》	在《产业结构调整指导目录（2019年，征求意见稿）》中曾被列入淘汰类产业的虚拟货币"挖矿"条目被删除
2020.03	中国人民银行	《金融分布式账本技术安全规范》	规定了金融分布式账本技术的安全体系，包括基础硬件、基础软件、密码算法、节点通信、账本数据、共识协议、智能合约、身份管理、隐私保护、监管支撑、运维要求和治理机制等方面
2023.04	国务院	《国务院关于印发计量发展规划（2021—2035）的通知》	充分运用大数据、区块链、人工智能等现代技术。探索建立新型计量监管模式和制度，推动监管重点从管器具向管数据、管行为、管结果的全链条计量监管体制转变

资料来源：前瞻产业研究院

- 区块链行业产业发展政策如表7-4所示。

表7-4 区块链行业产业发展政策

时间	部门	文件名称	文件主要内容
2017.03	工业和信息化部	《云计算发展三年行动计划（2017—2019年）》	开展大数据、物联网、人工智能、区块链等技术，新业务的研发和产业化
2020.02	国务院	《中共中央 国务院关于抓好"三农"领域重点工作确保如期实现全面小康的意见》	文件指出，依托现有资源建设农业农村大数据中心，加快物联网、大数据、区块链、人工智能、第五代移动通信网络、智慧气象等现代信息技术在农业领域的应用
2020.04	工业和信息化部办公厅	《工业和信息化部办公厅关于推动工业互联网加快发展的通知》	提出要引导平台增强5G、人工智能、区块链等新技术支撑能力，强化设计、生产、运维、管理等全流程数字化功能集成
2021.10	商务部、中央网信办、国家发展改革委	《"十四五"电子商务发展规划》	从深化创新驱动、优化要素配置、统筹发展安全入手，深度挖掘数据要素价值，推动5G、大数据、区块链、物联网等先进技术的集成创新和融合应用，实现电子商务高质量发展

资料来源：前瞻产业研究院

2. 地方层面政策

国家及各部委就区块链监管出台多项政策，为区块链信息服务的提供、使用、管理等提供有效的法律依据。2020年10月，由中国电子技术标准化研究院主导的《信息技术区块链和分布式记账技术参考架构》国家标准（下称"架构标准"）完成上海征求意见会议。进入2021年，全国各省市也相继出台关于区块链标准规范监管的政策。地方层面区块链行业政策如表7-5所示。

表7-5 地方层面区块链行业政策

时间	省市	文件名称	文件主要内容
2021.01	上海	《关于全面推进上海城市数字化转型的意见》	加快建设数字基础设施，推动千兆宽带、5G、卫星互联网等高速网络覆盖，建设高性能公共算力中心，打造人工智能、区块链、工业互联网等数字平台，坚实支撑经济发展、市民生活和城市治理等各领域的数字化应用
2021.02	深圳	《中国特色社会主义先行示范区科技创新行动方案》	明确指出深圳要以科技创新驱动高质量发展为主线，以深化科技体制改革和健全科技创新治理体系为突破口，以集聚全球创新要素和增强原始创新能力为主攻方向，以创新引领超大型城市可持续发展为主题，打造粤港澳大湾区高质量发展核心引擎

续表

时间	省市	文件名称	文件主要内容
2021.02	杭州	《2020 杭州区块链产业白皮书》	整理了 2020 年全球及国内区块链的发展情况、区块链关键技术、各个国家与地区对区块链技术的支持政策及区块链对实体经济的赋能规划，还分析了我国 20 多个省市对区块链发展的三年或五年规划，并与兄弟省市做了全面的分析比较，对杭州市区块链行业整体的发展方向做出了指引和探索
2021.03	重庆	《基于区块链的电子商务价值行动认定规范》	为重庆首个实施的地方区块链标准
2021.05	云南	《关于印发云南省支持区块链产业发展若干措施的通知》	明确每年择优遴选 3 个应用活跃、带动突出的区块链平台，按照项目研发、购买或租用设备及测试认证费用的 30% 给予项目建设主体一次性事后补助，单个项目最高补助不超过 1 000 万元
2021.07	海南	《海南省高新技术产业"十四五"发展规划》	做优做强区块链等数字产业链，到 2025 年，数字经济产业营业收入达到 4 000 亿元
2021.07	广东	《广东省数据要素市场化配置改革行动方案》	强化数据安全保护，建立数据分类分级和保护制度，完善数据安全技术体系。构建云网数一体化协同安全保障体系，运用可信身份认证、数据签名、接口鉴权、数据溯源等数据保护措施和区块链等新技术，强化对算力资源和数据资源的安全防护，提高数据安全保障能力
2021.08	深圳	《深圳经济特区数字经济产业促进条例（草案）》	深圳将鼓励数字产品消费，把优质数字产品打造成为深圳消费的金字招牌，对符合条件的产品在销售环节予以支持
2021.09	四川	《四川省"十四五"新型基础设施建设规划》	四川省将打造政府数据开放共享区块链试点平台，建强"蜀信链"等区块链基础设施，建设基于区块链技术的知识产权融资服务平台，探索建立基于区块链技术的数字资产交易体系
2021.09	甘肃	《甘肃省"十四五"数字经济创新发展规划》	聚焦农业生产、加工环节数字化改造，加快推广大数据、物联网、人工智能、区块链在农业生产经营中的融合运用，鼓励利用新一代数字技术开展农业生产经营、农业植保、病虫害防治、农机作业、农业气象服务等
2021.09	山东	《山东省大数据发展促进条例》	除法律、行政法规规定不予共享的情形外，公共数据应当依法共享。公共数据提供单位应当注明数据共享的条件和方式，并通过省一体化大数据平台共享。鼓励运用区块链、人工智能等新技术创新数据共享模式，探索通过数据比对、核查等方式提供数据服务

基于上述区块链监管政策历史沿革可知，我国区块链规制立法具有两重性，尤为突出地体现了上位网络法中行业自我规制与政府规制相结合、鼓励创新与控制风险相结合的原则。一方面，货币领域的区块链应用被完全禁止、严格管控；另一方面，具有社会效应的区块链技术的应用和创新受到鼓励和支持。例如，2019 年 1 月，国家互联网信息办公室发布《区块链信息服务管理规定》，明确了区块链信息服务的定义和主体、权利和义务、惩罚和定性，并要求所有区块链信息服务提供者需要通过国家互联网信息办公室区块链信息服务备案管理系统备案；2020 年，国务院办公厅发布了《国务院办公厅关于以新业态新模式引领新型消费加快发展的意见》，鼓励推进区块链和大数据、人工智能等技术融合发展，促进区块链在商品溯源、跨境汇款、供应链金融和电子票据等数字化场景的应用；2022 年最高人民法院发布了《关于加强区块链司法应用的意见》，指出建设人民法院区块链平台、运用区块链数据防篡改技术等创新发展方向。

2019 年 1 月 28 日，区块链信息服务备案管理系统上线运行，要求区块链信息服务提供者在提供服务之日起 10 个工作日内通过国家互联网信息办公室区块链信息服务备案管理系统填报服务提供者的名称、服务类别、服务形式、应用领域、服务器地址等信息，履行备案手续；区块链信息服务提供者变更服务项目、平台网址等事项的，应当在变更之日起 5 个工作日内办理变更手续；区块链信息服务提供者终止服务的，应当在终止服务 30 个工作日前办理注销手续，并作出妥善安排。国家互联网应急中心作为技术支撑单位，负责区块链信息服务备案管理系统的运营和维护，并组织备案工作。

《区块链信息服务管理规定》的出台，标志着我国区块链监管框架体系已初步建成。区块链信息服务备案管理系统的正式上线运行，不仅意味着我国区块链监管体系的具体实施和行业规范化的启动，更为行业健康有序的发展奠定了坚实的基础。规范化的管理，旨在有效遏制和防范"劣链驱逐良链"等现象的发生，确保区块链技术的健康应用。至此，我国区块链监管架构已基本形成清晰的体系，其中，国家网信办作为主要的监管责任单位，承担着对区块链信息服务进行全面监管的职责；工业和信息化部负责技术标准的制定，确保区块链技术在我国的发展符合行业标准和技术规范；各级金融监管、经信等政府部门也积极参与到区块链监管中来，根据各自领域的特点和需求，制定相应的监管措施；同时，行业协会作为自律监管的重要力量，也在区块链监管中发挥不可或缺的作用。

《区块链信息服务管理规定》不仅明确了违规行为的定性和处罚标准，更将其与相关法律紧密挂钩，为区块链领域的监管提供了强有力的法律支持。随着这一规定的实施，未来区块链系列监管政策法规的制定和出台将更加迅速和高效，为区块链行业的持续健康发展提供更加坚实的保障。

四、区块链金融监管案例

（一）［案例一］黑龙江省农业投入品监管溯源平台

1. 案例背景及解决痛点

为贯彻落实《中华人民共和国乡村振兴促进法》，推进绿色农业投入品领域创新，推动农业农村创新驱动发展，落实黑龙江省农业农村厅的部署要求，加强政府对农资生产和经营环节的监管，营造规范有序的市场环境和安全放心的消费环境，由黑龙江省农业农村厅牵头，黑龙江省农业大数据管理中心与黑龙江农投大数据科技有限公司联合，针对农业投入品实时监管难、现场检查难、售后管理难等问题，搭建了"黑龙江省农业投入品监管溯源平台"。

平台基于"互联网＋大数据＋金融"，通过区块链技术实现投入品上下游可追溯功能。政府端以完善数据采集、打造大数据看板、打通全链溯源、实现数据分析为主要内容，实现审核管理、商家管理、采购查询、销售查询、监控预警等功能；商户端持续优化平台，以简单高效、易用为目标，实现政策法规学习、商品管理、采购管理、销售管理、库存管理等功能。

该平台上线后，成功与农业农村部药检司对接，有效提升农业执法工作效率和对投入品使用强度的管控。目前，平台已为黑龙江省农业农村厅提供监管服务，覆盖省内经营主体90%以上。

2. 案例内容介绍

通过建设"黑龙江省农业投入品监管溯源平台"，肃清不合规经营，规范执行监督管理，将农业投入品的生产、入库、出库等相关信息进行实名制管理、标识地理信息管理、销售路径地图化管理，实现对投入品经营的查、溯、究等信息化管理，做到有法可依、有据可查；同时，依托这些投入品数据，构建起农业大数据的生态体系，使其在农业物联网、农产品流通、农业金融、土地流转等环节产生经济效益，提高农业经营管理的效率。

平台自身定位为政府部门的咨询者、金融服务的提供者、农业生产主体的服务者，以农村土地、农业生产为核心，为政府、农民、新型农业经营主体、金融机构、上下游涉农企业、第三方机构等农村经济参与方提供全流程全场景全产业链的综合服务。平台按照业务功能划分，下设农业金融平台、农业服务平台、农业购销平台。以农业生产为核心，搭建农业金融平台。以农户实名购买为唯一标识，在农业投入品平台上跟踪销售流向，综合平台内记录的销售品类、量级、区域范围等情况，结合金融机构风控体系，对农户土地确权数据、涉农项目补贴数据及农业产销供应链的各方交易数据等进行深度挖掘，形成包括农民信用贷款（农户快贷）、土地经营权抵押贷款（地押贷款）、受托支付等生产期的金融服务产品。以农业服务为核心，搭建农业服务平台。围绕农业种植服务等上游供应链，将平台的服务上延至农资农机农产的供应、采购等环节，全面提供包括供应链金融、农村电子商务、互联网消费金融、线上支付结算、农机供销租赁等的一揽子金融综合服务产品。

以农业经营为核心、搭建农业购销平台。围绕农业产供销等下游供应链，将服务下拓至农产品收储、加工、销售环节。定制化提供包括订单农业、定制销售、粮食收储、动产质押贷款、供应链融资、电商销售、消费金融等金融服务产品。

黑龙江省农业投入品监管溯源平台业务流程如图7-2所示。

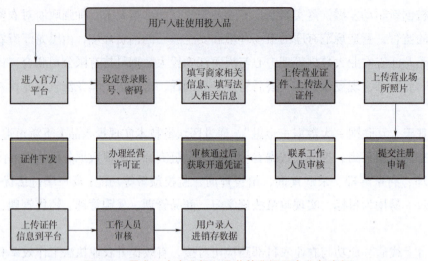

图 7-2 黑龙江省农业投入品监管溯源平台业务流程

（1）用户通过 PC 端 /APP 端进入官方平台首页，进行注册。根据设置规则先设置账号名称及登录密码后，填写营业执照、相关的商家信息、法人身份信息并核实无误后上传对应的证件照片，可进行 OCR（Optical Character Recognition，光学字符识别）。

（2）核实以上信息，确认上传无误后，提交注册申请并联系后台工作人员审核开通。

（3）工作人员提供开通凭证后获取经营许可资质。

（4）把经营许可资质证件上传到平台对应板块并提报后台，后台工作人员审核通过，账号转为正式账号。

凡购进种子、化肥、农药可进行电子台账记录，购进货物电子台账记录包括产品名称、规格、生产日期、生产批号、保质期、生产厂商、供货单位、联系方式、购进数量、购进日期等信息内容，确保产品售出百分之百信息可查可追。

3. 案例价值与成效

该平台依托国内外投入品登记备案数据建立投入品销售 / 流通备案库，为农资经销商提供进销存电子台账管理等功能，为广大农业生产经营者提供功能强大的农业投入品市场流通信息服务平台，同时利用大数据技术对投入品经销商的经营行为进行实时监测、分析和预警，推动农业投入品监管由"倒查机制"向"实时监测"转变，创新农业投入品监管方式，有效解决主管部门农业投入品监管源的难点痛点，从源头保障粮食安全和生产要素市场规范化经营。自 2018 年 6 月上线运行以来，该平台每年以线上线下结合的方式，为全省 80 个以上区县开展公益性培训服务。通过对平台的积极建设与推广宣传，截至 2023 年 9 月底，平台近 3 年累计农药销售量高达 14 485.41 吨，实现交易额 10.91 亿元。

平台的建设积极响应了国家对农业投入品领域创新的要求，方便政府部门监管全产业链的信息记录，精确追踪到每个产品的流向，保障市场的秩序，不断提高农产品质量和市场竞争力，促进农业持续稳定、健康发展。同时，有利于拓宽黑龙江省农业投入品经营网点的建立，可实现地域性的品牌化、连锁化、规模化的名企效应，亦可达到质优价廉的商

品全域短途供应，并做到统一配送，统一低价。

（二）［案例二］数据共享与资金流向监控应用

1. 案例背景及解决痛点

2022 年 7 月 15 日，银保监会印发《关于加强商业银行互联网贷款业务管理　提升金融服务质效的通知》，要求商业银行提升金融服务质效，提高贷款响应率，优化贷款流程；切实履行贷款管理主体责任，严格履行贷款调查、风险评估、授信管理、贷款资金监测等主体责任；强化信息数据管理，完整准确获取身份验证、贷前调查、风险评估和贷后管理所需要的信息数据，并采取有效措施核实其真实性；加强贷款资金管理，主动加强贷款资金管理，并采取有效措施对贷款用途进行监测，确保贷款资金安全。

在传统模式下，银行由于数据隐私安全和数据权属问题无法进行数据共享进而形成数据孤岛，单家银行无法独立完成客户贷后资金使用监管问题，也无法自主进行企业授信信息共享及跨机构数据线上验真，导致出现银行客户贷款办理体验不佳、信贷资金脱实向虚、流水造假骗贷等问题。区块链技术的可追溯性、防篡改性、非对称加密算法等特点，通过实现金融数据有限共享，助力银行优化业务流程，提升风险防控能力。区块链是实现金融行业数据共享的可行技术路径。

2. 案例内容介绍

建设"数据共享与资金流向监控应用"，实现了浙江省金融行业数据跨机构可信共享，落地了"贷后资金监管"和"跨行流水验真"两大应用场景。"贷后资金监管"着眼于贷后场景，通过区块链为贷款行提供贷款资金流向信息，提高信贷风险防控能力。"跨行流水验真"着眼于贷前便利客户，使用区块链线上查询他行个人账户流水，以替代线下网点查询。

"贷后资金监管"场景的整体业务流程如图 7-3 所示。

（1）银行 A 针对某企业进行了贷款发放，贷款资金通过资金系统划转进入银行 B。

（2）银行 A 将资金转出的概要数据加密通过多方安全计算点对点传输组件传输给流水行 B，银行 B 获得概要数据并解密用于定位入账交易。

（3）银行 B 中被定位的监控账户，在规定周期内，当资金转出进入银行 C，则由银行 B 再转出的概要数据加密后通过点对点传输给银行 C，并同时将详情数据加密后通过区块链传输给银行 A。

（4）银行 C 重复上述银行 B 的步骤。

（5）银行 A 从链上取到详情数据后，进行解密并本地化分析跨行流水数据，形成资金跟踪预警链路图。在以上过程中，由于数据交互均通过区块链进行，银行互相之间无法反推上游银行的指令来源，也无法解析出下游流水行具体来源或其他账户的明细，实现了在不泄露商业秘密基础上的跨行数据共享与预警。

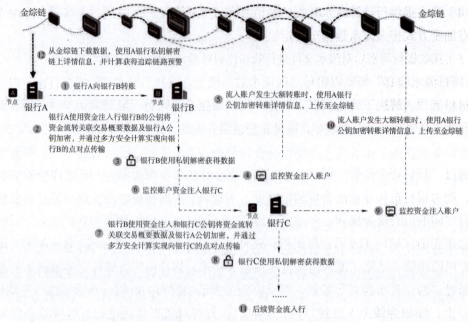

图 7-3 "贷后资金监管"场景的整体业务流程

"贷后资金监管"通过建立跨行数据安全共享机制，解决跨行资金流转信息无法共享的痛点，实现信贷资金流向全生命周期管理，确保信贷资金的专款专用，有效防范信贷资金违规使用。

"跨行流水验真"场景的整体业务流程如图 7-4 所示。

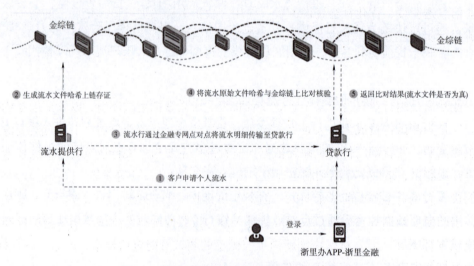

图 7-4 "跨行流水验真"场景的整体业务流程

（1）个人用户登录浙里办 APP—浙里金融—银行流水功能页面，发起个人流水申请。

（2）进入银行流水页面后，用户选择要申请流水打印的银行并填入账户信息、流水范围等，同时选择要接收流水的贷款行信息。

（3）用户对流水提供行进行数据授权，授权其将流水数据提供到指定贷款行。

（4）流水提供行计算流水数据哈希值并完成上链存证，同时通过金综平台金融专网以点对点加密方式传递流水数据至指定银行。

（5）接收银行解密后对流水文件进行哈希比对核验，确保其真实性与原始性。

"跨行流水验真"场景以银行之间流水数据线上直通共享形式替代线下打印、提交纸质流水材料流程，解决了跨行信息不对称产生的数据造假问题，帮助群众节约时间和资金成本，同时提高银行业务办理效率，降低借贷风险。

3. 案例价值和成效

通过"贷后资金监管"场景，实现信贷资金往来链上可追溯，银行可以查看完整资金链路，助力银行机构在依法合规的情况下，实现跨行、跨域的金融关联关系计算分析，解决银行之间的信贷资金挪用、专项资金监管的问题，提升风险预警和管控能力。目前，该场景已覆盖浙江辖内 115 家银行机构，累计开展线上核查贷后资金超 248 164 笔，流入同名账户风险预警 755 笔，流入违规行业预警 354 笔，累计预警信贷风险金额超 2.5 亿元。

通过"跨行流水验真"场景，群众办理流水证明材料的时间，从原来线下平均用时 2 小时以上，缩短为线上 5 分钟以内，同时，银行可对数据真伪进行实时核验，保证流水数据真实性，提高银行防欺诈风险能力。目前，该场景已覆盖浙江辖内 117 家银行机构，实现流水信息验真 90 226 次，按照单笔节省成本 50 元计算，已累计帮助群众节约成本超 450 万元。

应用区块链技术的高安全性和不可篡改特点，建立信贷资金挪用、专项资金监管、产业链交易欺诈等风险联合管控和数据安全共享机制，强化银行机构的风险防控，进一步提高行业信息透明度，优化社会资源配置。应用区块链上链数据可追溯特点，创新优化金融业务流程，实现业务流程全线上化管理，降低金融消费者消费成本。

（三）[案例三] 泰山沙盒的运作

产业沙盒是由行业自身（某个企业或者联盟）成立虚拟测试环境，以验证创新构想与概念。但是为测试付费成为一大难点，被测试者往往是一些初创公司，不愿意甚至没有能力承担测试费。监管部门付费也缺乏依据，监管部门主要为事关行业发展的重点技术、重大项目开展测试，结果多应用到制定标准、出台政策、财政扶持等领域，以扶优救困为主，不可能投入大量资金测试前景未明的初创企业和商业模式。另外，测试收费标准也是众口难调，按照潜在预期效益标准，收费可能是天价，按照传统技术测试、产品测试标准收费可能连成本都不够，因为对区块创新构想与概念的测试可能包括技术、产品、商业模式、合规性等复杂内容。

产业沙盒在我国也有试水。2017 年年底上线的泰山沙盒是区块链产业沙盒平台，为入驻者提供区块链开发环境，以及清算、结算、保理、证照、版权、电力潮源等仿真金融应用环境，旨在实现区块链的开发、测试一体化。项目进入沙盒测试后，如果测试效果不如预期、发现有关键缺陷或者有违法行为等，测试可以中止。如果测试过程一切顺利，测试结果就可以用来协助获取资质认证、融资监管审批等。

据公开资料，泰山沙盒类似于孵化器模式，并没有监管部门直接参与。泰山沙盒运营机构向区块链企业提供技术测试和商业模式验证传真环境，从而节省了企业在产品服务上链前的测试、试验、试错投入，无须第三方提供服务和结果背书，不仅降低区块链企业的前期投入，还连接了投资、监管等区块链企业需要的上下游资源。泰山沙盒运作机制如图 7-5 所示。

鉴于我国拥有庞大的用户数和应用场景，区块链企业、技术、应用、商业模式远多于其他国家，产业沙盒可以成为区块链企业孵化、合规、成长的新路径。

其一，阿里巴巴、腾讯、蚂蚁金服等金融科技头部企业，银行、保险、证券、征信、供应链等区块链应用场景广泛的龙头企业，可以不用直接应用风险型技术和模式，也不用直接投资、收购处于种子期的企业和项目，而是建立产业沙盒先行测试、验真、验证。显而易见，产业沙盒为上述企业应对竞争的无奈之举和盲目冒进刹了车，前期投入远小于冒进带来的投资和技术风险。而初创企业对此也会有动力，如果测试成功，将大大提升公司估值和融资话语权，即使与产业沙盒测试方谈崩了后续融资合作，拿着测试结果找其他投资人的成功概率也会提升。

图 7-5　泰山沙盒运作机制

其二，一些区块链、金融科技园区可以在其公共服务中增加产业沙盒选项，并将产业沙盒这一公共服务作为政策扶持、财政奖补的实证依据。

五、区块链金融监管展望

区块链技术给金融业发展带来变革的同时，金融业的飞速发展也给区块链技术的监督管理提出了新的要求，具体体现在三个方面。

（一）制定区块链金融标准

区块链金融的发展需要许多方面的配套发展，如数字货币的标准、数据接口的标准、分布式账簿的记账标准、共识机制的标准、智能合约的标准等，标准化的推行有助于区块链技术在各行业的应用。区块链的应用前景十分广阔，为了更好地服务金融领域，区块链技术的落地要符合金融领域的管理和服务等传统的行业习惯和发展要求，特别是对于这些行业现有规则的适应和修改。目前区块链的实施标准因应用场景的差异而不尽相同，未来区块链的应用范围进一步扩大时，多区块链之间的互联可能会受阻于不统一的标准。另外，区块链的金融应用也亟待更加成熟的监管制度来进行规范。

现阶段，国内和国际化标准组织对区块链技术标准化的布局工作已有初步框架，在未来的一段时间，区块链技术的标准化工作必将进入关键时期。目前我国区块链技术政策不断推出，在区块链技术标准研究方面也有初步进展。这些前期工作为我国区块链技术标准化工作打下了良好的基础。未来我国有机会也有实力在国际区块链标准化领域发挥关键作用，产生较大影响，这对于国内区块链技术和区块链产业发展意义重大，也对我国增强技术实力和扩大技术影响力有积极作用。

区块链行业标准研制，需要着力于两个方面。第一，在标准制定方面急用先行。因为区块链技术 2008 年才出现，具有时间短、发展快、形式新颖、热度高、涉及范围广等特点。基于这些特点，在区块链技术标准制定方面，应遵循以下两点。一是优先开展基础性、实用性的标准研制工作。区块链技术涉及范围广，建立起健全的标准化体系必然是一项长期工程，对于涉及民生的方面，如普惠金融方面有利的技术标准应当适度优先。同时，对于技术相对成熟的方面，如信息安全等领域可以率先启动。二是在标准试验方面大胆试错。实践是检验真理的唯一标准，标准化过程需要在深度实践中检验和发展。第二，在标准国际化方面力争上游。推进标准国际化是国内技术变为国际竞争力的关键点。在区块链技术井喷发展的今天，积极推行标准国际化能为我国区块链产业的发展抢占制高点。积极跟进国际区块链技术强国的标准化工作，加强合作交流，增强互利互信意识，在国际标准制定过程中积极参与争取主导。在国际标准化的过程中，积极推进本国技术优势项，迅速补足技术缺陷，以争取最大影响力为目标，力争标准话语权，抢占国际市场先机。

（二）探索新型监管方式

当前，新技术对各国货币体系带来深刻的影响，调控经济金融的传统政策框架和手段难以跟上形势的变化。监管部门应与时俱进，借鉴互联网监管发展路径，充分利用金融技术的便利改进监管方式、完善监管手段。

1. 转变金融创新监管理念

面对层出不穷的金融产品，如何更好地服务于消费者和投资者是我国金融监管机构改革的方向和着力点。首先，促使监管部门变被动监管为主动监管，以主动引导的思维整合金融市场资源；其次，混业经营是金融发展的必然趋势，金融业各监管部门难以形成合力以实现有效监管，因此需要监管科技的介入，变机构监管为功能监管；最后，以监管的目标和准则引导金融科技创新的发展趋向，为金融创新提供更大的发展空间和更稳定的金融环境。

2. 创新金融监管模式，建立包容性监管机制

我国的金融监管主要通过数据统计来防控风险，这会造成金融监管的监管错位、监管空白和多重监管等问题。而金融科技创新具有多层次、多样化、变化快的特点，促进了监管痛点的解决，新技术的应用及发展代表着创新和进步，但同时会伴随着一定的风险隐患。监管部门应当在坚持原则监管和底线监管的同时，采取包容性监管，为行业的创新发展预留空间，在防范系统性风险和区域性风险的同时，更好地促进普惠金融和新经济的发展。

3. 组织并扩大产业联盟

区块链的架构哲学和多方参与、多方维护的特点，天然决定了区块链需要以联盟的形式来贯彻落实技术应用。从近期发展来看，无论是底层技术研究、应用场景探索，还是产业政策与学术交流等方面都涌现了一系列联盟与组织，试图通过不同机构间的资源共享与群策群力共同构筑区块链生态体系。从构建小联盟入手，催熟一些相对成熟的产业里区块链的落地应用，以此作为试点进行推广，致力于加强行业对接，促进区块链与行业深度融合，有助于整个产业的发展和成熟。

4. 探索跨行业、跨地区的监管合作机制

在金融创新全球化的背景下，各国各地区的银行、保险和证券的监管部门均面临如何创新金融监管的难题，所以我国的金融监管部门应与其他国家或地区的监管部门加强联系，分享监管经验，加强彼此间的交流与合作，提高金融监管的协调性和一致性，形成跨市场、跨行业和跨区域的联合监管，以共享金融科技创新的成果。同时，充分发挥金融行业协会、中介机构等社会主体的积极性，合理配置社会资源，推动社会协同共治，提升监管合力。

（三）建立监管沙盒机制

监管沙盒作为一种具有前瞻性和综合性的金融创新监管方式，促进了金融创新的精细化，使监管流程更加公开、透明。因此，我国金融监管者应提高其预见性和前瞻性，汲取国外监管沙盒机制的实施经验，结合我国实际，积极开展对监管沙盒机制的探索。

监管者应将金融和信息技术相结合，发挥比较优势，加深对金融科技创新的认识，提高风险管理意识。发挥监管沙盒的最大效用，使监管创新和金融创新协同发展，通过建立以监管沙盒为操作主体的长效监管机制，积极鼓励金融科技创新企业加入监管沙盒，监管者可根据不同企业的实际情况实行区别监管，测试完成后根据评估结果提出针对性的建议。通过监管沙盒机制对项目的测试，在验证监管方式有效的同时，密切关注测试项目存在的问题，根据事态的发展状况实现实时监管，降低监管中的不确定性。

监管沙盒可以前瞻性地识别和把控金融创新的潜在风险，这在一定程度上对现行金融监管体制提出了更高的要求，监管者要积极提升监管对金融市场发展的助推作用。一方面，利用监管沙盒，可根据实际情况制定申请人和监管产品的监管标准，明确监管职责，避免分业监管体制中的监管套利；另一方面，监管沙盒可依托金融科技手段，通过对数据的统计和分析，动态调整金融监管手段，提高监管者制定政策的针对性，改变固有的"轻事前

监管，重事中事后监管"的弊病。

虽然区块链技术在金融监管领域的发展应用还面临着诸多挑战，但是其作为具有变革性的技术，未来在银行、证券、保险等金融领域应用的前景非常广阔。区块链金融将会成为我国未来金融业转型的重要发展方向，成为越来越多金融机构抢夺金融市场竞争优势的新制高点，并将改变金融会计、金融审计的格局，提高金融效率，促使金融监管迅速向信息化和智能化方向发展。

 直通大赛

全国职业院校技能大赛"智慧金融"赛项

1. 竞赛目标

"智慧金融"赛项，是为了贯彻落实国务院印发的《国家职业教育改革实施方案》（国发〔2019〕4号），对接金融企业业务改革与创新需求，全面提升高职金融职业人才实践操作能力，对接"金融产品数字化营销""金融智能投顾""金融大数据处理""人身保险理赔""家庭理财规划"等职业技能等级证书，为普惠金融、绿色金融、数字金融、碳金融、科创金融等金融创新提供智力支持。

2. 竞赛内容

本赛项每年举办，以学生团体赛的形式，包括"金融职业素养""金融综合技能"和"数字金融业务"三个竞赛模块，总分3 000分。

（1）"金融职业素养"模块

考核选手对大数据、人工智能、区块链等信息技术的应用和金融专业知识的掌握情况，以及对金融基本操作技能的掌握情况。金融职业素养包括"业务素养"和"职业技能"。"业务素养"内容主要包括金融业务基础知识、金融业务法律基础、金融从业人员职业行为准则、金融科技基础知识等，涵盖业务操作相关的基础知识。该赛项比赛时长为45分钟（0.75小时），包括单项选择题、多项选择题、判断题，共100分，4名选手独立完成，团队总分400分，占总分13.33%。"职业技能"主要包括传票数字录入、字符录入、手工点钞、货币防伪与鉴别等部分。该竞赛单元每单项比赛时长为10分钟，总时长为90分钟（1.5小时），四个单项每项50分，共200分，4名选手独立完成四个单项，团队总分800分，占总分26.67%。

（2）"金融综合技能"模块

本模块主要考核选手在数字货币、普惠金融、绿色金融等智慧金融背景下银行、证券、保险等金融业务处理技能。本竞赛单元分岗位操作，主要包括大堂经理岗、综合柜台岗、客户经理岗、理财经理岗等。该模块比赛时长为120分钟（2小时），每个岗位200分，团队4位选手分工协作完成，选手岗位赛前抽签确定，团队总分800分，占总分26.67%。

（3）"数字金融业务"模块

本模块竞赛内容根据不同金融科技应用场景的工作岗位设计竞赛任务。针对每个竞赛单元参赛选手需要分别担任不同角色，以团队成员分工协作方式共同完成，主要考核参赛选手对数字金融业务场景的专业技能掌握情况。内容主要包括大数据金融业务、区块链金融业务、支付业务数字化、银行业务数字化、证券业务数字化、保险业务数字化、金融科技业务创新、数字金融业务监管。该模块比赛时长为180分钟（3小时），总分1 000分，占总分33.33%。

 **素养园地**

链启未来　智创时代

2023年5月，国家区块链技术创新中心正式运营，这标志着我国在区块链领域的创新布局迈出了坚实的步伐。该中心的目标：在国民经济的核心领域中建立区块链行业的前沿研发中心，同时在数字经济繁荣活跃的区域建立区域性的区块链创新枢纽。这一布局将通过构建覆盖全国的国家级区块链网络，实现技术的高效辐射和广泛应用。

至今，我们已经见证了我国多个区块链网络中心的里程碑发展之路：国家区块链技术能源领域创新中心、海洋经济创新中心及重庆区域创新中心等。这些中心共同编织起一张日益完善的国家级区块链网络，为我国数字经济的腾飞提供了强有力的支撑。

与此同时，我国证券市场也取得了举世瞩目的成就。公开数据显示，截至2023年6月1日，沪深两市的上市公司总数已经跃升至5 009家，总市值高达82.64万亿元，稳居全球第二。2023年全年，沪深交易所A股累计筹资额更是达到了惊人的10 734亿元。这一数字不仅体现了我国资本市场的活力，更直接关系到亿万投资者的切身利益，以及我国经济社会发展的全局。

为了进一步加强资本市场的监管和治理，证券监管核心节点已成功接入国家级区块链网络。这一举措不仅实现了市场监管、税务等多领域数据的互联互通，还率先在区域性股权市场进行了应用。通过监管链向结算机构推送准确信息，为多层次资本市场的转板试验提供了有力支持。同时，该技术还利用隐私计算等先进技术，对挂牌企业的财务数据进行深入分析，精准识别潜在的风险行为，从源头上保障区域性股权市场的健康稳定发展。未来，国家区块链技术创新中心通过部署更多领域、区域和城市的节点，确保数据的安全、可信和高效流转，为我国数字经济的未来发展奠定坚实的基础。

面对国家区块链网络的创立和我国数字经济及资本市场的蓬勃发展，新时代的青年学生不仅要深刻认识到区块链技术对于国家发展、社会进步的重要意义，将个人理想与国家命运紧密结合，为实现中华民族伟大复兴的中国梦贡献青春力量，也要深刻理解自己在社会中的角色和责任，以高度的责任感和使命感投身于区块链技术的研究与应用中，敢于挑战传统、勇于创新，为推动科技进步和社会发展贡献智慧。

项目七交互式
测验及参考答案

一、单项选择题

1. 2013 年 3 月，（　　）作为我国首部有关数字货币监管的文件发布。该文件否定了比特币的货币地位，将其定性为虚拟商品，并禁止金融机构从事相关业务。

　　A.《关于防范代币发行融资风险的公告》

　　B.《关于开展为非法虚拟货币交易提供支付服务自查整改工作的通知》

　　C.《关于防范比特币风险的通知》

　　D.《关于防范以"虚拟货币""区块链"名义进行非法集资的风险提示》

2. （　　）是一种金融创新监管的实验场所，既实现了政府的弹性监管，促进了政府与监管对象之间的合作，也为金融机构解决信息不对称等问题及降低合规风险提供明确的政策导向。

　　A. 监管沙盒

　　B. 监管科技

　　C. 监管政策

　　D. 监管合作

3. 加密货币项目 Libra，是由（　　）公司开发的。

　　A. Amazon

　　B. Facebook

　　C. Tesla

　　D. Google

4. 区块链网络的每个节点都需要对交易进行验证和记录，这导致了交易数量的增加，会加大整个网络的负担。为了提升区块链的性能，（　　）技术成为一种常见的解决方案。

　　A. 数字签名

　　B. 非对称加密

　　C. 侧链

　　D. 分片

5. 对于需要永久性存储的交易记录，区块链是理想的解决方案，其中，（　　）是目前尝试应用最多的领域。

　　A. 房产所有权

　　B. 车辆所有权

　　C. 股权证明

　　D. 亲属关系证明

二、多项选择题

1. 区块链金融的安全问题，包括（　　）。

A. 数据存储安全问题

B. 系统的隐私保护问题

C. 系统安全问题

D. 链上的垄断问题

2. 系统安全是区块链安全的根本，包括共识算法安全、加密算法安全、智能合约安全等，对应着三种类型的攻击，即（   ）。

A. 51% 攻击

B. 加密算法攻击

C. 智能合约攻击

D. 垄断攻击

3. 在区块链金融交易者风险保护方面，存在以下几个方面的问题（   ）。

A. 合并集中经营问题

B. 消费者投诉机制失效

C. 不同链上的垄断协议问题

D. 智能合约前置条款的争议

4. 按照权限的不同，区块链可以分为（   ）。

A. 私有链

B. 许可链

C. 非许可链

D. 公有链

5. 随着交易量的增长，区块链不断膨胀，给节点带来了更高的存储需求。为了应对容量挑战，业界提出的解决方案包括（   ）。

A. 侧链技术

B. 数据压缩、索引、分布式存储

C. 固态硬盘

D. 更高效的存储技术与设备

三、判断题

1. 我国否认比特币货币属性并且禁止 ICO，同时否认比特币的虚拟资产属性。（   ）

2. 联盟链和私有链属于非许可链。（   ）

3. 尽管智能合约能够杜绝违约情况的发生，但它并不能排除合约在创立之初可能存在重大误解等情况，所以当出现需要撤销合约时，智能合约也可以立即实现。（   ）

4. 2019 年 1 月，我国首部针对区块链技术的监管法规——《区块链信息服务管理规定》发布。（   ）

5. 工业和信息化部作为主要的监管责任单位，承担着对区块链信息服务进行全面监管的职责。（   ）

四、简答题

1.简述监管沙盒机制的作用与意义。

2.简述区块链金融监管的发展方向。

 实训拓展

实训名称	区块链金融监管模拟实操训练
实训目的	（1）了解监管沙盒运作的基本程序及主要环节。 （2）理解区块链金融监管的意义
实训准备	（1）布置训练任务。 （2）选定角色。 （3）明确查找资料的途径，如图书馆、网络数据库、专业网站等
实训内容	（1）分组。以小组为单位，每组设组长一名。 （2）确定分工，在组长的统筹下分工合作，查找资料，了解监管沙盒的主要运作流程。 （3）根据不同的金融创新产品，通过角色扮演，展示监管沙盒机制的运作环节
注意事项	（1）小组实行组长负责制，做好分工，小组成员积极配合。 （2）合理利用检索工具，选择可靠的资料来源，注意资料的时效性和客观性。 （3）在小组交流、演示过程中保持尊重与包容的态度，对不同的观点和意见进行开放性的讨论
训练成果展示	每组均需要进行展示，要求清晰、准确地表达每组创新的金融产品，及其监管沙盒的运作机制，同时有旁白或演示进行解说，并能够回答其他组的提问

学习评价表

知识巩固与技能提高（40分）			得分：
计分标准： 　得分 =2分 × 单选题正确个数 + 3分 × 多选题正确个数 + 1分 × 判断题正确个数 + 5分 × 简答题正确个数			

学生自评（20分）			得分：
计分标准：初始分 =2分 ×A 的个数 + 1分 ×B 的个数 + 0分 ×C 的个数 　得分 = 初始分 ÷24×20			

专业能力	评价指标	自测结果	要求 （A. 掌握；B. 基本掌握； C. 未掌握）
解析区块链 金融风险	1. 金融技术衍生风险 2. 金融监管风险 3. 金融法律适用风险 4. 区块链技术应用的局限性	A☐　B☐　C☐ A☐　B☐　C☐ A☐　B☐　C☐ A☐　B☐　C☐	结合具体事例，能够分析区块链金融面临的主要风险
构建区块链 金融监管	1. 区块链技术驱动金融监管 2. 监管沙盒 3. 各国主要的监管政策措施 4. 区块链金融监管案例 5. 区块链金融监管的展望	A☐　B☐　C☐ A☐　B☐　C☐ A☐　B☐　C☐ A☐　B☐　C☐ A☐　B☐　C☐	理解监管沙盒的概念；掌握我国区块链技术方面的相关监管措施；结合案例，分析如何进行区块链金融监管；掌握区块链金融未来发展方向
职业素养 思想意识	1. 增强风险意识、法律意识 2. 树立创新精神、探索精神 3. 提高辩证思维能力	A☐　B☐　C☐ A☐　B☐　C☐ A☐　B☐　C☐	职业素养、思想意识得以提升

小组评价（20分）			得分：
计分标准：得分 =10分 ×A 的个数 + 5分 ×B 的个数 + 3分 ×C 的个数			
团队合作	A☐　B☐　C☐	沟通能力	A☐　B☐　C☐

教师评价（20分）	得分：
教师评语	

总成绩		教师签字	

项目八 区块链金融前景展望

知识目标：

- 了解区块链技术的发展趋势。
- 了解区块链金融发展面临的问题与挑战。
- 掌握区块链技术在金融创新中的应用。

能力目标：

- 理解区块链金融发展的未来。
- 分析在不同金融业务场景中应用区块链技术的可能性。

素养目标：

- 理解加快发展区块链技术的重大意义，树立科技强国理念。
- 通过了解区块链技术未来的发展与挑战，拓宽知识面，增强使命感。

思维导图

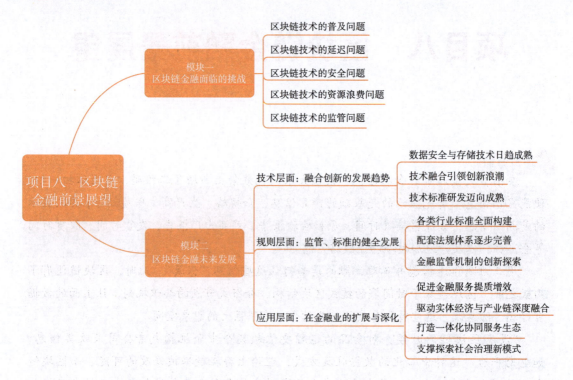

项目八　区块链金融前景展望

模块一　区块链金融面临的挑战
- 区块链技术的普及问题
- 区块链技术的延迟问题
- 区块链技术的安全问题
- 区块链技术的资源浪费问题
- 区块链技术的监管问题

模块二　区块链金融未来发展

技术层面：融合创新的发展趋势
- 数据安全与存储技术日趋成熟
- 技术融合引领创新浪潮
- 技术标准研发迈向成熟

规则层面：监管、标准的健全发展
- 各类行业标准全面构建
- 配套法规体系逐步完善
- 金融监管机制的创新探索

应用层面：在金融业的扩展与深化
- 促进金融服务提质增效
- 驱动实体经济与产业链深度融合
- 打造一体化协同服务生态
- 支撑探索社会治理新模式

模块一　区块链金融面临的挑战

案例引入

二维码背后的区块链

在很多大型超市的食品区，一袋袋大米的包装袋上新增了二维码，用微信扫一扫，便能显示信息。首先显示的是基础的产品信息，如规格、生产商、保质期等；其次显示的是溯源信息，如原料接收时间、原料检验报告、产品出厂报告、发货时间、收货时间等全流程，以及产地和整个物流线路信息。

用二维码传递信息并不难，难的是如何让这些信息"保真"。此时，区块链便有了用武之地。区块链基于时间戳的链式区块结构、分布式节点的共识机制，让上面的数据可追溯、防篡改。这些特征与实体行业结合，有了巨大的想象空间。

"没有区块链的时候，对食品的追踪要依赖某个中介机构或者公司来收集信息，如电商平台。这种中心化的数据收集方式，理论上存在数据被修改的可能。而区块链上，数据在产生的当下，就由产生者自己即时上传各种仓库物流信息，且信息不能被篡改。"作为某超市可追溯平台技术支持方之一的负责人说道。"数据一旦出现问题，区块链上的数据由谁、什么时候上传，可以根据时间戳追责。不像之前，供应链上各方相互推卸责任。"

食品安全追溯是区块链应用于供应链的一个例子。供应链往往涉及诸多实体，包括物流、资金流、信息流等，这些实体之间存在大量复杂的协作和沟通。信任显得尤为重要。区块链上信息透明且不可更改等特征，有效提升了流程效率，降低了成本。

思考： 结合以上资料，分析区块链技术在食品安全溯源方面的优势与意义。

区块链技术作为金融业的底层技术应用，获得了大部分业内人士的认同。它以建立全新金融框架的方式，给金融业的发展带来彻底的改变。然而，就目前区块链技术的发展状况及人们对比特币、区块链技术的认识来看，区块链技术在金融业的应用还面临着许多挑战。

一、区块链技术的普及问题

区块链技术面临的挑战就是其在普通人群中难以普及。目前，区块链技术在金融业的主要应用还停留在数字货币上，然而现在方便易懂的"比特币钱包"程序并不多，至少大多数比特币的交易是由相关的专业人士在执行。一般情况下，非专业的普通人无法看懂交易界面的编程代

微课：
区块链金融：破
局五大核心挑战

码。因此，比特币的交易界面还无法像支付宝那样，给普通大众带来直观方便的感受。

建立在区块链技术基础上的数字货币，很难真正取代金钱在人们心中的概念。类似比特币这样完全客观的价值很难得到社会中大多数民众的认同。"钱"毕竟是社会千年来发展的产物，从最初人们使用贝壳来交换物品，到现在用纸质的"钱"，金钱的概念已经深入人们的心中。而区块链技术从中本聪 2008 年写的第一篇论文开始算起，到现在还不足二十年，因此，区块链技术发展还不够成熟，还存在许多安全问题。这些安全问题很可能会导致类似"丝绸之路"的事件不断发生。

由于区块链技术发展不成熟，基于区块链技术上的数字货币想要取代传统意义上的现金，成为无比艰难的事。虽然说数字货币取代现金不是完全不可能的事情，但是至少在现在及短时期的未来是难以做到的。

二、区块链技术的延迟问题

区块链技术本来就存在延迟性，而且区块链技术的延迟时间会随着"区块"的不断增加而增多。就比特币来说，虽然现在比特币的交易结算时间平均是 10 分钟，然而在现实交易过程中，延迟并不是平均分配的。现实中比特币的交易结算时间有时可能是几十分钟，如果比特币交易的数量大，可能还需要更久的时间。

基于区块链技术的数字货币因为需要验证交易结算的正确性，确保交易过程风险最低，尽可能地避免"双花问题"，所以需要花费较长的时间来进行计算，进而造成了极大的延迟。然而，在如今互联网的时代，高延迟是一个极其可怕的死穴。可能对比特币的大多数操作者来说，10 分钟并不算什么，然而站在互联网的角度来看，10 分钟足以实现上万次的计算。

三、区块链技术的安全问题

金融的部分商业模式也给区块链技术带来了挑战。现在很多传统的金融商业模式并不适合区块链技术的发展，有些甚至会产生冲突。虽然区块链技术提高了银行等金融体系的运行效率，然而在区块链技术刚刚起步的阶段，大多数人还是把这项技术看成是与银行等金融体系对立的存在。此外，区块链技术还只是一项新技术，它很可能存在目前没有人发现的隐患，所以对大多数金融企业来说，可能传统的模式会更加安全。虽然在区块链技术发展时期，产生的很多其他的新技术也可以用到商业模式中，如智能合约，但是就目前的情况来看，智能合约作为区块链技术的上层，存在更大的安全问题。

Bitcoinica 是一家老牌交易所，它曾在 2012 年遭遇两次黑客攻击。黑客利用其安全松懈的服务器，获取了客户数据（包括密钥），共计盗走 61 000 个比特币，最终导致 Bitcoinica 破产。2014 年，blockchain.info 爆出随机数问题。2015 年，黑客利用钓鱼手段窃取了 Bitstamp 热钱包里的 19 000 个比特币，幸运的是，Bitstamp 将 90% 的加密货币存在冷钱包里，逃过一劫。2016 年，最大众筹（1.5 亿美元）项目 The DAO 上层智能合约出现漏洞，进而被黑客攻击，造成了 6 000 多万美元数字货币的损失。2016 年，以太坊的复制品 Krypton 受到 51% 的算力攻击，致使 Bittrex 的钱包中 21 465 个 KR 被盗，价值约 3 000 美金。2017 年 7 月 17 日，有人攻击了多重签名钱包提供商 Parity，目标是三家最近刚完成 ICO 的公司。黑客一共窃取了 152 037 个比特币，价值 3 200 万美元。Parity 将本次攻击归咎于 Parity 钱包版本中智能合约代码存在漏洞，并于 7 月 20 日发布了补丁。该补丁虽然解决了智能合约的问题，却产生了另一个安全隐患。Parity 在其智能合约代码上新增了"kill"功能，该功能允许用户永久锁定 Parity 钱包。11 月 6 日，用户名为"devops199"的编程新手意外锁死了 library，致使所有与 library 相连的钱包全部被锁死，受影响的钱包共计 587 个，包含 513 774 个 ETH，价值约 1.5 亿美元，这些 ETH 就此被永久封印在区块链的世界里。以上这些案例为持续升温的区块链市场敲响了警钟，让人们不得不审视区块链技术存在的安全隐患。

 **案例延伸**

DAO 事件

DAO 本质上是一个风险投资基金，是一个基于以太坊区块链平台的，迄今为止世界上最大的众筹项目。可将其理解为完全由计算机代码控制运作的类似公司的实体，通过以太坊筹集到的资金会锁定在智能合约中，每个参与众筹的人按照出资数额，获得相应的 DAO 代币，具有审查项目和投票表决的权利。投资议案由全体代币持有人投票表决，每个代币一票。如果议案得到需要的票数支持，相应的款项会划给该投资项目。投资项目的收益会按照一定规则回馈众筹参与人。

2016 年 4 月，Genesis DAO 创建了一个社区，投资者可以对项目进行投票，获得 20% 以上支持的项目将获得资助。DAO 于 2016 年 5 月 28 日完成众筹，共募集 1 150 万以太币，在当时的价值达到 1.49 亿美元。DAO 事件就是黑客发现一个允许在同一代币多次提现的漏洞，其速度高于智能合约代码更新的速度。几个小时内，DAO 中 30% 的 ETH 就被转走了。失窃事件公开后，Genesis DAO 实施了一个硬分叉，创建了一条新链。但这次分叉遭到以太坊社区部分成员的抵制，他们认为篡改时间戳会损害其他 ETH 持有者的价值。然后以太坊社区开始投票，89% 的人同意接受新块。反对者从社区分离出来，坚持认为最初的链是"以太坊经典"。这是一次真正的区块链攻击。以目前的价格计算，被盗走的 360 万个币如果算作 ETC，价值超过 4 000 万美元；如果算作 ETH，价值将超过 10 亿美元。

DAO 事件可以看作是智能合约的代码漏洞而遭到黑客攻击的结果。众所周知，智能合约代码一旦发出就无法更改。因此，在挽回损失过程中，去中心化无法有效解决问题，只有通过"集中式"的方式，才能解决。此外，为获取稳定的收入，现阶段"矿工"们会组成"矿池"，"矿池"会将分散的算力统一集中起来进行管理，随着"矿池"规模的扩大，一旦算力总和达到 51%，从理论上讲就可以控制区块链的记账权、修改账本及阻止他人"挖矿"，从而威胁整个系统的安全。

知识链接

冷钱包与热钱包

比特币用户可通过冷钱包、在线钱包、硬件存储、门限秘密共享存储、纸质媒介、人类记忆等来保护自己的密钥。但是密钥一旦丢失，用户将无法获得自己账户里的比特币。在线钱包，是指把密钥托管给第三方可信机构，但这又与区块链的去中心化相违背；硬件存储则存在硬件丢失或者遭到破坏的风险；纸质存储可放进保险箱，但这并不适合频繁交易的用户。因此，安全便利的"钱包"保护机制非常重要。

冷钱包，是脱离网络的离线钱包，不能被网络访问，如纸钱包、硬件钱包、不联网的电脑或手机等。它是一个没有连接到互联网的服务器，本质上是通过阻止外部网络访问实现 Air-gapping（空气间隙）。

热钱包，是与网络连接的在线钱包，如联网的桌面钱包、手机钱包、在线钱包。它为用户提供足够的加密货币进行日常交易。

冷钱包与热钱包的比较如表 8-1 所示。

表 8-1 冷钱包与热钱包的比较

类型	冷钱包	热钱包
原理	离线存储私钥	将私钥加密后存储在服务器上，需要时再下载下来解密
优点	可以免受黑客及病毒的袭击，确保储存期间的绝对安全，是存储数字货币最安全的方式	可用于发送或查询数字货币，使用方便
缺点	创建复杂，转账麻烦，硬件损坏或私钥丢失都可能造成数字货币的丢失，因此需要做好备份；不能发送或查询数字货币，严格意义上说，冷钱包是一个不完整的钱包	被黑客盗取钱包信息或破解加密私钥的风险很高

四、区块链技术的资源浪费问题

就目前区块链技术重点运用的比特币来说，存在大量的资源浪费问题。比特币需要"矿工"不断地挖掘才能产生，而"矿工"挖掘比特币也需要价值高昂的"挖矿"设备。虽然"矿工"们可以把挖到的比特币当作"挖矿"的奖励，但是依旧避免不了"挖矿"过程中产生的损失，而且这些损失随着比特币被不断挖掘会越来越大。英国电力资费对比公司 Power Compare 的研究表明，比特币"挖矿"年均耗电量已经超过 159 个国家的年均用电量。这些由于"挖矿"产生的损失，并不能作为多余的资源用在别的方面，这些资源只能被浪费在"挖矿"上，并不能产生任何实际的用途。此外，采用工作量证明机制的区块链技术，目前平均每10分钟才能产生一个新的区块，且一小时后才确认交易，这难以满足高频小额金融交易每秒万笔以上的交易需求。

五、区块链技术的监管问题

区块链技术的"去中心化"给金融商业模式的监管带来一定的困难。虽然"去中心化"的模式颠覆了传统金融业，但是"去中心化"将中心弱化到各个"区块"，从某种意义上来说就是没有主体，而监管方面也很难做到监控每个"区块"的运行。目前暂无权威机构对区块链相关产品进行监管，无法有效评价产品的质量，这导致市场上的区块链应用良莠不齐。因此，需要建立一套区块链标准，界定区块链的内涵和外延，引导行业健康有序发展。

此外，基于区块链技术的各种创新应用的探索正改变生产关系，重构传统业务形态，从而给现有法律法规和监管框架带来了挑战。部分原有的法律法规体系、业务监管模式、税务体系已不适用于新的业务形态，制约了创新业务的发展。例如，数字资产、数字藏品、元宇宙等基于区块链技术的新模式正快速发展，但由于缺乏与现实世界中的资产锚定，极易产生资本炒作。数字货币体系中的用户和服务提供商均为匿名，从而使不法分子有可乘之机，方便掩盖资金的来源和投向，为洗钱、非法融资、逃税等违法犯罪行为提供了便利。此外，区块链应用到其他商业场景上也会遇到一系列法律和监管问题，例如如何界定智能合约的法律主体性质、如何解决金融交易的最终确认时点等。因此，需要加强国际监管协调，并确立相关的监管政策。

尽管区块链技术还存在许多不稳定因素，但是这也阻止不了区块链技术在金融业的发展。仅仅是比特币，就已经给金融业带来了巨大的冲击。虽然区块链技术今后的应用还没有完全开发，但是大多数相关人士已经预测出该技术在未来产生的深远影响——"去中心化"的想法已经深入人心。即使比特币不能代替一般的流通货币，但是比特币带来的区块链技术也足以颠覆金融业。即使区块链技术存在许多挑战，以及目前还没有被人们发现的隐患，但是这些现阶段的难题，随着世界科技的进步，也总会有被破解的一天。

模块二　区块链金融未来发展

 案例引入

揭秘DeFi：区块链金融的颠覆者

在区块链的世界里，DeFi（去中心化金融）正以其独特的魅力，引领着金融行业的新一轮革命。在这场革命中，你将看到一个充满创新与活力的金融市场，一个没有中间人、没有单点故障的金融系统。

DeFi 作为区块链金融的颠覆者，正以其独特的优势改变着金融行业的格局。DeFi 的出现，不仅让金融脱离了传统金融机构的束缚，还将金融的门槛降低，让更多的人能够参与其中。可以说，DeFi 是区块链技术应用最成功的案例之一，也是未来金融发展的主要趋势。

当然新兴的基于 DeFi 的技术，还有望创造更多的业务扩张。包括：
- BusiFi：基于区块链的业务管理工具和 DAPP（去中心化应用）。
- FanFi：以粉丝为中心的金融科技，增强粉丝群管理和创收。
- GameFi：处理区块链游戏内财务的工具，确保透明度并防止欺诈。
- IndFi：通过消除中介来提高效率的工业应用。
- MediaFi：多媒体制作的去中心化技术，改善财务管理。
- RegFi：使用智能合约和去中心化治理的监管流程的信任和透明度。
- SocialFi：具有用户验证、所有权证明机制和区块链支付系统的去中心化社交媒体平台。

每个都具有独特的优势并推动各自领域的进步。例如，GameFi 开发了繁荣的二级市场并提高了玩家参与度，而 IndFi 完善了工业流程。当然，解决与区块链游戏平台能源使用相关的环境问题至关重要。这些 DeFi 驱动的技术有可能重新定义各个领域，提高效率、透明度和创新。

思考：结合以上资料，谈谈你对区块链金融未来发展的认识。

一、技术层面：融合创新的发展趋势

（一）数据安全与存储技术日趋成熟

在数字化浪潮中，数据安全和存储技术的演进变得尤为重要。区块链技术，作为分布式账本的代表，正逐步走向成熟，在满足各类产业需求的同时，持续面临着安全成本和存储成本的双重挑战。展望未来，随着国家层面对区块链技术的战略布局，区块链的底层安全技术与存储技术将持续进步，日趋完善，以更好地服务于金融等多元化应用场景。

1. 技术进化——场景驱动的安全创新

金融领域对数据安全的要求近乎苛刻。随着区块链技术与金融业的融合与发展，一系列个性化、安全性的技术需求被提出。区块链架构需要适应金融场景的特性，如实名制、资产记名及严格的监管标准。为此，区块链技术及智能合约技术等在内的底层安全技术正不断进化，以满足这些独特的安全需求。以数字票据业务为例，涉及身份验证机制的强化问题、精确的全局时间同步问题、监管接口的预先规划与整合问题，以及交易信息的隐私保护等。金融领域的特定应用场景为区块链技术的发展提出了独特的安全挑战，这促使我们不断迭代更新安全技术以应对这些挑战。

此外，区块链技术在金融领域的实际应用，也推动了技术的创新与发展。以往区块链主要以块、链的结构呈现，但随着技术的迅猛进步，这种传统的结构在许多应用中已经逐渐淡化，取而代之的，是跨链互操作的互联互通，它成为区块链技术发展的核心驱动力之一。特别是在金融行业，其业务的复杂性和交互性也推动了区块链技术的跨链互操作发展，从而确保系统间在高效互通的同时，维持整体的安全性。

智能合约作为区块链的另一重要组成，同样在助力区块链金融安全技术的不断完善。业务开展的每一环节，包括事前、事中、事后，都需要确保安全性的全面覆盖。智能合约通过自动化执行和监控，实现了业务流程的透明化和可追溯性，为金融业务安全提供了强有力的保障。

2. 存储革命——应对数据增长的挑战

区块链的特性决定了其数据只增不减，这对数据存储能力提出了巨大的挑战。特别是在企业应用中，数据的快速增长需要更高效的存储方案。以电商供应链为例，每日产生的数据量庞大，且随着供应链的延伸，数据量呈几何倍数的增长。区块链的分布式存储不仅包含链上数据，还涉及链下数据的连接，这使数据存储的复杂性和需求都大幅增加。

目前，一些区块链系统采用的存储方式尚不能完全满足这一需求。但随着存储技术的不断进步，未来将会出现更为高效、灵活的大数据存储方案。这将极大地降低运维成本、简化数据迁移过程，为区块链技术的广泛应用奠定坚实的基础。

（二）技术融合引领创新浪潮

区块链并非一种孤立的技术，而是对现有技术集成方案的整合与优化。其发展与新一代信息技术，如云计算、大数据、物联网、5G 等，紧密相连、相互促进。区块链技术和应用的进步，离不开这些基础设施的支撑，同时，它也反过来推动了新一代信息技术产业的蓬勃发展。展望未来，区块链将与云计算、大数据、人工智能、物联网、5G 等前沿技术深度融合，形成更为完善的"区块链+"生态体系。

1. 区块链 + 云计算

在数字化时代，云计算作为计算能力和基础设施的核心，为互联网技术的革新提供了强大的推动力。BaaS，是将区块链框架嵌入云计算平台，利用云服务基础设施的部署和管理优势，为开发者提供便捷、高性能的区块链生态环境和配套服务，并支持开发者的业务拓展及运营维护。BaaS 极大地降低了技术门槛，加速了区块链应用的落地进程。各大云服务商和区块链服务商纷纷布局 BaaS 平台，金融机构也积极打造自身的 BaaS 服务能力。

2. 区块链 + 大数据

大数据与数据挖掘的结合，使得精准的客户画像成为可能，金融服务对个体的关注度也随之提升。区块链的不可篡改和可追溯特性，为大数据分析提供了高质量的数据源。随着区块链应用的拓展，数据规模持续增长，区块链将成为大型数据共享的基础设施。大数据能够最大化地实现链上数据的共享价值，而区块链的身份授权模式也有助于解决数据确权问题。此外，区块链的可追溯性和时间关联性使大数据能够进行多维度的数据挖掘，为经营决策和社会治理提供有力支持。

3. 区块链 + 人工智能

人工智能以其强大的学习能力，推动了金融、医学、工业等领域生产力的提高。而其应用需要大数据的支撑，区块链为人工智能提供了更加可靠、可信的数据源，并为其提供了高安全的机器自主性。区块链的多方共识机制也为人工智能的执行逻辑提供了稳固的基础。随着人工智能在安全领域的成熟应用，它将为区块链的交易校验、环境安全和合约检测提供有效的监管与防控。区块链与人工智能的融合，将为数字社会治理提供强大的动力。

4. 区块链 +5G+ 物联网

移动通信技术的发展为物联网的万物互联提供了坚实的基础，也使区块链节点的存在形式和组织模式进一步丰富和发展。随着通信技术的升级换代，物联网设备将深入社会的各个角落，直接从信息源头获取数据，为区块链提供更加高效可信的数据采集方式。未来，物联网设备将扩展区块链的数据广度，拓宽其应用范围。同时，区块链技术也将为物联网设备的数据交换提供一个可信、多中心化的数据平台，形成"云 + 边 + 端"深度融合、高效协作的区块链基础设施。

（三）技术标准研发迈向成熟

随着区块链技术应用的迅猛崛起，其发展历程逐渐从无序步入有序。在这一进程中，技术标准的研发显得尤为重要，它们如同区块链技术发展的指南针，引领着整个领域向更加规范、系统的方向迈进。中国的区块链标准化工作已步入稳健的发展轨道，未来将迎来其关键的发展时期。在这一时期，标准的制定与修订将加速进行，不仅涵盖基础技术标准，还将深入到通用技术标准等多个层面，以期产出更多具有实际应用价值的成果。

1. 跨链互联互通的标准化建设日益健全

公有链因其去中心化和匿名特性，与中国法律相悖，而联盟链的局域网架构又难以满足广泛的社会需求。因此，联盟链之间的数据互联互通成为区块链发展的重要方向。为实现这一目标，我们需要构建多层次、多类型的技术标准体系，以适应不同应用场景对安全性、效率性和扩展性的需求。

国家信息中心等发起的全球商用区块链服务网络（BSN）基础设施的技术体系中，建立了《区块链服务网络 BSN 底层框架适配标准》。任何联盟链底层架构若想接入BSN，都必须遵循这一标准。这些标准涵盖了密钥算法、网关 SDK 等多个方面，确保了所有联盟链在 BSN 中都能遵循统一的规范。一旦完成适配并通过审核，开发者便可在 BSN 平台上选择相应的底层框架进行开发，实现了区块链应用的快速部署和跨链数据交互。

知识链接

BSN（Blockchain-based Service Network，区块链服务网络）是一个跨云服务、跨门户、跨底层框架，用于部署和运行区块链应用的全球性公共基础设施网络。通俗理解，它是区块链世界中的互联网，也就是说区块链技术出现后，所有的区块链开始被联系起来。2020 年 4 月 25 日，国内的基于区块链服务网络（BSN）正式启动。该平台由国家信息中心牵头，中国移动、中国银联等共同发起，旨在帮助企业更快、更便宜地部署区块链应用。

在 BSN 中，这个服务网络主要用于改变区块链应用开发和部署的高成本问题，以互联网理念为开发者提供公共区块链资源环境，极大降低区块链应用的开发、部署、运维、互通和监管成本，从而使区块链技术得到快速普及和发展。

2. 区块链技术分层标准的持续优化

在区块链产业链中，联盟链的应用占据了重要地位。从纵向角度看，区块链技术可分为底层框架技术、BaaS 平台接入与管理技术，以及基于 BaaS 平台的应用开发、项目实施和运维技术等多个层面。

为了促进不同区块链平台之间的数据互通，各 BaaS 应用开发平台可能会共同制定跨链数据交互协议，确保不同平台上的应用能够实现数据共享。而那些无法实现链间数据交互的区块链应用平台，将面临被市场淘汰的风险。这一趋势将推动整个区块链行业向更加标准化、统一化的方向发展。百度云的区块链 BaaS 平台架构如图 8-1 所示。腾讯云的区块链服务平台 TBaaS 的功能架构如图 8-2 所示。

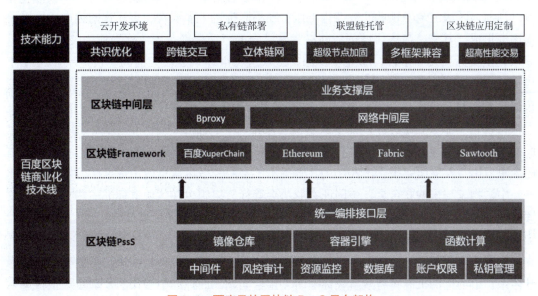

图 8-1　百度云的区块链 BaaS 平台架构

图 8-2　腾讯云的区块链服务平台 TBaaS 的功能架构

二、规则层面：监管、标准的健全发展

（一）各类行业标准全面构建

区块链技术的广泛应用，曾一度受限于行业标准的不完善。尤其是区块链的集成应用，涉及多方合作、影响范围较大，如缺乏统一标准的指导，会产生一定的高风险问题，从而使众多金融企业选择了小规模试点，限制了其规模化发展。此外，业务集成、数据连接等关键环节也由于缺乏标准，难以有效衔接。基于此，完善与区块链技术相匹配的行业标准体系，成为推动其广泛应用的当务之急。

当前，区块链金融领域的标准化工作正在不断推进，多层次、多元化的标准研发格局正逐渐形成。其中，与区块链创新前沿紧密结合的行业标准、团体标准成为关键发力点。一系列重要标准发布事件，彰显了我国在区块链标准体系建设方面的积极进展。2019 年 12 月，保险行业区块链应用技术标准制定工作正式启动，《区块链保险应用白皮书》的发布标志着保险行业在区块链技术标准化建设上迈出了坚定的步伐。2020 年 2 月，中国人民银行正式发布《金融分布式账本技术安全规范》，为金融领域分布式账本系统的安全建设提供了明确指导；同年 4 月，中国互联网金融协会区块链研究工作组发布的《中国区块链金融应用与发展研究报告（2020）》，则揭示了金融领域区块链应用标准的研发方向。此外，中国物流与采购联合会、中国证券业协会等社会组织也在区块链标准的建立健全中发挥着积极作用。它们通过构建标准化组织，组织专家开展团体标准制定，参与行业标准、国家标准的制定，为区块链金融的健康发展提供了有力支持。

展望未来，随着区块链上升为国家战略，各行业、各领域都将加快建立健全区块链标准体系。市场化的机制将有效解决标准研发供给问题，而标准中嵌入的专利技术也将进一步加速相关标准的制定。未来，一个更加完善、更加规范的区块链标准体系，将为区块链技术的广泛应用和深入融合提供坚实支撑。

（二）配套法规体系逐步完善

在数字经济飞速发展的今天，区块链技术作为基石，其技术革新和应用拓展已然成为推动社会进步的新动力。然而，技术的健康可持续发展离不开法律的保驾护航。当前，与区块链技术及其应用相关的法律框架尚存在诸多模糊与滞后之处。但随着区块链技术的深入应用和相关标准体系的不断完善，与之相匹配的法规体系也将逐步走向成熟和完善。

1. 强化区块链技术创新的法律保护

为了鼓励区块链技术的持续创新，法律应当为其提供保护，包括加强专利、软件著作权等知识产权的保护力度，如针对区块链技术的特点，对于链上的数据、算法、智能合约等创新成果，应明确其知识产权归属和权利行使方式，确保创新者的合法权益不受侵犯。同时，建立快速响应机制，对侵犯区块链技术知识产权的行为进行严厉打击，提高违法成本，形成有效的法律威慑力。此外，区块链技术的跨国界特性要求加强国际合作与交流，共同应对技术创新带来的法律挑战。通过参与国际规则制定、加强司法协助和执法合作等方式，推动形成统一的区块链技术创新保护标准。同时，借鉴其他国家在区块链技术创新保护方面的成功经验，不断完善我国的法律保护体系。

2. 明确智能合约的法律地位

智能合约作为区块链技术的重要应用之一，其法律地位一直备受关注。智能合约本质上是一种由计算机程序编写的、能够在特定条件下自动执行合同条款的协议。然而，目前对于智能合约的法律定义和规范尚不明确，如果出现智能合约失效或程序性错误或被盗的情况，则其中多方的法律责任难以判断。为了确保智能合约的合法性和有效性，我们需要加快对智能合约的法律研究，明确其法律地位和责任归属。

3. 完善数据资产与数字资产的法律规定

在数字经济时代，"数据资产"和"数字资产"已成为重要的价值载体。区块链技术以其去中心化、不可篡改等特性，为这些资产的确权、定价和交易提供了有力支持。为了促进数据要素市场的健康发展，我们需要加快制定和完善相关数据资产和数字资产的法律规定，明确其权利归属、交易规则和监管要求。

（三）金融监管机制的创新探索

随着金融科技的迅猛发展，传统金融监管机制正面临前所未有的挑战。在这种背景下，监管沙盒的概念应运而生，监管沙盒旨在提供一个风险可控的环境，让金融科技企业能够自由测试其创新的金融产品、服务和商业模式，而不必立即受到严格监管的束缚。这一机制有利于激发金融科技创新的活力，并推动金融监管机制的创新。特别是，区块链技术的引入为金融监管带来了革命性的变革。区块链以其不可篡改、可追溯的特性，为金融监管提供了全新的视角和工具。它不仅使监管能够实时获取全面、真实的数据，还能助力实现智能监管，极大地降低了监管成本。

1. 区块链重塑金融监管信息共享模式

区块链技术打破了传统金融监管中的信息孤岛现象，通过构建一个去中心化、透明化的信息交流平台，实现了监管机构、金融机构和其他相关方之间的数据共享。在这个平台上，各方都成为区块链网络中的节点，能够实时获取和更新数据，确保信息的准确性和完整性。

通过区块链技术，监管机构能够实时监控整个金融市场的动态，及时发现并处理违法违规行为。同时，区块链的透明性也使监管机构能够更好地了解金融机构的运营状况和风险情况，从而制定更加精准的监管策略。基于区块链技术的金融监管模式如图 8-3 所示。

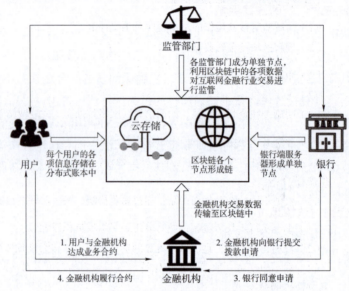

图 8-3　基于区块链技术的金融监管模式

2. 智能合约保障交易合规性

智能合约通过自动执行预先设定好的规则和条款，确保金融交易的合规性。借助智能合约，监管机构可以将各项法律法规、政策和技术要求写入合约中，实现自动化监管。

在金融交易中，智能合约可以自动分析交易双方的数据，评估交易的风险和合规性，并在必要时触发预警机制。这不仅可以大大提高监管效率，还可以避免人为因素导致的监管失误和偏见。

智能合约还可以与大数据技术和风险预警系统相结合，构建更加完善的金融风险防控体系。当检测到潜在风险时，智能合约可以自动触发相应的风险应对措施，确保金融市场的稳定和健康发展。

总之，区块链技术的引入为金融监管机制的创新提供了强大的动力。通过构建透明的信息交流平台，实现智能监管及利用智能合约保障交易合规性等措施，我们可以更好地应对金融科技的挑战，促进金融市场的稳定和健康发展。

三、应用层面：在金融业的扩展与深化

（一）促进金融服务提质增效

随着区块链技术在金融领域合作的深入，其价值和潜力逐渐得到广泛认可，基于区块

链的金融业务创新蓬勃发展，从整体上促进了金融服务的提质增效，从而显著提升了金融服务的效率、增强了风控能力，并推动了金融服务模式的创新。

1. 重塑支付清算，实现高效对账

区块链技术的引入，为支付清算领域带来了革命性的变化。通过区块链的共识共享连接模式，原先跨金融机构间的串行连接被优化为点对点的直接对账结算，实现了实时同步，显著减少了中间环节的延时，极大地提升了支付清算的效率。尽管区块链技术在高频业务处理上还有待提升，但其在低频金融机构间定期清算方面的应用，已展现其独特的价值，为金融机构提供了可信的清算数据服务。

2. 基于可信数据，强化风控防线

在数据驱动的商业环境中，数据的可信度对于金融机构的风险控制至关重要。区块链技术的引入，为金融机构之间以及金融机构与实体企业之间构建了联盟链，实现了客户业务经营信息、金融服务信息的上链共享。通过链上数据的交叉验证，确保了数据的可信度，解决了传统业务模式下数据不完整、可信度差的问题。高质量的数据不仅有助于完善客户画像，推动金融服务业务的主动开展，还极大地提升了金融机构防范和化解风险的能力。特别是在电子政务数据的应用上，政务部门的数据如工商、税务、质检、海关等均可纳入金融机构的大数据风险分析模型，为金融机构的风险控制提供有力的支持。

3. 联盟金融服务，实现合作共赢

传统的金融服务模式往往局限于一对一的服务方式，客户在需要金融服务时，只能选择一家金融机构进行接触。然而，基于区块链技术构建的金融服务基础平台，打破了这一局限，为多家金融机构之间的业务合作提供了广阔的创新空间。中小银行可以通过构建行业联盟的方式，利用区块链技术提升整体的金融服务业务能力。金融服务联盟合作模式通过区块链实现电子化信息共享与存证，不仅有助于扩大整体业务范围，还能激发银行的内在创新动力，推动银行自身业务服务能力向更高层次、更高水平发展。未来，银行可能会组成业务受理联盟，通过统一平台窗口对外提供独立服务，或通过统一渠道受理业务后进行内部撮合竞价或股权比例方式，实现利润共享和风险共担，从而形成既竞争又合作的良性格局。

（二）驱动实体经济与产业链深度融合

在技术进步的浪潮下，区块链技术逐渐打破传统产业链与金融机构之间的界限，推动金融服务与实体经济的深度融合。区块链的"去中心化"特性不仅弱化了传统金融服务，还促使资产形式由实体向数据和数字资产转变，为金融业带来前所未有的机遇。

1. 金融服务全面融入产业链生态

区块链的引入使金融服务从单一机构的集权治理转变为多领域、多参与方的共治模式。它打破了数据信息孤岛，加强了金融服务的数据运用能力，从而扩展了金融服务体系的广度和深度。金融机构可以主动加入基于区块链的产业联盟和行业平台，通过共享账本获取产业运作的真实数据，更精准地了解客户需求，提供多样化和定制化的金融服务。这

不仅满足了客户的显性需求，还挖掘了客户的隐性需求，推动了金融服务从追赶向引领的转变。

2. 金融服务边界向"数据资产"和"数字资产"延伸

随着区块链的广泛应用，资产的形式也在发生变化，数据资产和数字资产逐渐成为新的资产类别。区块链技术为数据确权提供了可能，使原本产权不明晰的数据资源成为可交易的资产，进一步丰富了数据资产的内涵。基于区块链的信用管理重构了社会信任模式，减轻了对第三方中介服务的依赖。同时，区块链技术提升了资产交易的透明度和可信度，为数字资产市场的繁荣发展提供了技术支持。

随着资产数字化和证券化的推进，金融服务将迎来业务创新、组织变革和管理创新的机遇。这将促进社会生产要素的流动和优化，为金融机构提供新的市场机会。金融机构需要积极应对这一变革，制定前瞻性策略，做好数字化资产发行、流转、保值升值和风险防控等方面的准备，以适应市场发展的新需求。

（三）打造一体化协同服务生态

在数字经济浪潮的推动下，金融服务面临着前所未有的变革。客户对金融服务的期望日益多元化、生活化，这要求金融服务企业，特别是银行业，必须紧跟时代步伐，构建与数字经济相匹配的全新服务模式。区块链技术的崛起，为"金融+"多元化场景的深度融合提供了强大的技术支撑。通过区块链，金融可以与政务、医疗、教育等领域实现无缝对接，共同构建一个开放共享、多方共治的一体化新型服务生态系统，实现服务模式、品质、生态和组织的全面升级。

1. 区块链赋能政务金融一体化

区块链技术正逐步打破政府部门与银行之间的信息壁垒，实现财政资金的透明化、阳光化管理。在雄安、贵州等地的成功实践，已证明区块链在政务金融一体化方面的巨大潜力。未来，随着更多政务机构接入区块链网络，财政资金的监管将更加严密，使用效率将得到进一步提升，为防范腐败提供有力保障。同时，银行等金融机构通过区块链技术融入政务平台，能够更深入地了解产业链、供应链等信息，为金融服务提供更为精准的数据支持。

2. 区块链引领医疗金融新篇章

区块链技术正助力构建基于数据共享的医疗健康生态圈。在严格授权的前提下，患者诊疗信息在多家医院间实现可信共享，与商业保险实现直接联通。这不仅提升了商业保险的信任度，也推动了"互联网+医疗+金融"的深度融合。未来，随着区块链技术的进一步应用，政府、医疗机构、居民、银行、药店、药械厂家、医保、商业保险等多方将实现互联互通，共同积累医疗健康数据资源。基于这些数据，我们可以进行数据挖掘、决策分析，推动业务创新和流程优化，提升居民就医体验，助力政府机构监管，共同构建智慧社会。

3. 区块链重塑教育金融生态

在教育领域，区块链技术为解决人才档案管理、教育资源配置、培训市场规范等问题提供了新的思路。特别是在培训市场领域，区块链技术通过建立新型教育中介体系，引入政府监管节点，确保了培训机构档案、学习情况、课程评价、通过率等数据的真实性和不可篡改性。同时，区块链技术可以帮助学员建立真实的学习记录，与雇主建立联系，实现精准就业。在教育培训领域引入区块链技术和金融服务创新，如解决学生助学金管理问题、提供"先培训、后付款"的金融服务、为学生实习过程提供保险服务等，将进一步推动教育培训市场的健康发展。

（四）支撑探索社会治理新模式

过去，由于粗放式发展和社会信用建设的忽视，人们在经济活动中不得不承担高昂的信用成本。随着高质量发展和内涵式发展的理念深入人心，信用已成为社会的宝贵资源，亟需通过全社会的共同努力来推动其健康有序发展。区块链技术在金融领域的创新应用，为社会信用的建设及社会治理新模式的探索提供了强有力的支撑。

1. 强化社会信用体系建设

区块链技术为解决金融领域的信息不对称问题提供了新的解决方案。通过构建金融机构间的联盟生态，可以实现客户授信额度、贷款余额等敏感数据的链外安全存储，并通过区块链传递信用联合计算数据。这种链上链下的数据协同机制，不仅保护了客户信息的隐私，还促进了数据的共享与利用。

金融信用是社会信用体系的核心组成部分。以金融信用共享为起点，我们期待未来能够建立起政府、金融机构、企业等多方互认的联盟生态，实现"联盟链公有化"。这将打破数据孤岛，构建社会化的公民立体数字身份，实现跨部门、跨行业的社会信用数据资源整合共享和互联互通，也将进一步重塑社会信用机制，降低社会治理成本，为社会的和谐稳定奠定坚实基础。

2. 引领社会治理模式创新

区块链技术为多方社会机构提供了一个相互协作的平台。在这个平台上，人们可以在确保行为合规的前提下，公开透明地展示焦点数据和业务逻辑。通过多方参与，构建一个更加公平、更加开放的治理体系。

以公益领域为例，区块链技术的应用有助于解决慈善机构、众筹互助平台等存在的信任危机问题。通过区块链金融公益服务，我们可以实现商业与公益的平衡，加强公益行为的社会化监督，遏制内部腐败现象。同时，区块链技术可以提升公益行动过程中的社会信任度，激发社会大众参与公益活动的积极性。相比传统公益模式，区块链金融公益具有更加法规化、平民化、透明化的特点。通过将慈善公益项目信息分布在互联网各个节点上，可以实现资金可追溯、物流明细存证可查，以及社会监管的透明接入。这将有助于构建更加扁平化、透明化、智能化的公益活动运作模式，推动社会保障机制的不断完善和公益行业公信力的持续提升。

素养园地

区块链革命：创新引领　重塑未来

区块链技术，自比特币掀起全球热潮起，短短十余载已蜕变为虚拟资产、数字瑰宝、元宇宙构建者，以及 Web 3.0 时代的驱动引擎。回溯历史，1602 年，阿姆斯特丹的股票交易所开创了资本市场的先河，历经四百余载，证券行业已成为企业融资的重要途径。区块链技术，作为新时代的变革者，亦将历经岁月的洗礼，逐步成为引领未来发展的新潮流。

当前，区块链技术步入初期应用的活跃阶段。据 Blockdata 的权威数据，2022 年区块链及加密行业的融资额高达 299 亿美元，这一数字是五年前的十倍有余。资本的涌入预示着区块链的超级应用即将崛起，它们有望比肩 Web 2.0 时代的巨头，如腾讯、阿里巴巴、亚马逊，成为 Web 3.0 时代的领航者。

Robert Merton（诺贝尔经济学奖得主）曾指出，技术无法替代或创造信任，但区块链却以其独特的机制，被誉为信任的守护者。自比特币诞生以来，区块链技术便以解决金融领域的信任问题为起点，逐步扩展至更广阔的领域。以太坊，作为区块链技术的杰出代表，通过智能合约的引入，为开发者提供了无限的创意空间。去中心化金融（DeFi）作为以太坊上的重要应用，以其无须第三方中介的特性，彻底改变了金融服务的格局。随着时间的推移，DeFi 的应用场景不断丰富，其资产规模也呈现出惊人的增长。根据最新数据，DeFi 的总资产规模已达到 286 亿美元，短短两个月内增长了 22.5%。这一增速远超传统金融市场，预示着去中心化金融的未来充满无限可能。随着各国对虚拟资产监管框架的搭建和完善，DeFi 与传统金融的界限将进一步模糊，双方将通过合成资产等方式实现深度融合。未来，去中心化金融有望成为金融领域的新主流，引领全球金融市场的变革。

区块链，这项曾经看似遥不可及的技术，经过数年的探索与沉淀，如今已悄然融入我们的日常生活，并切实解决了诸多难题。技术的价值不在于其本身，而在于如何巧妙运用以应对各种挑战。早在 2019 年，全球多国便纷纷将区块链提升至国家战略高度，新加坡金融管理局更是将其视为经济腾飞的"引擎"。经过几年的洗礼，各国政府在区块链领域究竟取得了怎样的进展呢？传统的政务系统面临着诸多挑战，如部门间的协同不足、数据孤岛、效率低下等。然而，区块链技术为这些问题提供了全新的解决方案。以北京海淀区为例，通过海淀通 APP 的"区块链专区"，市民可轻松办理公租房补贴、技能培训补贴等事务，大大提高了政务效率。在江苏，基于区块链技术的闲置住宅使用权流转交易成功落地，开创了新的交易模式。瑞士的旅游小镇维茨康、法国的工业部门也都在区块链的助力下，实现了产业结构的优化与升级。

然而，政府对区块链的期待远不止于此。它们不再满足于简单的政务应用尝试，而开始将区块链技术融入整个政府或央行的顶层设计中。

随着区块链技术的不断成熟与应用场景的拓展，数字身份、数字资产及相关的区块链平台将逐渐成为各国政府关注的焦点。区块链从概念到应用的转变，不仅体现了技术的不断进步与融合，更展示了其在解决实际问题中的巨大潜力。如同威廉·吉布森所言："未来已来，只是分布不均。"区块链的未来将不再遥不可及，而是逐渐走向百花齐放、百家争鸣的新时代。在这个充满变革与挑战的时代里，只有那些坚持初心、勇于创新的企业才能在这场技术革命中脱颖而出。

知识巩固

项目八交互式
测验及参考答案

一、单项选择题

1.区块链服务网络的英文缩写是（　　）。

A. BBS

B. BSN

C. SBN

D. BSS

2.在区块链产业链中，（　　）的应用占据了重要地位。

A. 公有链

B. 私有链

C. 联盟链

D. 侧链

3.以下属于冷钱包的是（　　）。

A. 不联网的电脑桌面钱包

B. 手机钱包

C. 在线钱包

D. 联网的电脑桌面钱包

4.（　　）可能不是未来区块链金融相关配套法律的发展方向。

A. 对区块链技术创新的法律保护得到加强

B. 智能合约的法律规定得到明确

C. 数据资产、数字资产的法律规定得到完善

D. 数字货币在我国被明令禁止

5.比特币需要"矿工"不断地挖掘才能产生，而"矿工"挖掘比特币也需要价值高昂的"挖矿"设备。虽然"矿工"们可以把挖到的比特币当作"挖矿"的奖励，但是依旧避免不了"挖矿"过程中产生的损失。这体现了区块链技术的（　　）问题。

A. 普及问题

B. 延迟问题

C. 安全问题

D. 资源浪费问题

二、多项选择题

1.区块链技术分层标准，从纵向角度看，可以分为（　　）。

A. 底层框架技术

B. BaaS 平台接入与管理技术

C. BaaS 平台之上的应用开发

D. 项目实施和运维技术

2. 区块链技术发展可能结合的技术包括（　　）。

A. 5G

B. 云计算

C. 大数据

D. 人工智能

3. 区块链技术未来应用到金融服务的场景可能包括（　　）。

A. 政务

B. 医疗

C. 教育

D. 贸易

4. 在数字经济时代，（　　）已成为重要的价值载体。

A. 数据资产

B. 有价证券

C. 数字资产

D. 房屋设备

5. 区块链技术在促进金融服务提质增效方面，主要体现在（　　）。

A. 重塑支付清算，实现高效对账

B. 强化社会信用体系建设

C. 基于可信数据，强化风控防线

D. 联盟金融服务，实现合作共赢

三、判断题

1. 区块链金融发展一定是完全去中心化的。　　　　　　　　　　　　（　　）

2. 区块链技术在金融领域的应用仅仅会增加金融系统面临的风险。　（　　）

3. 智能合约的应用需要相关的法律法规不断健全。　　　　　　　　（　　）

4. 基于区块链技术的发展，目前数字货币可以取代传统意义上的现金货币。（　　）

5. 联盟链因其去中心化和匿名特性，与中国法律相悖，而公有链的局域网架构又难以满足广泛的社会需求。　　　　　　　　　　　　　　　　　　　　（　　）

四、简答题

1. 简述区块链技术发展面临的主要挑战。

2. 简述区块链技术在金融监管上的应用。

实训拓展

实训名称	区块链技术在政务领域的应用模拟训练
实训目的	（1）了解区块链钱包的搭建方法与步骤，传统电子发票业务存在的行业痛点。 （2）掌握区块链在报销报税业务中的应用方法与成果。 （3）熟悉区块链技术在电子发票应用中用到的相关技术
实训准备	（1）登录知链科技"区块链金融创新实训平台"。 （2）明确区块链电子钱包搭建的流程。 （3）明确区块链电子发票的业务流程
实训内容	1. 搭建区块链钱包 按照搭建区块链钱包实验流程（如图 8-4 所示），依次完成"新建钱包—保存密码文件—解锁钱包—部署智能合约—测试钱包生成交易—查看钱包—查看交易状态—交易 Hash 记录"等 8 个步骤。  图 8-4　搭建区块链钱包实验流程 2. 区块链电子发票实验 （1）角色选定 如图 8-5 所示，本项目分为四个角色，分别为消费者、商户、企业、税务局。学生根据情况，选定各自角色，并承担不同任务。 （2）每个角色依次完成不同的任务训练 按照"消费者"角色业务流程（如图 8-6 所示），依次完成"生成私钥公钥—消费者应聘—企业审批录用应聘人员—企业发布采购计划—消费者接收购买计划—商户批发进货—消费者采购办公用品—确认订单并发货—消费者确认收货—申请开票—确认申请并开票—接收发票—申请报销—报销审核—接收报销批复—认证进项票—报税申请—审核企业报税资料—接收报税批复—报税申请—审核商铺报税—接收报税批复"等 22 个步骤。

实训内容	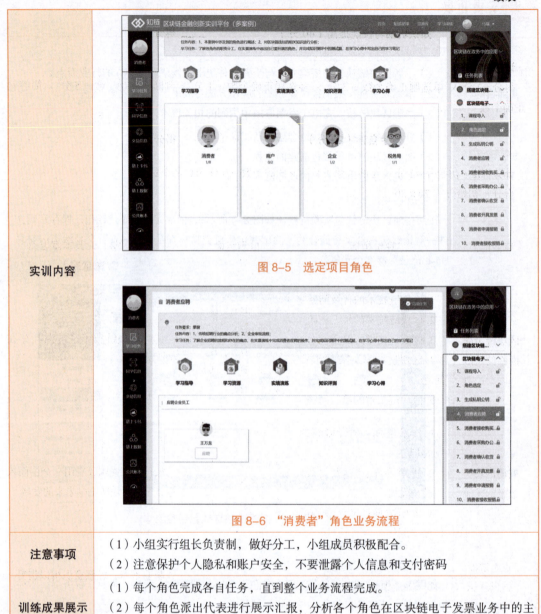

图 8-5　选定项目角色

图 8-6　"消费者"角色业务流程

注意事项	（1）小组实行组长负责制，做好分工，小组成员积极配合。 （2）注意保护个人隐私和账户安全，不要泄露个人信息和支付密码
训练成果展示	（1）每个角色完成各自任务，直到整个业务流程完成。 （2）每个角色派出代表进行展示汇报，分析各个角色在区块链电子发票业务中的主要任务及区块链技术的应用与优势

学习评价表

知识巩固与技能提高（40分）	得分：

计分标准：
　　得分 =2分 × 单选题正确个数 + 3分 × 多选题正确个数 + 1分 × 判断题正确个数 + 5分 × 简答题正确个数

学生自评（20分）	得分：

计分标准：初始分 =2分 ×A的个数 + 1分 ×B的个数 + 0分 ×C的个数
　　得分 = 初始分 ÷20×20

专业能力	评价指标	自测结果	要求（A.掌握；B.基本掌握；C.未掌握）
区块链金融面临的挑战	1.区块链技术的普及问题 2.区块链技术的延迟问题 3.区块链技术的安全问题 4.区块链技术的资源浪费问题 5.区块链技术的监管问题	A□　B□　C□ A□　B□　C□ A□　B□　C□ A□　B□　C□ A□　B□　C□	针对区块链技术，掌握其存在的主要问题
展望区块链金融的未来	1.技术层面：融合创新的发展趋势 2.规则层面：监管、标准的健全发展 3.应用层面：在金融业的扩展与深化	A□　B□　C□ A□　B□　C□ A□　B□　C□	从技术、规则、应用三个层面入手，分析区块链金融未来的发展
职业素养思想意识	1.树立科技强国理念 2.开阔视野，增强使命感	A□　B□　C□ A□　B□　C□	职业素养、思想意识得以提升

小组评价（20分）	得分：

计分标准：得分 =10分 ×A的个数 + 5分 ×B的个数 + 3分 ×C的个数

团队合作	A□　B□　C□	沟通能力	A□　B□　C□

教师评价（20分）	得分：
教师评语	
总成绩	教师签字

后　记

在《区块链金融》一书付梓之际，编者深感区块链技术无限的魅力和无穷的潜力。它以其去中心化、透明性、不可篡改性等独特优势，在金融领域掀起一场革命性的变革。它不仅重塑了金融行业的交易流程，还在信任机制构建和数字经济推动方面发挥着举足轻重的作用。区块链技术的出现，犹如金融领域的一股清流，打破了传统金融体系的诸多限制，使交易过程更加简单、成本更加低廉。更为重要的是，区块链技术重塑了信任机制，使交易双方无须依赖第三方机构就能建立信任，极大地提高了金融交易的效率，增强了金融交易的安全性。

回顾过去，区块链技术在金融领域的应用已经取得显著的成果。从最初的数字货币交易，到如今的跨境支付、供应链金融、保险科技等多个领域，区块链技术都在不断地展现出其独特的价值。这些应用不仅提升了金融交易的效率，更为金融行业带来了前所未有的创新和发展机遇。

展望未来，区块链技术将继续深化其在金融领域的应用。随着技术的不断进步和应用场景的不断拓展，区块链金融将在更多领域起到重要作用。例如，在跨境支付领域，区块链技术可以实现跨境交易的快速清算和结算，降低跨境支付的成本和时间；在供应链金融领域，区块链技术可以实现对供应链的全流程追溯和监控，提高供应链金融的透明度和可信度；在保险科技领域，区块链技术可以实现保险合同的智能执行和理赔自动化，提高保险业务的效率和服务质量。

作为一本关于区块链金融的入门书，我们希望能够为读者打开一扇了解这一领域的窗口，让读者更深入地了解区块链金融的核心技术和应用实践。同时，我们希望本书能够激发读者的探索精神和创新精神，带动更多的人在区块链金融领域积极探索、勇于创新，为这一领域的发展贡献自己的力量。

最后，感谢所有读者对本书的关注和支持。我们相信，在大家的共同努力下，区块链金融会迎来更加美好的未来。

参 考 文 献

［1］孙健.区块链百科全书［M］.北京：电子工业出版社，2018.

［2］刘洋.区块链金融：技术变革重塑金融未来［M］.北京：北京大学出版社，2019.

［3］赵华伟.区块链金融［M］.北京：清华大学出版社，2020.

［4］谢剑虹.区块链概论［M］.北京：机械工业出版社，2023.

［5］中央网信办数据与技术保障中心.中国区块链创新应用案例集（2023）［EB/OL］.
（2024-02-22）［2024-08-27］.https://www.cac.gov.cn/2024-02/22/c-1710016970183267.htm.

［6］中央网信办数据与技术保障中心.中国区块链创新应用发展报告（2023）［R/OL］.
（2024-02-22）［2024-08-27］.https://www.cac.gov.cn/2024-02/22/c-1710016970183267.htm.

［7］郭富春，吴金旺.区块链金融［M］.北京：高等教育出版社，2021.

［8］杨则文，朱晓婷.区块链金融应用［M］.北京：高等教育出版社，2022.

［9］黄斯迪.区块链金融：重塑互联网经济格局［M］.北京：电子工业出版社，2018.

［10］深圳前海瀚德互联网金融研究院.区块链金融［M］.北京：中信出版社，2016.

［11］胡斌.区块链金融风险及其法律监管研究［D］.杭州：浙江财经大学法学院，
2020.

［12］李馨，石立哲.区块链金融［M］.北京：中国人民大学出版社，2023.

［13］王珺琦，夏诗园.区块链金融应用风险与监管研究［J］.新金融，2018（5）：
45-48.

［14］安德烈亚斯·安东诺普洛斯.区块链：通往资产数字化之路［M］.林华，蔡长春，
译.北京：中信出版社，2018.

［15］孙新宪，王鹏.小微型企业融资模式优化研究：基于"区块链+供应链金融"视
角［J］.财会通讯，2021（14）：135-140.

［16］中国信息通信研究院.中国数字经济发展白皮书（2017）［R］.中国信息通信研
究院，2017.

［17］中国信息通信研究院.中国数字经济发展白皮书（2021）［R］.中国信息通信研
究院，2021.

［18］国家信息中心信息化和产业发展部，中国移动通信集团公司政企事业部，中国
移动通信集团设计院有限公司，等.区块链服务网络基础白皮书（2019）［R］.区块链服
务网络发展联盟，2019.

［19］王迎帅.区块链金融［M］.北京：中国铁道出版社有限公司，2020.

［20］刘振友.区块链金融：未来金融的核心竞争力［M］.北京：文化发展出版社，2018.

［21］朱利华，陶亚辉.区块链技术原理与实践［M］.北京：人民邮电出版社，2023.

［22］中国人民银行数字人民币研发工作组.中国数字人民币的研发进展白皮书［R］.中国人民银行数字人民币研发工作组，2021.

［23］林琳.区块链在金融领域的应用［M］.广州：华南理工大学出版社，2023.

［24］唐毅.区块链技术原理与应用实践［M］.北京：清华大学出版社，2022.

［25］李中，周思宇，李杨.审慎变革：区块链与证券市场的未来之路［M］.北京：清华大学出版社，2018.

［26］黄洁.数字人民币在低碳消费场景中的应用现状及发展建议［J］.西部金融，2022（1）：90-93+97.

［27］郑冠群.数字货币概论［M］.西安：西安电子科技大学出版社，2023.

［28］易观分析.数字人民币支付场景创新专题分析（2022）［R］.易观分析，2022.

［29］柴洪峰，马小峰.区块链导论［M］.北京：中国科学技术出版社，2020.

［30］黄忠义，张涛，张凯月，等.2023—2024中国区块链年度发展报告［R］.中国电子信息产业发展研究院，赛迪（青岛）区块链研究院，2024.

［31］林熹.区块链导论［M］.北京：机械工业出版社，2021.

［32］LinkEye.基于区块链的征信联盟项目白皮书［R］.LinkEye，2017.

［33］保险区块链项目组.保险区块链研究［M］.北京：中国金融出版社，2017.

［34］黄海平，薛凌妍，肖甫.区块链技术：聚焦金融应用［M］.北京：电子工业出版社，2023.

［35］姚前.基于智能合约的证券交易与中央对手方清算［J］.清华金融评论，2021(11)：87-92.

［36］帅青红，李忠俊.数字货币概论［M］.北京：电子工业出版社，2022.

［37］陈钟，单志广.区块链导论［M］.北京：机械工业出版社，2021.

［38］中国信息通信研究院.区块链白皮书（2023年）［R］.中国信息通信研究院，2023.

［39］中国信息通信研究院.区块链白皮书（2018年）［R］.中国信息通信研究院，2018.

［40］陈彦彬，宋凯明，陈曦.区块链与数字货币［M］.西安：西安电子科技大学出版社，2022.

［41］中国证券网.全球首个航运保险区块链平台上线［J］.珠江水运，2017（17）：42.

［42］崔时庆，刘全宝.数字货币［M］.西安：西安交通大学出版社，2022.

［43］单键鑫.从区块链到元宇宙［M］.北京：中国商业出版社，2023.

［44］黄芸芸，蒲军．零基础学区块链［M］．北京：清华大学出版社，2020．

［45］高胜，朱建明．区块链技术与实践［M］．北京：机械工业出版社，2021．

［46］任景涛，卢烜兴．区块链：让数据产生价值［M］．北京：中国商业出版社，2021．

［47］张召，金澈清，田继鑫，等．区块链导论：原理、技术与应用［M］．北京：高等教育出版社，2023．

［48］杨荣海，李亚波．全球央行数字货币竞争现状与数字人民币的发展策略［J］．经济学家，2023（5）：46-56．

［49］Nakamoto S. Bitcoin：A Peer-to-Peer Electronic Cash System［EB/OL］.（2008-10-31）［2024-08-27］. https://xueqiu.com/1817690232/138431881.